高等学校电子商务类专业新形态教材

跨境电子商务基础

主　编　黄　毅　余颂群　郑经全
副主编　李　佳　郭建芳　李　冶　欧阳乐

北京理工大学出版社
BEIJING INSTITUTE OF TECHNOLOGY PRESS

内 容 简 介

本书全面、系统地阐述了跨境电子商务的相关概念，可以帮助读者快速掌握跨境电子商务基本原理和运营基础知识。全书共有七个项目，包括项目一方兴未艾论跨境、项目二慧眼如炬做选品、项目三尽善尽美磨图片、项目四达通天下择物流、项目五字斟句酌定描述、项目六不拘一格行推广、项目七至诚至信话客服。本书的内容囊括跨境电商基本概念及特点、政策法规、主流跨境平台入驻要求及运营规则、跨境电子商务运营流程及相关要求等知识。本书以"文本+音频+视频"的形式帮助读者学习相关知识。

本书可以作为跨境电子商务及相关专业学生教材，也可供跨境电子商务从业人员参考使用。

版权专有　侵权必究

图书在版编目（CIP）数据

跨境电子商务基础 / 黄毅，余颂群，郑经全主编. --北京：北京理工大学出版社，2022.12
ISBN 978-7-5763-1907-1

Ⅰ. ①跨… Ⅱ. ①黄… ②余… ③郑… Ⅲ. ①电子商务-教材 Ⅳ. ①F713.36

中国版本图书馆 CIP 数据核字（2022）第 233611 号

出版发行 / 北京理工大学出版社有限责任公司

社　　址 / 北京市海淀区中关村南大街 5 号

邮　　编 / 100081

电　　话 /（010）68914775（总编室）
　　　　　（010）82562903（教材售后服务热线）
　　　　　（010）68944723（其他图书服务热线）

网　　址 / http：// www.bitpress.com.cn

经　　销 / 全国各地新华书店

印　　刷 / 唐山富达印务有限公司

开　　本 / 787 毫米×1092 毫米　1/16

印　　张 / 18.25　　　　　　　　　　　　　　　　责任编辑 / 封　雪

字　　数 / 417 千字　　　　　　　　　　　　　　　文案编辑 / 毛慧佳

版　　次 / 2022 年 12 月第 1 版　2022 年 12 月第 1 次印刷　　责任校对 / 刘亚男

定　　价 / 92.00 元　　　　　　　　　　　　　　　责任印制 / 李志强

图书出现印装质量问题，请拨打售后服务热线，本社负责调换

前言

当前,以跨境电子商务为代表的新业态快速发展,已成为我国外贸高速增长的动力源之一。跨境电子商务作为数字贸易的有机组成部分,正从简单的以跨境货物交易活动为主不断向整合产业链、贸易活动数字化等方向发展。

本书旨在向初学者呈现数字经济背景下跨境电商发展现状及政策导向,帮助读者了解跨境电子商务现状及跨境平台店铺基本运营逻辑,适合作为电子商务、跨境电子商务及相关专业学生教材,也可供跨境电子商务从业人员参考使用。

本书以速卖通平台为主、亚马逊等平台为辅,从店铺开设、店铺装修、店铺管理、跨境电商数字化运营、站内外营销推广、跨境物流与海外仓、跨境电商支付等角度展开介绍。希望读者通过本书的学习,能理解跨境电子商务的基本概念;了解跨境第三方平台经营规则;熟悉跨境电子商务基本工作流程;掌握跨境电子商铺注册、物流与海外仓操作、市场分析、数据化选品、产品刊登与发布、优化与营销推广、订单处理、发货与通关、客户沟通与维护等基础工作。

本书以"实用、适度"为原则,重点突出"认知、应用",具体特点如下:

1. 结构贴合行业需求

本书整体结构设计合理、体系完整、业务流程清晰、知识点翔实、操作实践性强。本书的内容由编者与跨境电子商务一线从业人员共同搭建完成,契合当前行业和企业需求,符合人才培养需求,可以为培养电子商务人才提供有效的内容支撑。

2. 理论和实践一体化设计

本书既拥有完整的跨境电子商务理论知识体系,又注重对学生跨境电子商务实践运营能力的培养。

3. 配套资源丰富

本书提供丰富的配套学习资源,如教学课件、案例解析、习题等,还以二维码的形式将拓展知识等资源呈现出来,让读者通过扫描二维码便可阅读和学习。

4. 融合思政目标

本书科学地挖掘跨境电商从业岗位中蕴含的思政元素,与各知识点有效融合,形成思政目标,可以提升学生的思政素养。

本书由浙江经济职业技术学院黄毅、杭州市职业能力建设指导服务中心副主任余颂群、浙江省电子商务促进会秘书长郑经全担任主编并负责统稿，浙江东方职业技术学院李佳、浙江经济职业技术学院郭建芳、李冶、欧阳乐担任副主编。其中，项目一由黄毅编写，项目二由黄毅、余颂群编写，项目三由李冶编写，项目四由欧阳乐编写，项目五由李佳、黄毅编写，项目六由郭建芳编写，项目七由郑经全编写。

在本书的编写过程中，编者借鉴、引用了大量国内外与跨境电商相关的书籍资料及研究成果，也得到了跨境电子商务业内专家的指导，在此表示衷心的感谢。另外，还要特别感谢浙江省电子商务促进会、杭州市职业能力建设指导服务中心、杭州冀宇教育科技有限公司、杭州博衍贸易有限公司为本书的编写提供的指导。感谢朱丽娜、黄致如、徐慧婧、周哆哆、刘浩颖、谭小俞、赵嘉俊、巫林强、陈纪宏等电子商务一线工作者为本书提供了大量的运营实例。

由于编者水平有限，书中难免存在不妥之处，恳请广大读者批评指正。

编　者

2022 年 9 月

目录

项目一　方兴未艾论跨境 (001)
- 任务一　跨境电子商务基础认知 (002)
- 任务二　跨境电子商务主流平台及特征 (009)
- 任务三　认识独立站 (021)
- 任务四　跨境平台店铺开设 (031)

项目二　慧眼如炬做选品 (044)
- 任务一　跨境电子商务产品开发 (045)
- 任务二　选品思路与技巧 (055)
- 任务三　产品定价策略 (074)

项目三　尽善尽美磨图片 (086)
- 任务一　跨境电子商务视觉营销策划 (087)
- 任务二　跨境店铺图片拍摄 (109)
- 任务三　图片制作优化 (120)

项目四　达通天下择物流 (134)
- 任务一　速卖通平台物流方案调研 (135)
- 任务二　速卖通运费模板设置 (149)
- 任务三　速卖通物流发货流程 (156)

项目五　字斟句酌定描述 (166)
- 任务一　产品标题制作 (167)
- 任务二　产品刊登及发布 (179)
- 任务三　跨境电子商务铺店铺装修 (192)

项目六　不拘一格行推广 (203)
- 任务一　站内免费推广 (204)
- 任务二　站内收费推广 (218)
- 任务三　站外社交媒体推广 (236)

项目七　至诚至信话客服 (259)

　　任务一　订单处理要点 (260)

　　任务二　跨境电子商务客户管理 (265)

　　任务三　跨境电子商务客户沟通及纠纷解决 (273)

参考文献 (285)

项目一　方兴未艾论跨境

项目导入

王悦不久前入职杭州博衍贸易有限公司跨境电子商务运营服务部门，在参加入职培训时，导师交给她的第一个任务就是完成跨境电子商务认知调研。

王悦决定从跨境电子商务发展现状、跨境电子商务监管模式、跨境电子商务主流平台规则及入驻要求等几个角度切入来完成这项任务。

学习目标

一、知识目标
1. 掌握跨境电子商务的基本含义
2. 了解跨境电子商务与传统外贸的区别与联系
3. 掌握主流跨境电子商务平台的规则及特点
4. 了解当前跨境电子商务相关政策

二、技能目标
1. 能够分析跨境电子商务基本流程
2. 能够完成不同的跨境电子商务平台注册

三、思政目标
1. 培养学生对跨境电子商务正确正面的认知
2. 了解经营禁忌，树立正确并合规的经营理念

重点呈现

任务一 跨境电子商务基础认知

任务描述

如果你是王悦，要对跨境电子商务的基本情况进行全面了解，会从哪些角度切入？

任务分析

步骤1 了解跨境电子商务的定义、模式及特征
步骤2 解读跨境电子商务相关政策

知识储备1 跨境电子商务的定义及常见模式

跨境电子商务是指分属不同关境的交易主体，通过电子商务平台达成交易、进行支付结算，并通过跨境物流送达商品、完成交易的一种国际商业活动。

可根据商品流向、交易主体、运营方式对跨境电子商务的模式归纳如下。

（一）根据商品流向分类

1. 跨境进口

跨境进口指国内消费者通过访问境外卖家的跨境店铺购买商品，再由境外商家通过国际物流将商品递送给国内消费者。跨境进口目前主要有两种模式：保税模式和直邮模式。

2. 跨境出口

跨境出口是指国内电子商务企业通过跨境电子商务平台达成出口交易、进行支付结算，并通过跨境物流送达商品，完成交易的一种国际商业活动。

（二）根据交易主体分类

1. 跨境一般贸易

跨境一般贸易也可称为 B2B（Business to Business）贸易。B2B 贸易的交易主体是企业，即分处于不同关境的企业之间通过互联网开展交易活动的商业模式。

而一般贸易通常需要经过报价、磋商、订货、付款、备货、包装、办理通关手续、装船、运输保险、提单、结汇等环节。

当前主流的 B2B 平台有：阿里巴巴国际站（是目前全球最大、成立时间最长的 B2B 电子商务平台之一）、敦煌网、TradeKey、环球资源网等。

2. 跨境零售

跨境零售分为跨境 B2C（Business to Customer）和跨境 C2C（Customer（Consumer）to Customer（Consumer））。

B2C 通常指企业直接面向个人消费者销售产品或服务的商业模式。C2C 则是个人与个人之间的商业模式。为提升消费者的购物体验，提高平台跨境卖家的整体服务水平，大部分跨境电子商务平台设置了准入门槛，要求商家以企业法人身份入驻，本书涉及的跨境零售亦以 B2C 为主，以 AliExpress 速卖通为主要解读平台。当前主流的跨境 B2C 平台有：Amazon（亚马逊）、AliExpress（速卖通）、eBay、Wish、Shopee、Lazada 等。

（三）根据运营方式分类

1. 第三方开放平台模式

第三方开放平台模式是指电子商务平台通过搭建线上商城，整合跨境运营、物流、支付等服务资源，吸纳国内外商家入驻，为商家提供跨境电子商务交易服务。平台的主要盈利模式是向商家收取佣金或者是站内增值服务费用（如推广费）等。主流的跨境 B2C 平台均属于第三方开放平台。

2. 自营模式

自营模式通常是指供货商在线上搭建平台，以标准化的要求对其经营的产品进行统一生产或采购、产品展示、品牌推广、在线交易，并通过物流配送将产品投放到最终消费群体手中的行为。

任务示范 1　分析跨境电子商务的特征

跨境电子商务融合了国际贸易和电子商务两方面的特征，主要表现出以下几点：

第一，传统贸易的资金流、商流、物流和信息流以双边交汇为主，而跨境电子商务的资金流、商流、物流和信息流则涉及多边关联。由于跨境电子商务活动中的交易平台、支付结算平台、物流渠道、营销推广载体可以分别来自不同国家，商业活动从双边链条关系向多边网状模式演进，因此，只有各环节有效衔接才能确保整体跨境电子商务活动有效完成。

第二，跨境电子商务作为国际贸易的新兴交易方式，在通关、支付、税收等领域的法规亟待完善。跨境电子商务活动中的消费者活动在网络上完成，网络世界的匿名性也会导致自由与责任的不对称。而且跨境电子商务活动具有即时性，买家的下单行为可以通过网络实时被卖家接收，一些数字产品（如音像制品、软件、程序等）的交易甚至可以即时完成。交易的即时性提高了交易效率，却也不可避免地增加了管理难度，也带来了法律危机，如逃税现象、跨境商品质量监管问题等。

近年来，我国的跨境电子商务发展迅速，相关法律法规也在实践中得到不断完善。例如，我国对从事进口跨境电子商务的企业建立了源头可追溯、过程可控制、流向可追踪的闭环检验、检疫监管体系，通过尽可能全面的管控进一步保障了进口商品的质量。

第三，跨境电子商务带着电子商务的交易特征，属于一种无边界交易，即不再受限于传统交易活动的地理因素。商家可以更便捷地跨越国界把高附加值的产品或者服务提供给全球市场。这一模式给世界经济带来了积极影响，但同时也让用户面临因文化差异等原因而产生的风险。属于跨境电子商务的风险触发因素较多，容易受到国际政治、经济宏观环境和各国政策的影响。

任务实施 1 请分析跨境电子商务的优势和劣势，并与传统外贸进行比较

跨境电子商务 B2C 流程

传统外贸流程

跨境电子商务与传统外贸的区别

知识储备 2 解读跨境电子商务利好政策

（一）跨境电子商务发展现状

数字贸易作为传统贸易的拓展和延伸，已成为重塑产业价值链、实现制造业智能化转型、赋能中小企业走向全球市场的重要驱动力。而跨境电子商务作为数字贸易的有机组成部分，正从简单的以跨境货物交易活动为主向整合产业链、贸易活动数字化等方向发展。

2017—2021 年全球 B2C 跨境电子商务交易额如图 1-1 所示。

图 1-1　2017—2021 年全球 B2C 跨境电子商务交易额

2017—2021年中国跨境电子商务交易规模如图1-2所示。

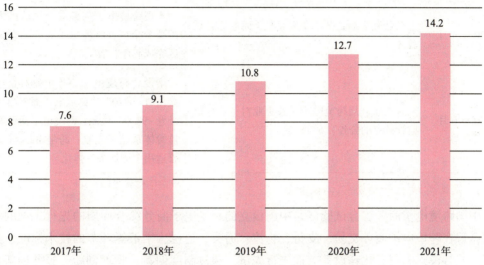

图1-2 2017—2021年中国跨境电子商务交易规模

（二）跨境电子商务利好政策

我国从2012年年底开始启动国家跨境贸易电子商务服务试点工作，根据行业发展态势不断颁布利好政策，跨境出口关键政策如表1-1所示。

表1-1 跨境出口关键政策

时间	跨境出口关键政策	利好意义
2012年12月	国家跨境贸易电子商务服务试点工作启动	首次设立跨境电子商务服务试点城市
2013年2月	《支付机构跨境电子商务外汇支付业务试点指导意见》颁布	最早对跨境支付业务的指导支持
2013年8月	《关于实施支持跨境电子商务零售出口有关政策意见的通知》颁布	最早以跨境电子商务为专门主题的独立文件
2014年1月	《关于增列海关监管方式代码的公告》颁布	增设"跨境贸易电子商务-9610"代码
2014年7月	《关于跨境贸易电子商务进出境货物、物品有关监管事宜的公告》和《关于增列海关监管方式代码的公告》颁布	明确对跨境电子商务的监管框架；增设"保税跨境贸易电子商务-1210"代码
2015年3月	《关于同意设立中国（杭州）跨境电子商务综合试验区的批复》颁布	首次设立跨境电子商务综合试验区
2018年9月	《关于跨境电子商务综合试验区零售出口货物税收政策的通知》颁布	明确跨境出口无票免征政策

续表

时间	跨境出口关键政策	利好意义
2020年4月	在已有基础上再新设跨境电子商务综合试验区	实现跨境电子商务综合试验区大范围覆盖全国；跨境电子商务综合试验区完成有序扩容
2020年6月	《关于开展跨境电子商务企业对企业出口监管试点的公告》颁布	增设"跨境电子商务企业对企业直接出口-9710""跨境电子商务出口海外仓-9810"代码；跨境电子商务海关监管体系趋于完整；跨境B2B出口监管适用全国通关一体化

1. 设立跨境电子商务综合试验区

中国跨境电子商务综合试验区是中国设立的跨境电子商务综合性质的先行先试的城市区域，旨在跨境电子商务交易、支付、物流、通关、退税、结汇等环节的技术标准、业务流程、监管模式和信息化建设等方面先行先试，通过制度创新、管理创新、服务创新和协同发展，破解跨境电子商务发展中的深层次矛盾和体制性难题，打造跨境电子商务完整的产业链和生态链，逐步形成一套适应和引领全球跨境电子商务发展的管理制度和规则，为推动中国跨境电子商务健康发展提供可复制、可推广的经验。

2015年3月7日，国务院同意设立中国（杭州）跨境电子商务综合试验区；2016年1月6日，国务院常务会议决定，在宁波、天津、上海、重庆、合肥、郑州、广州、成都、大连、青岛、深圳、苏州12个城市新设一批跨境电子商务综合试验区，用新模式为外贸发展提供新支撑；2019年12月，国务院发布《关于同意在石家庄等24个城市设立跨境电子商务综合试验区的批复》；2020年4月27日，国务院发布《关于同意在雄安新区等46个城市和地区设立跨境电子商务综合试验区的批复》。截至2020年4月27日，国务院共在105个城市批复设立了跨境电子商务综合试验区。

2021年7月，中国跨境电子商务综合试验区将建立综试区考核评估与退出机制，并于2022年组织开展综试区的首次考核评估，促进优胜劣汰。

2. 代码9710和9810

《关于开展跨境电子商务企业对企业出口监管试点的公告》是为贯彻落实党中央、国务院关于加快跨境电子商务新业态发展的部署要求，充分发挥跨境电子商务稳外贸保就业等积极作用，进一步促进跨境电子商务健康快速发展，就跨境电子商务企业对企业出口试点有关监管事宜发布的公告。由国家海关总署于2020年6月12日发布实施。

该公告提出增设"跨境电子商务企业对企业直接出口-9710""跨境电子商务出口海外仓-9810"代码；跨境电子商务海关监管体系趋于完整；跨境B2B出口监管适用全国通关一体化。

"跨境电子商务B2B出口"是指境内企业通过跨境物流将货物运送至境外企业或海外仓，并通过跨境电子商务平台完成交易的贸易形式。

任务示范 2　解读代码 9710 与 9810

（一）9710——跨境电子商务 B2B 直接出口

1. 定义

海关监管代码 9710 的全称是"跨境电子商务 B2B 直接出口"，简称"跨境电商 B2B 直接出口"，适用于跨境电子商务 B2B 直接出口的货物。跨境电子商务 B2B 直接出口模式是指国内企业在跨境电子商务平台上进行商品、品牌等企业信息的展示，并在线上与国外企业建立联系，再通过线上或者线下完成业务磋商、订购、结算等履约程序，完成货物出口的业务模式。

9710 申报流程

2. 申报要求

（1）企业在申报前上传跨境电子商务平台成交订单的截图，并且按要求填写订单的关键信息，包括收货人信息、成交商品信息等。

（2）由提供服务的跨境物流企业上传物流相关信息。

（3）由代理报关企业填报出口货物对应的委托企业的工商信息。

（4）若订单是在跨境电子商务平台完成支付的，也可加传相关收款信息。

3. 参与主体

参与主体主要涉及跨境电子商务出口企业、跨境电子商务 B2B 平台、境外采购企业、跨境物流企业、外贸综合服务企业等。

> **思考**
> 海关监管代码 9710 给中小企业带来了哪些便利？

4. 优势

（1）降低了国内中小企业参与跨境贸易的门槛。

一直以来，国内中小企业受限于规模、资金及资质等原因，无法独立完成传统国际贸易活动，需依赖具有进出口经营权的外贸代理商实现跨境贸易行为，这一过程不可避免需要承担一定风险。因此，中小企业以前无法直接面对市场反馈及终端消费者需求，更多承担的是生产者的任务，无法触及建立自身品牌和享受品牌溢价带来的经济效益。

当前，跨境电子商务简化了贸易流程，让日渐碎片化的外贸订单处理起来更加容易。中小企业甚至个人卖家都有机会通过跨境电子商务 B2B 平台与来自全球的买家建立联系。

（2）拓宽了中小企业获取外贸新用户的渠道。

跨境电子商务 B2B 改变了过去"国内工厂—外贸企业—国外商贸企业—国外零售企业—国外消费者"的贸易链条，使国内很多企业得以有机会直接与海外消费者和小企业这两大新客群对话，也使中国成为支撑全球卖家的定制化供应链服务中心。

（3）有利于参与新市场竞争。

跨境电子商务平台让更多的中小微企业能够以更灵活的供应链在东盟、中东、非洲、南美洲等跨境电子商务新兴市场参与竞争。

当前，东盟、中东、非洲、南美洲等已经成为跨境电子商务快速增长的新兴市场，中小外贸企业通过跨境电子商务平台能够平等参与新兴市场竞争，凭借自身灵活的供应链较快适应新兴市场的个性化消费，从而获得新的市场空间。

（4）有利于衍生新服务。

在新的贸易链条中，国外采购商的需求已经从单一的产品采购衍生出品牌策划、产品设计、营销推广、物流服务在内的综合服务需求，为国内工厂、贸易企业拓展了新的利润空间。

（二）9810——跨境电子商务出口海外仓

1. 9810 定义

海关监管代码 9810 全称为"跨境电子商务出口海外仓"，简称"跨境电商出口海外仓"，适用于跨境电子商务出口海外仓的货物。跨境电子商务出口海外仓模式是指国内企业通过跨境物流将货物以一般贸易方式批量出口至海外仓，经跨境电子商务平台完成线上交易后，再由海外仓将货物送至境外消费者手中的一种货物出口模式。

9810 申报流程

2. 申报要求

（1）选择跨境电子商务出口海外仓的企业申报前须上传海外仓委托服务合同等海外仓订仓单电子信息，并填写海外仓地址、委托服务期限等关键信息。

（2）出口货物入仓后须上传入仓电子信息，并填写入仓商品名称、入仓时间等关键信息。

（3）代理报关企业应填报货物对应的委托企业工商信息。企业申报的"三单信息"应为同一批货物信息（单证1：申报清单、物流单；单证2：交易订单、海外仓订仓单；单证3：物流单）。申报企业应对上传的电子信息、填报信息真实性负责。

3. 参与主体

参与主体主要涉及跨境电子商务出口企业、物流企业、外贸综合服务企业、公共海外仓经营企业、跨境电子商务平台企业（境内或境外 B2C 平台）、境外物流企业、境外消费者等。

4. 优势

跨境电子商务海外仓出口的本质是跨境电子商务 B2C 零售出口的升级演变，通过海外仓的前置备货，使商品更快送达海外消费者手中，其目的是更高效地服务海外跨境电子商务消费者，提升跨境电子商务零售出口整体运行效率。

（1）配送时效提升 70% 以上。

跨境物流的链条相对较长，主要环节包括国内物流、国内海关、国外海关、国外物流等，即便在空运形式下，商品通常也需要 15 天左右才能到达消费者手中，且还存在破损率高、旺季拥堵等风险。在跨境电子商务出口海外仓出口模式下，商品到消费者手中只需要经历国外本土物流一个环节，其他环节都已经前置完成，大大缩短了物流时间，甚至能够实现当日达、次日达，同时破损丢包率也有效降低，消费者购买体验大幅改善，有效促进消费者复购。

（2）销量提升 20% 以上。

商品进入海外仓后，在跨境电子商务平台中，商品所在地即为本地，在海外消费者选

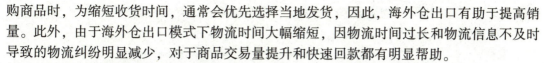

购商品时，为缩短收货时间，通常会优先选择当地发货，因此，海外仓出口有助于提高销量。此外，由于海外仓出口模式下物流时间大幅缩短，因物流时间过长和物流信息不及时导致的物流纠纷明显减少，对于商品交易量提升和快速回款都有明显帮助。

（3）物流成本更低。

跨境电子商务B2C直邮出口以邮政小包为主，其物流通常采用航空客带货方式，近年来，e邮宝价格逐年上涨。而跨境电子商务出口海外仓先将商品以一般贸易方式批量出口到海外仓，物流方式通常以海运为主，成本相对更低。以3C数码产品为例，B2C直邮运费约为120元，跨境电子商务出口海外仓海运至海外仓运费则约合60元。更低的物流成本意味着出口企业可以拥有更高的利润空间。

（4）售后更有保障。

在B2C模式下，商品发生退换货问题时，由于再发货成本过高和时间过长，大多数卖家会进行退单，而商品通常在本地进行销毁、废弃，即便是换货，也大概率会导致海外消费者的负面评价，售后体验较差。在跨境电子商务出口海外仓模式下，通过海外仓可以对商品进行有效的退换货处理，退货的商品也可以通过海外仓进行维修和二次包装，或批量复运回国内进行维修，给消费者带来更高品质的售后服务保障。

任务实施2 收集并解读当前跨境电子商务利好政策

任务总结

本任务要求学生能通过对跨境电子商务定义、模式、特征的学习与分析解读当前跨境电子商务利好政策，明晰跨境电子商务发展现状与趋势。

任务二 跨境电子商务主流平台及特征

任务描述

王悦初步了解了跨境电子商务的概念、基本特征及当前行业发展趋势后，还需要在哪些方面继续进行深入学习？

任务分析

步骤1 了解当前主流跨境电子商务平台特征及入驻条件
步骤2 熟悉各电子商务平台的经营规则

知识储备1 主流跨境电子商务平台简介

（一）全球速卖通

1. 平台简介

全球速卖通（AliExpress）是阿里巴巴旗下的面向国际市场打造的跨境电子商务平台，被广大卖家称为"国际版淘宝"。全球速卖通面向海外买家客户，通过支付宝国际账户进行担保交易,并使用国际物流渠道运输发货,是全球第三大英文在线购物网站。全球速卖通买家首页见图1-3。

图1-3　全球速卖通买家首页

2. 平台优势和劣势

(1) 优势。

全球速卖通是阿里巴巴旗下的平台产品,其中文版和英文版页面操作均较为简单,适合初级卖家上手。同时,速卖通大学一直有非常好的社区和客户培训体系,可以快速入门。

全球速卖通平台尤其适合产品特点符合新兴市场的卖家,以及产品性价比较高、有供应链优势、寻求价格优势的卖家,所以平台上有越来越多的生产商、供货商入驻。

全球速卖通对价格比较敏感,低价策略比较明显,这也与阿里巴巴导入淘宝卖家客户策略有关。

全球速卖通作为阿里巴巴未来国际化的重要战略产品,已成为全球最活跃的跨境电子商务平台之一,并依靠阿里巴巴庞大的会员基础,成为目前全球产品品类最丰富的平台之一。

(2) 劣势。

①单店产出低。

全球速卖通平台流量调控严重,尤其是优质的流量,单店若没有上第四层级,很难出大爆款(日均售出100单以上的商品)。

②平台规则多变。

平台处于调整期,从混乱的商业模式、流量套利和流量灌输中慢慢构建自身平台的特色。速卖通目标市场主要以发展中国家(如俄罗斯、巴西等)为主;平台准入门槛低,导致很多创业者涌入,同质化竞争相对比较激烈,很多速卖通卖家不得不降低售价以获得竞争优势。

(二) 阿里巴巴国际站

1. 平台简介

阿里巴巴国际站(Alibaba)成立于1999年,能够帮助我国中小企业拓展国际贸易的出口营销推广服务，它基于全球领先的企业间电子商务网站——阿里巴巴国际站贸易平台，通过向海外买家展示、推广供应商的企业和产品来获得贸易商机和订单，是出口企业拓展国际贸易的首选网络平台之一。

作为全球最大的 B2B 跨境电子商务平台，阿里巴巴国际站物流已覆盖全球 200 多个国家和地区，将与生态合作伙伴融合共振，通过数字化重新定义全球货运标准。阿里巴巴国际站提供一站式的店铺装修、产品展示、营销推广、生意洽谈及店铺管理等全系列线上服务和工具，帮助企业降低成本、高效开拓外贸市场。

2. 平台优势和劣势

（1）优势。

①专业性强。

阿里巴巴国际站的网站设计较为人性化，类目丰富，搜索和网页浏览功能便捷，提供了多种语言实时翻译功能和数据管家，能够为卖家节省时间成本，也让卖家对自己店铺的经营状况了如指掌。

②知名度高。

阿里巴巴国际站在全球 B2B 电子商务领域享有盛誉，有全球最大的商务交流社区和网上交易市场之称，是国内三大主流 B2B 外贸平台上升劲头最快的一个，也是最饱受争议的一个。阿里巴巴国际站的服务对象主要是国内中小型企业，近年也在往大型集团客户方向发展，其在国内的广告宣传力度最大，范围也最广。在一些可查询各网站排名的网站（如 Alexa，一家专门发布网站世界排名的网站），我们可以看到阿里巴巴国际站的浏览量排名都是比较靠前的。

③功能齐全完善。

阿里巴巴国际站能够帮助外贸人员联系买家、供应商、合作伙伴进行在线销售和采购；提供最新的宏观行业资讯，也提供大量的微观信息，如产品库、公司库以及供应、求购、代理、合作、投资融资、招聘等商业资讯，以帮助客户做出正确的决策；为企业提供了树立产品品牌的渠道；为客户提供了即时交流工具、便利服务等。

④优质的客户服务和销售服务系统。

阿里巴巴推出了多种工具和服务，如阿里巴巴数据管家、一达通等。阿里巴巴数据管家可以帮助筛选国外热品、热门关键词，有助于产品的精准曝光和询盘转化。例如，一达通作为一个一站式服务平台，可以为卖家提供关务、金融、物流等多方面的服务，节省人力成本。

阿里巴巴国际站和其他外贸平台不同的是其还提供线下服务，由客户经理上门做一对一专业辅导，并进行定期培训，指导入驻卖家运营阿里巴巴国际站，出现问题也可以求助客服，处理效率高。

（2）劣势。

①订单碎片化发展。

随着各种跨境电子商务 B2B 平台、B2C 平台如雨后春笋般涌现，跨境市场竞争越来越激烈，再加上进驻平台的付费会员越来越多，同行之间的竞争也渐趋白热化。另外，由于原材料与人工成本的增加、产能过剩，以及当前国际间贸易保护主义有抬头趋势等因素导致贸易风险增加，与之前相比，买家下大单时更加谨慎，订单碎片化成为常态。

②无效询盘数量大。

当前，大部分询盘函由海外华裔、东南亚、中东采购商发出，且其中含广告、欺骗性质、同行的刺探情报、重复询盘、钓鱼询盘等内容的垃圾邮件占比较大，需要花费大量时间筛选出有效询盘。

（三）亚马逊

1. 平台简介

亚马逊（Amazon）是美国最大的网络电子商务公司，位于华盛顿州的西雅图。作为网络上最早开始经营电子商务的公司之一，亚马逊成立于1994年，一开始只经营网络的书籍销售业务，随着经营范围的扩展，现在已成为全球商品品种最多的网上零售商和全球第二大互联网企业，亚马逊及其他销售商为客户提供数百万种独特的全新、翻新及二手商品，如图书、影视、音乐和游戏、数码下载、电子产品、家居园艺用品、玩具、婴幼儿用品、食品、服饰、鞋类和珠宝、健康和个人护理用品、体育及户外用品、汽车及工业产品等。

2. 平台优势和劣势

（1）优势。

①买家多，卖家少，竞争力度小。

买家数据：全球范围内活跃用户数量高达4亿，覆盖65个国家；卖家数据：全球范围内约有300万卖家，市场空间很大；竞争优势：第三方销售产品数量占亚马逊平台总销量高达55%。

②覆盖面广。

亚马逊已经覆盖了全球大部分线上零售市场，比如美国、英国、德国、法国、西班牙、意大利、印度、日本、加拿大、澳大利亚、墨西哥、巴西等。亚马逊是全球用户数量最大的零售网站，大大超过了沃尔玛、苹果、eBay以及中国的电子商务巨头阿里巴巴。根据 ComScore 提供的数据显示，2017年6月，全球约有25%的独立用户使用亚马逊的零售和拍卖网站，亚马逊全球独立用户数量也达到了3.835亿，位居全球首位。亚马逊的用户有35%来自北美地区、31%来自欧洲地区、24%来自亚太地区。

③亚马逊平台重产品，轻店铺。

亚马逊特别注重产品的质量和买家的体验感，卖家无需支付店铺的装修费、广告费等。在亚马逊上买家搜索看到的只是产品的信息，只要卖家的产品好、优化做得好，就会有流量和推荐，而流量则有机会转化成订单。

④退货率低。

以亚马逊欧洲站为例，其面向的是欧洲五国（意大利、西班牙、德国、法国、英国）消费者，这些用户的消费水平、综合素质相对较高，退货率极低，利润有保障。而且亚马逊会永久拉黑高退货率买家，杜绝恶意退货行为，保障卖家权益。

⑤物流优势。

为了提升亚马逊的用户体验，提高黏性，亚马逊于2007年引入了FBA（亚马逊物流）服务，即亚马逊将自身平台开放给第三方卖家，将其库存纳入亚马逊全球的物流网络，为其提供拣货、包装以及终端配送服务，亚马逊则收取服务费用。

FBA 的优势主要有三点，分别为物流时效快、产品排名靠前、物流售后有保障。得到 FBA 服务后，卖家可以更好地控制成本，包括货压成本、物流成本，避免因亚马逊政策的调整造成损失。自发货还有更多的控制权，卖家能够自主决定退换货处理、控制产品库存。FBA 可以将商品配送至全球 185 个国家和地区。

⑥算法优势。

亚马逊采用自己设计的一套 A9 推送算法，其核心原理是：好的越来越好，差的越来越差。A9 推送算法其实就是一套排名机制，结合用户的喜好、习惯等因素而形成算法，能准确地推送消费者感兴趣的产品，让销量更好的产品得到大量的展示机会，帮助优质产品扩大销量，而且算法持续更新，推送效率高。

⑦广告成本低。

随着亚马逊关闭第三方广告系统，亚马逊内部自有的 PPC 广告体系转化率将会更高，而且对比其他平台烧钱的广告推广，亚马逊的 PPC 付费广告如果关键词匹配度高，出价合理，产品有优势，一般都能得到较好的转化。

⑧人工成本低。

亚马逊没有即时通信工具，与客户的交流都是通过邮件方式进行的，在 24 小时内回复客户就可以，缓解了客服人员的工作压力。

（2）劣势。

①注册门槛较高。

亚马逊只能以企业的形式入驻。入驻审核标准极其严格，要求申请企业准备公司营业执照，公司账单，公司主要联系人及受益人的护照扫描件，法人/主要联系人的水、电、煤气、物业费、网费、手机费、固定电话费、银行信用卡账单等。

②物流费高。

以国际物流为例，其物流成本较高。

③支付、收款不方便。

跨境交易使用外币，需要进行货币兑换。

（四）eBay

1. 平台简介

eBay 是一个可让全球用户在网上买卖物品的线上拍卖及购物网站，是 C2C 平台的典型代表。eBay 成立于 1995 年，是全球最大的在线交易平台，用户遍布全球 150 多个国家和地区。eBay 在全球拥有 37 个独立的站点及门户网站，全球主要销售站点有美国站、英国站、澳大利亚站、德国站、法国站、中国站等。eBay 覆盖 190 多个国家和地区，支持 23 种语言。eBay 是一个可让全球民众上网买卖物品的线上拍卖及购物的网站，只要物品不违反法律或是在 eBay 的禁止贩售清单之内，即可以在 eBay 刊登贩售。

eBay 按一定比例收取的成交费和佣金（对每个国家收取的费用标准是不同的）。

2. 平台优势和劣势

（1）优势。

①入驻门槛比较低。

与亚马逊、速卖通等平台相比，eBay 的入驻门槛比较低，而且审核标准也相对宽松，个人和企业都可以申请入驻。

②销售模式多样。

eBay 的销售模式除一口价、拍卖两种外，还有两者结合、定价出口和无底价竞拍等模式。

③专业客服服务。

eBay 能够为卖家提供专业服务，双方可以通过在线沟通或电话沟通的方式交流。

④排名机制公平。

eBay 的产品排名并不单纯由销量决定，卖家可以通过拍卖的方式增加曝光度，从而提高产品排名。

⑤与众不同的费用收取方式。

a. 刊登费：在发布一个商品时就需要支付的固定费用，不同类目的收费标准不同；

b. 成交费：商品成交后按照成交总金额支付一定比例的费用，未成交则不收取费用；

c. 特色功能费：卖家可以为刊登的商品添加特色功能，需要在发布时与刊登费一同支付；

d. 店铺费：店铺月租费，不同级别卖家的店铺收费标准不同；

e. PayPal 费用：使用 PayPal 工具的手续费。

（2）劣势。

①收款方式单一。

目前 eBay 仅支持 PayPal 一种收款方式，卖家只能通过 PayPal 绑定其他账户的方式收款。

②店铺有等级之分。

eBay 的店铺分为四个等级，等级越高的店铺获得的权益越多。

③操作较复杂。

由于 eBay 后台只有英文界面，对于英语水平不高的卖家并不友好，为他们增加了操作难度。

（五）Wish

1. 平台简介

Wish 是一款移动电子商务购物平台。2011 年，Wish 由来自谷歌的工程师 Peter Szulczewski 和来自雅虎的工程师 Danny Zhang 在美国创立，是一家专注于移动购物的跨境 B2C 电子商务平台。该平台根据用户喜好，通过精确的算法推荐技术，将商品信息推送给感兴趣的用户。

2. 平台优势和劣势

（1）优势。

①Wish 是移动端平台，其主要市场是美国，所以消费人群比较集中，消费习性也比较相似，降低了市场调研、选品等难度。

②Wish 基于搜索引擎的匹配技术，有自己独特的推送算法，根据用户的喜好进行精准的产品推送，更好地提升了买家的购物体验。

③美国目前的电子商务平台主要以 PC 端为主，而 Wish 作为移动端平台，有 98% 的流量和 95% 的订单来自移动端，可以让消费者随时随地购买。

（2）劣势。

①Wish 对卖家入驻审核周期较长，最快要 2 周左右，最长可能要 1 个月，审核机制常被卖家诟病。

②Wish 的产品销售佣金相对较高，成交一单要收取 15% 的佣金。

（六）Shopee

1. 平台简介

2015 年，Shopee 平台在新加坡成立并设立总部，随后拓展至马来西亚、泰国、印度尼西亚、越南、菲律宾、巴西等市场。可在 Shopee 平台上销售的商品种类包括电子消费品、家居用品、美容保健用品、母婴用品、服饰及健身器材等。

（1）Shopee 新加坡。

新加坡是东南亚六国中经济最发达、电子商务基础配套设施和消费者收入、消费能力最强大的国家。新加坡网络就绪指数（Network Readiness Index，NRI）在全球排名第一，智能手机普及率也是居全球第一。但是新加坡国土面积小，人口总数相对于其他五国较少。Shopee 新加坡的客户中年轻人居多，服饰鞋帽类、家居类是热卖爆品。

（2）Shopee 马来西亚。

马来西亚人口总数约为 2 000 万，经济和基础设施相对发达，电子商务在当地发展也不错。马来西亚人主要使用智能手机上网，Shopee 不断改善平台的用户体验效果，抢占了马来西亚移动端市场和流量。

（3）Shopee 泰国。

泰国人口总数多达 6 911 万，拥有广阔的消费市场，电子商务发展态势向好。预计到 2025 年，泰国电子商务市场规模将达 111 亿美元，位居东南亚第二位。Shopee 泰国热销品类主要是女包、女装、美妆、家居和电子产品。

（4）Shopee 印度尼西亚。

印度尼西亚是东南亚六国中人口最多的国家，也是东南亚最大的经济体。据预测，到 2030 年，印度尼西亚可能成为全球第七大经济体。相较于其他亚洲新兴经济体来说，印度尼西亚拥有巨大的电子商务发展空间。印度尼西亚手机用户规模持续扩大，手机覆盖率达 124.3%，是全球第四大移动市场，仅次于中国、美国、印度。

2. 平台优势和劣势

（1）优势。

①未来发展空间大。

Shopee 的母公司 Sea 是东南亚最大的互联网公司，具有雄厚的资金实力、高技术水平及人才优势，面向东南亚市场，跨境业务发展状态良好。

②入驻简单，竞争小，机会大，留给新人的发展空间大。

不用缴纳保证金、入驻费，并且前三个月免佣金，三个月之后收取 5% 的佣金。而且卖家可以选择原生广告或根据自己的意愿购买付费广告。

③多语言客服。

针对泰国、印度尼西亚站点的通用语言，考虑到中国跨境电子商务卖家的语言障碍，Shopee 平台的客服团队会为卖家提供对应的服务。

④利用社交流量提升店铺转化率。

Shopee 平台支持用户将产品链接分享到 Facebook 和 Line 上,为此还上线了专门的"逛逛"界面,用户可以在界面上看到自己或朋友关注的店铺及新品推荐、好友点赞的产品和系统推荐的产品。

⑤实时互动功能。

区别于亚马逊、Wish 等欧美电子商务推广全程自助的模式,Shopee 根据亚洲人的消费习惯,注重开发卖家和买家的实时互动功能,有利于提升购买率、降低退单率和纠纷率。

(2)劣势。

①单品利润相对低,只有单价和销量高,才能提高利润。

②平台机制还不够完善,需要一个发展周期。

(3) Shopee 本土店铺与跨境店铺的优势和劣势分析。

本土店铺指用站点当地的营业执照、法人信息等资料申请开店,是针对本土卖家开放的注册通道,如一个卖家在越南注册一个营业执照,申请 Shopee 越南站的店铺,这个店铺就属于本土店铺。跨境店铺也较为常见,通过联系 Shopee 中国区招商经理,提交自己的工商注册信息和法人信息,其他电子商务平台的流水等资料后,经过 1 周左右就可以获得店铺,用这种方式注册的店铺就是 Shopee 跨境店铺。卖家可以用一套申请材料申请开设各站点店铺,这些都属于跨境店铺。

与跨境店铺相比,本土店铺的优势分析如下:

①售卖商品种类更多。

跨境店铺在开设的时候就有经营类目上的限制,由于物流运输安全问题及各个国家的海关管控因素不同,对于跨境店铺的禁售类目也不同。不同国家对产品有不同的限制,卖家选品时需要先了解不同站点的禁售物品。而本土店铺不受海关禁运限制,是可以开放全类目自由上架的,如食品、敏感商品等。因此,本土店铺相对于跨境店铺在商品类目方面有很大的竞争优势,更多的商品种类能够吸引到更多的当地买家。

②佣金和交易手续费较低。

Shopee 对于跨境店铺每个订单要收取 5%~6% 的佣金和 2% 的交易手续费,而对于本土店铺则不收取佣金,仅收取 2% 的交易手续费,总体费率低于跨境店铺。

③商品排名优先。

在 Shopee 平台中,买家搜索任意关键词,可以发现在相同条件下,Shopee 会优先展示本土店铺。这得益于 Shopee 对本土店铺的流量扶持,本地买家更愿意选择在本土店铺下单,他们认为本土店铺都会标示具体地区,更能吸引当地的买家。

④物流成本较低。

不少跨境店铺卖家的销售模式是在买家下单后再采购该种商品并支付运费将商品运到就近的 Shopee 仓库中,请货代贴单,支付一次贴单费用,然后发到中转仓,由 Shopee 发至国外,到达各国后再进行尾程派送,整个流程会产生较高的物流成本,而且效率较低、周期长。本土店铺卖家拥有海外仓或者与第三方海外仓合作,商品可直接从本地仓库发货,而由于卖家在提前备货的过程中,都是通过空运或海运大批量将商品发往海外仓的,平摊下来单件商品比跨境店铺商品的物流成本更低。

⑤资金结算回款快。

跨境店铺的回款周期比较长，卖家需要绑定 Payoneer、PingPong 或 LianLian Pay 卡片才可以回款，而 Shopee 每个月只有月中和月末两个回款日。本土店铺用的是当地的银行卡，可以和当地信誉良好的商家合作进行回款操作，不需要像跨境店铺一样等待回款日，回款时效比跨境店铺高得多。

（七）Lazada

1. 平台简介

Lazada 在创始初期获得了德国创业孵化器 Rocket Internet 的支持，目标客户主要是印度尼西亚、马来西亚、菲律宾以及泰国等国的消费者。Lazada 自 2016 年起成为阿里巴巴集团东南亚旗舰电子商务平台，目前可入驻的站点包括印度尼西亚、马来西亚、菲律宾、新加坡、泰国、越南。

2. 平台优势和劣势

（1）优势。

①在东南亚市场的发展势头强劲。

Lazada 以东南亚市场为主，这些国家人口众多，也正在迅速适应互联网消费行为，因此市场潜力巨大。Lazada 每年新增用户数及订单体量都在不断增长，在整个东南亚市场的发展前景是非常可观的。

②越南是 Lazada 重点发展地区。

在越南人口中，年轻人占比非常高，人口增长率也比较快，越南的经济和政治地位正在稳步上升，也是 Lazada 的重点发展地区。稳定的政治环境和经济发展现状对于完善国家电子商务法规、规范电子商务和网上转账支付渠道非常有利。

③拥有完善的商户培训体系。

Lazada 对平台的管理较为完善，包括对每个准备入驻的卖家进行完整的基础规则培训，以保障消费者和高品质卖家的权利。同时，其在成长路径、工具授权、培训指导和服务支持四个方面为卖家的孵化和成长提供服务和支持，让卖家有独立的成长空间。

④拥有卖家保障体系。

Lazada 会对订单产品进行严格检测后才发货，所以对消费者的退货、退款是有要求的。只有在产品与说明不符、少邮寄、邮寄失误、破损等情况下，平台才能接受消费者的退货、退款请求，这样可以有效降低卖家资金受损的风险。

⑤投入成本低。

与入驻其他跨境电子商务平台相比，卖家入驻 Lazada 前期投入的成本比较低，既不用支付年费也不用交保证金，仅需要支付给平台 1%~4% 的提点。卖家的前期投入主要在产品端，而物流费用也由平台先行垫付，后期费用从产品放款金额中扣除，极大限度地缓解了卖家的资金压力。

⑥物流价格优势。

国内发货的物流周期短（7~15 天），使用海外仓不收取仓储费，只根据货物的重量来收取中间操作费。

（2）劣势。

①平台服务。

目前，Lazada 没有专属的招商经理和运营经理与卖家对接，平台问题还是依靠客服解决，需要一定的回复周期。

②平台数据。

Lazada 后台没有任何关于行业数据信息的披露，卖家可以参考的主要是自己店铺的流量数据指标，在一定程度上影响着卖家对市场需求及行业趋势的判断。

③退货成本高。

如果货物发出后退货，货物会被退回 Lazada 在香港地区的仓库，而卖家要拿回退货，每单需支付 10 美元运费。

④缺乏功能强大的 ERP 软件支持。

现在，极少数可以和 Lazada 对接的 ERP 软件均不太好用。如果订单多，卖家处理起来非常不便。

⑤物流太烦琐。

卖家发货时必须先对 Lazada 提出物流使用申请，待审核通过后才能使用其认可的物流公司发货，十分不方便。

任务示范 1　入驻阿里巴巴国际站需要的条件和费用

（一）阿里巴巴国际站的入驻条件

（1）必须是诚信通会员。

（2）持有完成最近年度年检的营业执照，营业范围在消费品领域，且拟在批发中心开展的经营活动不超过其营业执照核准的经营范围。

（3）供应商应为生产加工型企业；非生产加工型企业（如批发商、经销商）且销售品牌产品的，应拥有该品牌或获得品牌持有人授权。

（4）已绑定实名认证支付宝账户——申请支付宝并实名认证。

（5）无不良行为记录（包括但不限于知识产权投诉、贸易纠纷等）；能提供符合阿里巴巴国际站要求的证明材料。

（6）商品满意率≥98%。

（7）店铺卖家勋章等级为 AAA 级或 AAA 级以上（特殊项目如"品牌馆"等除外）；符合 VIP 批发中心要求的其他条件。

（二）入驻阿里巴巴国际站涉及的费用

（1）诚信通最基础的开通年费是 6 688 元，企业做诚信通必须支付该项费用。

（2）如果卖家需要升级成实力商家，在诚信通的基础上，每年需要交费 36 800 元。

（3）国际站卖家需要支付买家保障费用，根据类目不同，金额为 3 000 元或 5 000 元，店铺关闭时可以退款，或者每年支付 3% 的保险费。

（4）其他运营费用如美工、站内推广、站外营销等由各店铺自主确定。

另外，入驻商家还必须在严格遵守国家相关法律法规的同时，也遵守平台的各项规定。

任务实施 1 　收集与整理入驻速卖通需要关注的入驻条件及费用

　　Lazada 入驻规则　　　eBay（中国）入驻规则　　　Wish 入驻规则　　　Shopee 入驻规则

知识储备 2 　跨境平台经营规则

（一）为什么要了解经营规则

　　每个平台都有自己的经营规则，在进入平台之前一定要先学习所入驻平台的各项制度与规则，不懂规则盲目操作的后果只会是事倍功半。例如，不同平台有不同的禁售品规则；有的平台严禁跟卖；有的平台对营销内容有明确规避要求；有的平台严禁使用涉及暴力恐怖内容的关键违禁字眼等。如果不熟悉平台经营规则，一旦违反规则，轻则扣除店铺分、内容不被推荐，重则被封号。

（二）三个意识

1. 平台侧重意识

　　不同跨境电子商务平台不仅各有经营规则，关注的点也不同，如速卖通侧重店铺整体规划；亚马逊侧重深耕单品链接，走精品路线，而 Wish 侧重移动端的呈现等。所以卖家只有充分了解平台的侧重点，才能更好地发挥自身的优势。

2. 前瞻意识

　　跨境平台对市场的变化做出相应的反应会有一定的时间差，作为卖家，应学会不耽于眼前利益，要重视产品品质，避免在应对市场变化及平台动作时处于被动状态。比如，一些有前瞻眼光的卖家，一直坚持产品品质为先，虽然没有在推广前期迅速占领市场，却能够在后期脱颖而出，稳扎稳打地发展。

3. 用户意识

　　卖家应有用户至上的商业思维，只有持续不断地提供客户喜欢的产品，得到客户的认可，才能提高产品销售量及品牌知名度。卖家发布产品时也要从目标客户的角度分析产品呈现方式，如视觉效果、文本设计等，以达到吸引客户的目的。

任务示范 2 　了解亚马逊平台经营规则

　　创始人杰夫·贝佐斯给亚马逊的定位是"地球上最以客户为中心的企业"，事实上，该平台也确实将追求卓越的客户体验贯彻到极致，因此客户满意度极高。
　　总结亚马逊平台的四大经营规则是重推荐，轻广告；重展示，轻客服；重产品，轻店铺；重客户，轻卖家。

（一）重推荐，轻广告

　　入驻亚马逊平台的卖家会发现在平台上可做的站内推广形式极为有限，基本上除了广告（产品广告和展示广告）就是包括秒杀在内的各种促销活动。这是因为亚马逊平台践行"以客户为中心"的定位，过多的广告推广必然引起客户反感，影响用户体验。

在亚马逊的 A9 搜索算法中，购物一直是最核心的功能。亚马逊会根据客户的浏览习惯、搜索习惯、购物习惯、付款习惯等个性化数据，进行关联推荐和排行推荐。当客户搜索某一个产品时，亚马逊会推荐非常多的相同或相关产品供客户参考。同时，客户在浏览每一个产品页面时，都可以轻易地找到该类目的 Top 100 排行榜，而在 Top 100 排行榜页面右边，还有一个新刊登热卖排行供客户浏览。此外，客户每次登录亚马逊平台，曾经查阅或者购买过的产品及相关产品，还会进行推荐展示。比如客户曾浏览或购买过户外帐篷，诸如户外背包、防晒衣之类的户外用品就会频繁被推荐展示。

各种推荐相互交叉，同类产品反复出现，频繁引起消费者的购买欲望。所有推荐最终要达成的目的就是，让消费者有更多的选择，进而通过这些丰富的选择触发消费者购买行为的发生。反观广告方面，亚马逊只有简单的一种关键词广告，每个搜索页面，六个广告位基本固定出现。较少的广告出现，减轻了用户对广告的排斥心理，可以说，亚马逊深谙用户排斥广告的心理，用更精准的关联推荐带来的成交为平台创造了更多的营收。

凭借着这样的算法和技术，亚马逊在业内有着"推荐系统之王"的美称，据统计，亚马逊有 35% 的销售额都与推荐系统相关。

（二）重展示，轻客服

亚马逊没有即时在线客服。如果买家在购买产品前有什么疑问，只能通过发送邮件的形式来咨询卖家，卖家也只能通过邮件形式进行回复。相比国内电子商务平台的在线客服的及时沟通，亚马逊买卖双方的沟通时间周期会比较长，如果再考虑全球不同地域的时差问题，时间成本更是不可想象。这也促使卖家必须在产品页将所有的信息表达的尽量丰富、全面和完整，同时不断地对产品页面进行优化，将买家想要了解的内容进行充分展示。这种通过产品展示促成订单，通过后置客服联系方式降低买卖双方的沟通成本的形式可以降低卖家的客服成本。

（三）重产品，轻店铺

在亚马逊，店群模式和铺货模式［多 SKU（存货单元）运作］可能会让卖家暂时赚钱，但从长远角度看，运营最终还是要回归产品，因此精品模式才是最佳选择。

部分电子商务平台需要卖家耗费很大精力去做店铺装修设计、低价引流爆品，这样做的唯一目的就是希望为店铺导流来促成二次消费和搭配消费。但是这些基于店铺运营的思路完全不适合亚马逊。

买家在亚马逊的购物过程可以概括如下：如其准备购买 A 产品，在首页搜索 A 产品关键词，在搜索结果中选择合适的产品将其添加到购物车，如果不需要其他产品，直接付款便可完成购买过程；在购买 A 产品时，如果买家还想购买 B 产品，往往会回到首页搜索 B 产品相关关键词，而不是看销售 A 产品的卖家是否也正好有 B 产品。这样的购买思维就直接造成了卖家能够获得的流量大多来自搜索结果的展现，因为客户很少进入卖家店铺再次查看。除了掌握买家这样的购买思维外，亚马逊也对卖家店铺做了后置处理，如果客户想查找一个卖家的店铺，需要在不起眼的地方经过多个页面的切换才能找到，对于不熟悉界面的买家来说,查找的过程非常不便。

而相对于弱化店铺,亚马逊非常重视优质产品页面的展示,如果一个产品页面图片精美,价格合适,订单转化率高,亚马逊会根据短时间内的订单数量不停地更新产品页面的排名,排名越靠前的产品,订单越多,而随着订单的增多,排名再次上升,也正是这样的循环,导致了很多卖家都非常重视爆款产品页面的打造。

这也是很多优秀亚马逊卖家的经营策略都是"少做产品、做精产品、聚焦产品、聚焦其他"的原因。

(四)重客户,轻卖家

亚马逊设计了两套评价体系,一个是"商品评论";另一个是"买家反馈",前者只评价产品,后者针对的是整个订单,评价的内容除了产品本身的质量评价外,还包括店铺的物流、商家的服务态度等评价。但是,发表买家反馈的前提是必须在店铺购买产品。两套评价体系表明亚马逊非常鼓励买家表达真实的感受。

这两套评价体系对卖家的影响都比较大,前者影响的是销量和转化率,后者影响卖家的排名和黄金购物车。如果评价星级非常低,不但没有什么曝光和流量,甚至会收到亚马逊的警告或者被移除销售权限。

即便是在整个交易过程中,亚马逊也在尽可能地简化交易流程,提升其他体验,只要买家对产品和服务有任何不满意,亚马逊接受无条件退款,亚马逊对买家的高容忍度也意味着对卖家要求的高标准。

当然,平台并非一味偏袒买家,而是根据实际情形来判断双方的责任归属。基于这样一个严苛而又公正的交易环境,买卖双方都会更加信任并依赖亚马逊。良好的用户体验会让买家产生更多的购买行为,卖家自然会有更好的销量,更加努力地开发好的产品,提供优质的服务,这样一来,一个基于亚马逊平台的良性循环就形成了。

任务实施2 收集并整理速卖通平台的经营规则

任务总结

本任务要求学生通过学习能分析出各跨境电子商务平台的优劣势,了解各平台的入驻条件,掌握各平台的经营规则。

任务三 认识独立站

任务描述

随着时代的发展和互联网的普及,更多消费者选择在线上购物,新消费习惯的养成给跨境电子商务带来又一发展机遇。然而,中国的跨境卖家却在过去的一年中饱受第三方平台多种规则影响,跨境三方平台的负面效应慢慢发酵。王悦在初步了解各大主流跨境电子商务平台后,将目光转向了独立站。

任务分析

步骤 1 学习独立站的定义、模式与特征

步骤 2 学习如何进行独立站建站

知识储备 1　独立站简介

（一）什么是独立站

独立站是指基于 SaaS 技术平台建立的拥有独立域名、内容、数据、权益私有，具备独立经营主权和经营主体责任，由社会化云计算能力支撑，并可以自主、自由地对接第三方软件工具、宣传推广媒体与渠道的新型官网（网站）。

跨境电子商务独立站是指进行跨境销售的卖家自己拥有独立的域名、空间、页面，不从属于任何平台，可以进行多方面、全渠道的网络市场拓展。而推广所带来的流量、品牌印象、知名度等都完全属于卖家所有。跨境电子商务独立站的突出特点就是独立，即自己完全独立运营，不受任何平台的限制。

与第三方平台相比，跨境电子商务独立站的自主性、成长性优势突出。海外市场普遍电子商务集中度较低，跨境行业格局分散，长尾平台、独立站等存在一定的竞争空间。中国国内已经进入立体化渠道布局阶段，独立站成为卖家向品牌化转型的一个重要手段。独立站不仅为企业分散风险提供了强有力的保障，还能掌握消费者信息、形成私域流量，为品牌的深远发展提供实际数据支撑，带来品牌溢价等突出优势。

（二）跨境电子商务独立站的模式

1. 垂直品牌独立站

垂直品牌模式是指在某个行业或者细分市场深化运营的电子商务模式，一般从差异化定位和独特的品牌附加值入手，提供更加符合特定人群的类型产品，满足某个领域的需求。垂直品牌独立站的优势在于专注和专业，更容易增加用户的信任程度，有利于品牌的传播，可以给用户带来很强的专业感，从而使用户的转化率和复购率相对较高。

2. 杂货铺独立站

杂货铺独立站通过大批量地上传商品，提高产品上传效率，可在短时间内提高销售额，是在发展前期极受欢迎的一种模式。杂货铺模式不需要进行太多的宣传推广和运营优化，操作简单便捷，有利于建立稳定的销售网点。这种类型的独立站中的各式商品琳琅满目，但是基本上都有一个共同点，那就是价格十分低廉，很容易使买家产生购买欲。当然，因为产品价格较低，极易造成质量不可控。

3. 站群独立站

站群卖家通常都是有几十个或者上百个独立站，往往通过大量铺货快速打造爆款。其优势在于可以让卖家在短时间内获取大量流量，大幅缩短测款时间，缺点是推广成本较高。

4. 品牌独立站

卖家较有整体实力和远见，通过服务、站点和品牌调性，带给客户很强的品牌感，利用品牌影响力的持续升级来提高商品利润率和商品的溢价能力。

5. Drop Shipping

这种模式即借卖，无资金压力、无库存压力、不用提前囤货，零售商将其他订单和装运细节提交给供应商，由供应商将货物直接发送给终端客户。既能降低零售商的成本，也能够让供应商的资源得到更加充分的利用。

6. DTC

DTC 即 Direct-to-Consumer，即品牌直接面对消费者的营销模式。卖家通过互联网和终端直接与买家联系，从而实现了去中心化、平台化和去中间商差价。DTC 模式以消费者为终端，整合线上线下生态系统中的营销、支付、物流和售后工具来管理并扩大业务。DTC 有助于塑造品牌形象，使品牌以更低的成本获得稳定的用户流量。

（三）独立站的优势和劣势

1. 优势

（1）不受平台规则限制。

独立站不用受第三方平台规则的限制，卖家可以按照自己喜欢的风格来设计网站。

（2）能成功锁定客源。

独立站可以锁定并积累自己的客源，比如通过网站后台收集客户留下的联系方式及邮箱等资料，根据其他需求做重复营销和交叉销售，还可以根据用户的反馈不断优化产品。独立站起步较难，但网站的价值会随着用户的积累而逐渐提升。

（3）不用担心比价。

独立站内的所有商品都属于卖家所有，完全不需要担心像在第三方平台上那样可以看到大量的竞品情况，货比三家后再下单。

（4）实现品牌溢价。

独立站具备品牌溢价能力，因为在独立站除能全方位、多角度体现产品的特色，突出产品的特点外，还能描述品牌的历史及其承载的企业文化，甚至展现工贸一体企业的厂房、生产设备、公司规模等，增强买家对品牌的信任度及对企业的信心。

2. 劣势

（1）流程烦琐。

独立站的见效周期比较长，从整个网站的设计到推广及引流等，均需要卖家投入较多精力。

（2）需要技术支撑。

独立站建站需要涉及的方面很广，比如购买域名、服务器空间、支付集成以及后台的技术维护等。很多环节需要有一定的信息技术知识才能做得更好，所以独立站运营团队往往需要配备相关技术人员。

（3）需要自己引流。

区别于第三方跨境电子商务平台，独立站运营的最大难题就是没有免费的自然流量，需要运营团队宣传推广，比如可以先借助 YouTube、Facebook、谷歌等各大用户基数大的社交平台投放广告进行引流，再根据推广效果对自己的网站做优化以提高用户留存量与转化率。

任务示范1 分析知名跨境电子商务独立站 SheIn

(一) 简介

SheIn（希音）是一家专注女性快时尚的跨境 B2C 互联网企业，也出售男装、童装、饰品、鞋、包等时尚用品。

SheIn 拥有超过 1 000 万客户，覆盖全球 224 个国家和地区，日均发送包裹数十万个。SheIn 2016 年的销售额约 40 亿元，到 2017 年已破百亿元，这一势头持续保持高速增长。SheIn 2020 年的营收约 700 亿元。

2021 年 5 月，应用追踪公司 App Annie 和 Sensor Tower 的数据显示，SheIn 已经取代亚马逊，成为美国 iOS 和安卓平台下载量最多的购物类应用程序。

截至 2021 年 5 月 17 日，SheIn 成为 54 个国家和地区中排名第一的 iOS 购物类应用程序。

在美国，SheIn 在快时尚领域的市场份额从 2020 年 1 月的 7% 跃升至 2021 年 6 月的近 30%。

SheIn 和围绕在它旁边的数百家工厂构筑了一个产业集群，行业上下游工厂毗邻，订单响应迅速、及时，这是快时尚的最理想模式。

(二) 特征

（1）多市场分布。既在欧美市场有一席之地，也拥有新兴市场。SheIn 2018 年的销售数据显示，美国市场占 30%，欧洲市场占 20%，中东市场占 20%，其他市场占 30%。

（2）SheIn 善用 Google、TikTok 等社交媒体，通过互动吸引无数"粉丝"，在 iOS 和安卓中的购物类应用程序下载榜单上名列前茅。

（3）重视图片作用。SheIn 会与 Instagram、Pinterest 及 Facebook 等社交平台上的网红合作，为他们提供免费服饰甚至相机，再给他们一些报酬，以此来换取对方的图文软广。

（4）引入供应商 4 大 KPI（关键绩效指标），即急采发货及时率、备货发货及时率、次品率和上新成功率。季度考核（采购金额得分占 60%，KPI 指标得分占 40%）决定了供应商层级。在 S、A、B、C、D 五个级别（处于考核期的供应商为 N 级）中，排名 D 级（低于 60 分）末位的供应商中将有 30% 被淘汰。

(三) 优势

（1）自带全球流量，聚焦时尚，定位清晰。
（2）平台严控数量，严格筛选，供应商只供货，不运营。
（3）平台出新快，曝光度高。若非质量问题，买家不能退货。
（4）供应规模大，集生产、研发、销售为一体。
（5）发货及时，平台保证现货在 40 小时内发货，备货在 5 天内发货。
（6）平台库存充足，货源稳定，有品质保证。
（7）平台具有自主研发和设计能力，每个月能推出超过 30 款新品。
（8）平台资金周转速度快，回款周期短。

任务实施1 举例分析一个近期较为成功的独立站

知识储备2 独立站建站平台

（一）跨境卖家搭建独立站的方式

（1）利用 WordPress、Magento、Opencart 等开源程序搭建，拥有对自己网站的所有控制权。

（2）使用第三方建站服务——SaaS 模式，平台提供建站模板，入驻方按要求准备好所需材料，套入后就可以拥有一个品牌网站，如 Shopify、Shopline、Shopyy、Ueeshop 等。由于简便易用，SaaS 模式已是当下跨境电子商务独立站领域最热门的选择。

（3）企业组建技术团队自行开发网站。这种方式的开户和维护成本极其高昂，大部分跨境电子商务商家不予考虑。

（二）知名建站平台

1. Shopify

（1）简介。

Shopify 是一站式 SaaS 模式的电子商务服务平台，为电子商务卖家提供搭建网店的技术和模板，管理全渠道的营销、售卖、支付、物流等服务。

Shopify 平台各种应用齐全，非常方便卖家使用。Shopify 最便宜的收费方案是卖家每月支付 29 美元维护费。

（2）特征。

①精美专业的 Shopify 模板。

Shopify 为用户提供超过 60 种精美、专业的模板，而且移动端可以完美兼容各种移动设备。

②提供有用的工具。

能够帮助用户成功开展业务，比如进行产品发布、产品库存管理、邮件营销、SNS 营销、高级分析报告和订单管理等。Shopify 平台上有超过 1 000 种应用供用户选择，能够帮助企业提高效率。

③兼容多渠道销售。

只要在 Shopify 建立店铺再完成产品上传，配合相应的 App（部分渠道不需要额外的 App）及收款方式，就可以在对应平台进行销售，不需要再重复上传产品到这些平台上。

（3）优势。

①在全球部署了免费高速的 CDN，提供安全稳定的服务器。

②提供专业精美的 Shopify 模板和功能齐全的应用程序市场。

③提供全年 365 天，全天 24 小时的在线技术支持。

（4）劣势。

①Shopify 的交易费用及应用程序费用比较高。

②使用 Shopify 以外的付款方式交易时，需要支付交易费用。

2. 店匠科技

（1）简介。

店匠科技（Shoplazza）是一家专注为全球 B2C 电子商务提供产品和技术方案的公司，成立于 2017 年 7 月，位于广东深圳。

（2）特征。

店匠科技的服务模式以中国优质的商品和自主创新品牌为重点服务对象，为其提供全方位一站式定制化服务，也为中小卖家提供免费完善的电子商务建站和经营平台服务。

店匠科技的产品和服务包括建站经营系统、系统配置、电子商务网站规划设计、标准化系统与非标准化定制开发、系统插件开发、企业内部技术接口对接联调、海外支付和物流技术对接配置设定、海外市场定向广告销售计划和实施、海外运营和营销的功能配置等。

（3）优势。

店匠科技作为领先的全球独立站建站平台，在全球累计服务商户超过 36 万家，仅用 4 年时间就已发展成为中国跨境电子商务 SaaS 领域中卓越的领导者。

同时，依托其优质的核心独立站产品和开发者应用生态体系，店匠科技进一步打造商业生态闭环，提供了一套品牌、营销、运营的解决方案，专门为企业和品牌拓展国际化业务提供解决方案和服务。

相对于 Shopify 很多功能都要月付费，店匠科技为用户提供 20 多种免费功能和主题，包括弃单挽回、满减活动及满送优惠、限时促销、优惠码、弹窗公告、浮窗通知、表单工具、捆绑销售、尺码表、商品置顶、商品自定义选项、多语言、多货币、款式组合、博客及博客内推荐商品、评论抓取及一件代发工具等。

店匠科技 Shoplazza.com（八五折注册链接）的细节做得也非常到位，后台拥有十几个统计指标，包括销售漏斗、热卖商品、热卖国家、跳出率、支付方式占比、最多浏览商品等，比 Google 统计得更为直观。

（4）劣势。

广告投入比较大，而且具体功能部分还不能完全满足用户需求，技术水平有待提高。

3. BigCommerce

BigCommerce 也是一个基于 SaaS 的建站平台，可灵活满足各种规模企业的需求，不限行业或销售领域，还能为用户提供合理的定价计划以及全面的分析报告。Bigcommerce 让零售商运营一个完整的网站，而不仅仅是一家商店。它提供搜索引擎优化功能和一个兼容的产品管理系统，以及市场营销工具和分析。用户既可以使用预先构建的模板和主题，也可以设计自己的模板和主题。BigCommerce 的优势包括：支持多渠道销售；可以接受国际支付；15 天免费试用，无需信用卡。其劣势包括：用户需要花大量时间学习如何使用；免费主题有限；大批量销售费用反而更昂贵。

4. Wix

Wix 有"全世界最大的建站平台"之称，现拥有 6 000 万个网站，用户数量超过 1.8 亿，覆盖全球 190 个国家与地区。

用户可以使用 Wix 快速创建一个在线网站，并利用 500 多个模板来自定义网站。Wix 是拖放式网站建设者，具有多渠道销售能力，支持 14 天免费试用。简单的网站构建流程以及强大的销售和营销功能使其成为小型企业的最佳选择。其缺点是基本建站计划仅支持20GB的存储空间，而对于大多数企业而言，仅做好基本建站计划远远不够。

5. Squarespace

Squarespace 也是较为成熟的网站建设工具。Squarespace 提供专用的模板和功能，可以帮助用户建立电子商务网站、在线销售产品。Squarespace 提供各种美观、现代的在线商店设计模板，以及产品数量无上限、订阅、数字内容或捐赠的功能。另外，Squarespace 在线商店还提供税务工具、折扣代码、礼品卡、安全结账和购物车放弃恢复等服务，不仅如此，用户还可以使用移动设备以及 Squarespace Commerce 应用程序管理在线商店。Squarespace 的缺点是功能集成有限，会对付款过程收取额外的交易费用。

6. Magento

作为 Adobe 旗下的产品，Magento 为计划进一步扩展的大型公司提供了最可定制的解决方案。其直观的界面能使更新和管理大批量业务变得容易。Magento 的开源和托管软件是各大企业的最佳选择。

Magento 的优点是提供免费的开源软件、几乎无限的功能，非常适合对搜索引擎进行优化。Magento 的缺点则是托管价格昂贵，需要开发人员和 IT 支持以维持网站的正常运行。

7. Smoolis

Smoolis 可以帮助卖家在不使用插件和不雇佣技术开发人员的情况下轻松创建一个支持 58 种语言并接受国际货币支付的站点。

Smoolis 的优点是支持 14 天免费试用、不需要信用卡，内置货币转换器，经济实惠。Smoolis 的缺点是产品数量上限为 500，网页数量上限为 100，集成功能比其他平台少。

8. GoDaddy

GoDaddy 的 ADI 工具可以让卖家在几分钟内创建在线网站，然后引导卖家完成商店设置的步骤，是初学者的最佳选择。

GoDaddy 的优点是不需要编码或技术技能，提供 7 天 24 小时不间断的客服支持，具有直观的引导界面。GoDaddy 的缺点是只提供有限的自定义选项，只有一项电子商务套餐计划，无法在主题之间切换。

9. Square Online

卖家可以使用 Square Online 在自建网站或 Instagram 上销售产品而不需要支付每月的订阅费用。按年计费时，付费套餐的起价为每月 12 美元，是电子商务平台中最实惠的选择。

Square Online 的优点是易于使用、不需要编码技能，可出售无限数量的产品而不需要支付月费，支持多渠道销售。Square Online 的缺点则是付款方式有限，不适用于大批量业务，不支持全球销售。

10. 3dcart

3dcart 为卖家提供了移动端的响应平台以及强大的搜索引擎优化功能，以确保卖家的网站能够满足算法和在线买家的需求。而且卖家无需学习任何代码或特殊技术技能即可创建一个轻松处理在线订单的网站。这个功能丰富的平台和移动应用程序还可以让卖家在任何地方控制从库存到营销的各个业务环节。

3dcart 的优点是支持 15 天免费试用，提供实时运输数据，可以接受 200 多种付款方式。3dcart 的缺点为自定义功能比其他平台更受限制。

11. Weebly

Weebly 可以帮助卖家为自己的实体店创建一个漂亮的网站，客户在网上下单然后到实体商店取货。

Weebly 具有简单的用户界面和控制面板，缺点是没有与亚马逊集成、支付网关受限等。

任务示范 2 Shopify 独立站建站

（一）Shopify 注册开店

Shopify 支持 14 天免费试用，进入 Shopify 官网开始注册，如图 1-4 所示。

图 1-4　Shopify 官网注册页面

（二）Shopify 开店费用

Shopify 开店费用组成包括平台月租费、交易佣金、支付网关交易手续费和服务商应用费用等。

1. 平台月租费

有三种不同的月租方案，它们的区别是交易佣金不同。

2. 交易佣金

按月租方案不同，平台收取 0.5%~2% 的佣金。

3. 支付网关交易手续费

Paypal 交易手续费为 4.4%，2Checkout 交易手续费为 3.9%，Stripe 香港交易手续费为 3.4%。

4. 服务商应用费用

不少插件服务商也要收费，如邮件营销服务、物流跟踪查询插件、网站热力图分析服务、ERP 服务、评论 Review 插件，综合下来，卖家每个月支付的费用可能多达上百美元。

（三）Shopify 基础设置

1. 将后台语言切换成中文

进入 Shopify 店铺后台，单击右上角头像（用户名）进入"Your account"界面，如

图 1-5 所示。

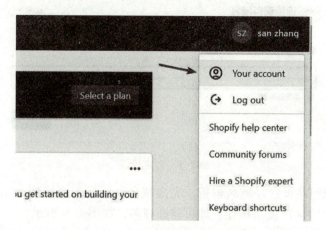

图 1-5 进入 Your account 界面

找到 Preferred language 选项，将语言选为简体中文，并保存设置，如图 1-6 所示。

图 1-6 语言选择界面

2. 开启 Shopify 登录短信验证功能

单击左侧栏中的安全，启用双重身份验证，然后选择短信身份验证，如图 1-7 所示。

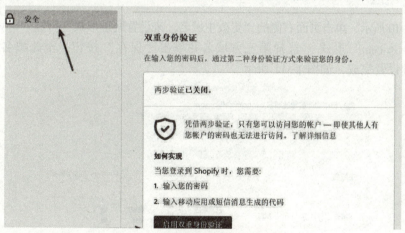

图 1-7 短信验证手机号设置

（四）Shopify 绑定域名

登录 Shopify 店铺后台，单击左侧栏中的设置→域名，选择连接现有域名，然后输入域名，单击"下一步"按钮，如图 1-8 所示。

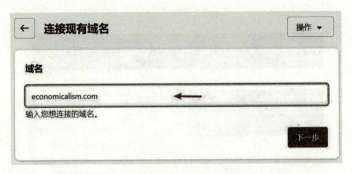

图 1-8　域名设置

前往域名注册网站设置好域名解析。完成域名解析后，切换到 Shopify 店铺后台域名绑定界面，单击"验证连接"按钮，即可验证域名，如图 1-9 所示。

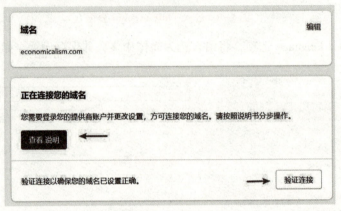

图 1-9　验证域名

如图 1-10 所示，单击页面右侧的"更改主域名"来设置网址形式，可选"www.×××.com"形式或"×××.com"形式。选择第三方域名并单击"保存"按钮，至此域名绑定完毕，Shopify 基础设置完成，如图 1-11 所示。

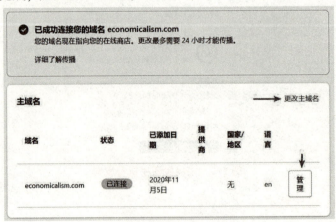

图 1-10　更改主域名

图 1-11 绑定第三方域名

任务实施 2 完成独立站的建站准备工作，选择一个建站平台，进行独立站的基础设置

任务总结

本任务要求学生通过学习，了解独立站的概念、模式，熟悉各种独立站建站工具的优势和劣势，能进行独立站建站的基础设置。

任务四　跨境平台店铺开设

任务描述

小李准备在跨境电子商务平台上开设一家出售墨镜的店铺（售价为 30~50 美元），应该如何操作？

任务分析

步骤 1　选择合适的跨境电子商务平台，了解平台入驻规则

步骤 2　注册账号并开设店铺

知识储备 1　以入驻速卖通平台为例

现阶段，使用速卖通的重点国家有俄罗斯、法国、西班牙、波兰和沙特阿拉伯，而南美市场（如巴西）也是速卖通较为重点的市场。速卖通上俄罗斯市场的体量，预计到 2023 年将达 250 亿美元，增速达 45%。墨镜是俄罗斯人四季必备的单品，且 30~50 美元的售价也属于当地消费人群能接受的价格区间。因此，建议小李可以选择在速卖通平台开设销售墨镜的店铺。

做速卖通平台入驻前的准备工作时，应先了解平台可销售的品类，并确定要入驻的类

目。同时，还要充分了解平台规则和知识产权限售规则，并事先了解知识产权保护和禁限售商品规则，以避免在经营过程中面临平台的处罚。

任务示范1 学习速卖通入驻规则

速卖通入驻规则可在卖家首页的速卖通规则中找到，该页面详细介绍了速卖通的87条卖家规则+知识产权规则+禁限售规则+营销规则。

（一）知识产权规则

速卖通知识产权规则如表1-2所示。

表1-2 速卖通知识产权规则

侵权类型	定义	处罚规则
商标侵权	严重违规：未经注册商标权人许可，在同一种商品上使用与其注册商标相同或相似的商标	三次违规者关闭账号
	一般违规：其他未经权利人许可使用他人商标的情况	1）首次违规不扣分 2）其后每次重复违规扣6分 3）累达48分者关闭账号
著作权侵权	未经权利人授权，擅自使用受版权保护的作品材料，如文本、照片、视频、音乐和软件，构成著作权侵权。 实物层面侵权： 1）盗版实体产品或其包装 2）实体产品或其包装非盗版，但包括未经授权的受版权保护的作品 信息层面信息： 产品及其包装不侵权，但未经授权在店铺信息中使用图片、文字等受著作权保护的作品	1）首次违规不扣分 2）其后每次重复违规扣6分 3）累达48分者关闭账号
专利侵权	侵犯他人外观专利、实用新型专利、发明专利、外观设计（一般违规或严重违规的判定视个案而定）	1）首次违规不扣分 2）其后每次重复违规扣6分 3）累达48分者关闭账号

（1）速卖通会按照侵权商品投诉被受理时的状态，根据相关规定对相关卖家实施适用处罚；

（2）同一天内所有一般违规及著作权侵权投诉，包括所有投诉成立（商标权或专利权：被投诉方被同一知识产权投诉，在规定期限内未发起反通知，或虽发起反通知，但反通知不成立；著作权：被投诉方被同一著作权人投诉，在规定期限内未发起反通知，或虽发起反通知，但反通知不成立），及速卖通平台抽样检查，扣分累计不超过6分；

（3）同三天内所有严重违规，包括所有投诉成立（即被投诉方被同一知识产权投诉，在规定期限内未发起反通知；或虽发起反通知，但反通知不成立）及速卖通平台抽样检查，只会做一次违规计算；三次严重违规者关闭账号，严重违规次数记录累计不区分侵权类型

续表

侵权类型	定义	处罚规则
(4) 速卖通有权对卖家商品违规及侵权行为及卖家店铺采取处罚措施，包括但不限于（ⅰ）退回或删除商品/信息；（ⅱ）限制商品发布；（ⅲ）暂时冻结账户；（ⅳ）关闭账号。对于关闭账号的用户，速卖通有权采取措施防止该用户再次在速卖通上进行登记。 (5) 每项违规行为由处罚之日起365天内有效； (6) 当用户侵权情节特别显著或极端时，速卖通有权对用户单方面采取解除速卖通商户服务协议及免费会员资格协议、直接关闭用户账号及速卖通酌情判断与其相关联的所有账号，及/或采取其他为保护消费者或权利人的合法权益或平台正常的经营秩序，由速卖通酌情判断认为适当的措施。在这些情况下，速卖通除有权直接关闭用户账号外，还有权冻结用户关联国际支付宝账户资金及速卖通账户资金。"侵权情节特别显著或极端"包括但不限于以下情形： ● 用户侵权行为的情节特别严重； ● 权利人针对速卖通提起诉讼或法律要求； ● 用户因侵权行为被权利人起诉，被司法、执法或行政机关立案处理； ● 因应司法、执法或行政机关要求速卖通处置账号或采取其他相关措施； ● 用户所销售的商品在产品属性、来源销售规模、影响面、损害等任一因素方面造成较大影响的； ● 构成严重侵权的其他情形（如以错放类目、使用变形词、遮盖商标、引流等手段规避）。 (7) 速卖通保留以上处理措施的最终解释权及决定权，也会保留与之相关的一切权利。 (8) 若本规则的中文版和非中文版本存在不一致、歧义或冲突，应以中文版为准		

> **思考**
> 速卖通知识产权规则对店铺产品有哪些影响？

（二）速卖通营销规则

速卖通营销规则见表1-3。

表1-3　速卖通营销规则

违规行为	违规行为定义	违规处罚措施
出售侵权商品	在促销活动中，卖家出售假冒、盗版或其他侵权商品	取消当前活动参与权；根据速卖通相应规则进行处罚
违反促销承诺	在卖家商品从参加报名活动开始到活动结束之前，要求退出促销活动，或者要求降低促销库存量、提高折扣、提高商品价格和物流费用、修改商品描述等行为	取消当前活动参与权；根据情节严重程度确定禁止参加促销活动3~9个月；根据速卖通相应规则进行处罚
提价销售	在买家下单后，卖家未经买家许可，单方面提高商品和物流价格的行为	取消当前活动参与权；根据情节严重程度确定禁止参加促销活动3~9个月；根据速卖通相应规则进行处罚
成交不卖	在买家下单后，卖家拒绝发货的行为	根据情节严重程度的情况，禁止参加促销活动6个月

续表

违规行为	违规行为定义	违规处罚措施
强制搭售	卖家在促销活动中单方面强制要求买家必须买下其他商品或服务，方可购买本促销商品的行为	禁止参加促销活动12个月；根据速卖通相应规则进行处罚
信用及销售炒作	卖家在促销活动中通过虚构或隐瞒交易事实、规避或恶意利用平台规则等不正当方式，获取虚假的商品销量、店铺成交金额等不当利益的行为	取消当前活动参与权；根据情节严重程度，禁止参加平台及店铺营销活动3个月
不正当谋利	卖家采用不正当手段谋取利益的行为，包括： （1）向速卖通工作人员及/或其关联人士提供财物、消费、款待或商业机会等； （2）通过其他手段向速卖通工作人员谋取不正当利益	根据不正当谋利的规则执行处罚，关闭商家店铺

（三）费用

（1）入驻费用。

速卖通入驻免费，经营时需冻结保证金，根据类目不同，冻结1万~5万元不等。

（2）交易佣金。

交易成功后，平台收取每笔成交额5%~8%的佣金。

在2019年12月之后申请入驻的新商家，不需要缴纳年费，直接向支付宝账户缴存一笔保证金，由支付宝代为冻结。如果商家彻底退出，保证金便可解冻。

任务实施1 学习阿里巴巴国际站、亚马逊平台的最新入驻规则

知识储备2

注册速卖通卖家账号需要做好以下准备：

（1）企业营业执照（个体户或者公司的都可以，对于经营范围没有要求）；

（2）电子邮箱；

（3）保证金（根据类目不同，金额为1万~5万元不等，大部分都是1万元）；

（4）商标（自有商标或授权商标均可，部分类目不需要商标；自有的国内TM、R标都可以，授权的或者是国外的必须是R标）；

（5）支付宝（企业支付宝或者企业法人支付宝，主要用于认证、冻结保证金、物流扣费等）。

任务示范2 速卖通入驻流程

（一）注册

打开官网注册链接，单击"立即入驻"便可开始注册。

（二）认证

资料填写完成后进入认证页面，按页面提示完成认证。

1. 认证规则

（1）一个企业只能认证 6 个速卖通账号（主账号）。

（2）认证主体不允许变更，即不允许认证的公司从 A 公司变为 B 公司（统一社会信用代码从 A 变为 B），而如果统一社会信用代码不变，只更改公司名称，则是允许的。

2. 认证操作界面

认证操作界面如图 1-12 所示。

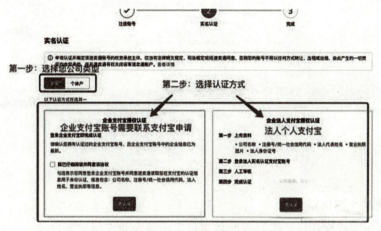

图 1-12　认证操作界面

（1）企业支付宝授权认证。

登录企业支付宝账号进行授权，使用这种方式的前提是已经在支付宝申请过企业账户。

登录成功后需要补充信息，然后返回认证成功页面，按页面提示签署相关协议即可完成认证，如图 1-13 所示。

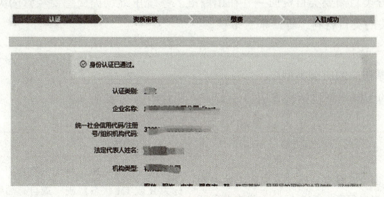

图 1-13　企业支付宝授权认证

（2）企业法人支付宝授权认证。

第一步：填写相关的企业信息，如图 1-14 所示。

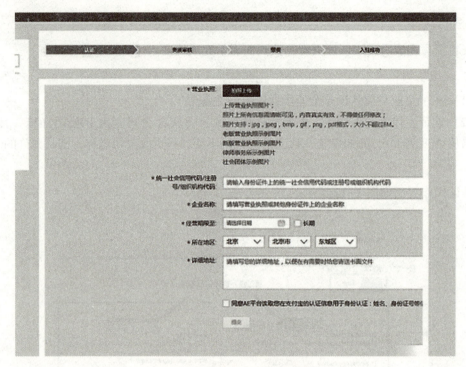

图 1-14 填写相关的企业信息

（3）二者的主要区别。

①企业支付宝授权认证，需要提前在支付宝申请企业支付宝账户。

②企业法人个人支付宝认证，不需要具有企业支付宝账号，只要在认证页面提交相关资料及法人的个人支付宝账号授权即可，资料审核时间是 2 个工作日。

3. 类目准入，缴纳保证金

（1）选择主营类目，根据主营类目冻结保证金（店铺出现违规会被扣保证金，只要不违规，保证金就能全部返还）。

（2）部分类目需要类目资质——在招商准入系统里继续提交想要经营的类目和店铺类型，准备相关的类目材料，等待平台审核。

4. 完善店铺信息

（1）选择相应的店铺类型。

可选择的店铺类型包括官方店、专卖店、专营店等（表 1-4）。

表 1-4 可选择的店铺类型

店铺类型	官方店	专卖店	专营店
店铺类型介绍	商家以自有品牌或由权利人独占性授权（仅商标为 R 标）入驻速卖通开设的店铺	商家以自有品牌（商标为 R 或 TM 状态）或者持他人品牌授权文件在速卖通开设的店铺	经营 1 个及以上他人或自有品牌（商标为 R 或 TM 状态）商品的店铺

续表

店铺类型	官方店	专卖店	专营店
开店企业资质	需要企业资质，卖家需提供如下资料： （1）企业营业执照副本复印件； （2）企业税务登记证复印件（国税、地税均可）； （3）组织机构代码证复印件； （4）银行开户许可证复印件； （5）法定代表人身份证正反面复印件； 相关操作请参考：http://bbs.seller.aliexpress.com/bbs/read.php?tid=281765	同官方店	同官方店
平台允许的店铺数	同一品牌（商标）仅1个	同一品牌（商标）可多个	同一品牌（商标）可多个
需提供材料	（1）商标权人直接开设官方店，需提供国家商标总局颁发的商标注册证（仅R标）； （2）由权利人授权开设官方店，需提供国家商标总局颁发的商标注册证（仅R标）与商标权人出具的独占授权书（如果商标权人为境内自然人，则需同时提供其亲笔签名的身份证复印件。如果商标权人为境外自然人，提供其亲笔签名的护照/驾驶证复印件也可以）。 （3）经营多个自有品牌商品且品牌归属同一个实际控制人，需提供多个品牌国家商标总局颁发的商标注册证（仅R标） （4）卖场型官方店，需提供国家商标总局颁发的35类商标注册证（仅R标）与商标权人出具的独占授权书（仅限速卖通邀请）	（1）商标权人直接开设品牌店，需提供由国家商标总局颁发的商标注册证（R标）或商标注册申请受理通知书（TM标）； （2）持他人品牌开设的品牌店，需提供商标权人出具的品牌授权书（若商标权人为自然人，则需同时提供其亲笔签名的身份证复印件；如果商标权人为境外自然人，提供其亲笔签名护照/驾驶证复印件也可以）	需提供由国家商标总局颁发的商标注册证（R标）或商标注册申请受理通知书复印件（TM标）或以商标持有人为源头的完整授权或合法进货凭证（各类目对授权的级数要求，具体以品牌招商准入资料提交为准）
店铺名称	品牌名+Offcial Store（默认店铺名称）或品牌名+自定义内容*+Official Store	品牌名+自定义内容+Store	自定义内容+Store
二级域名	品牌名（默认二级域名）或品牌名+自定义内容*	品牌名+自定义内容*	自定义内容
关于官方店自定义内容*使用说明：当卖家品牌名被其他同品牌名称抢注在先时，或当品牌名与平台其他规则相冲突时，可启用			

(2) 添加商标。

在招商准入系统里进行商标资质申请，等待平台审核通过。若商标在商标资质申请页面查询不到，请在系统内进行商标添加。

(3) 其他设置。

进入卖家后台→店铺→店铺资产管理设置店铺名称和二级域名。

5. 发布商品、开店经营

(1) 选择类目发布商品，如图1-15所示。

(2) 权限生效同步可能存在1~2个小时的延迟。

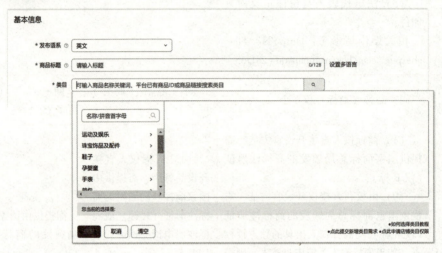

图1-15　选择类目发布商品

6. 入驻完成

入驻基本完成，接下来便可以开展店铺装修、发布商品信息等工作了。

任务实施2 选择一个跨境电子商务平台，注册成为卖家

任务总结

本任务要求学生通过学习熟悉并掌握各大跨境电子商务平台入驻规则，并能注册成为卖家。

项目小结

跨境电子商务已成为重塑全球供应链的新业态模式，其融合了国际贸易和电子商务的特征。除各大跨境电子商务运营平台外，越来越多的跨境卖家也开始探索独立站运营模式了。

学习党的二十大报告，
赋能跨境电商发展

思政目标拓展任务

请同学们结合本项目分析跨境电子商务的发展为中国品牌的出口提供了哪些助力。

拓展阅读

打破中西方审美壁垒，中国珠宝应如何成为最受国外用户喜爱的品牌？

一、纯银饰品

对中国的时尚品类卖家而言，想大步挺进国际市场，势必将面临许多问题，除了国外大品牌带来的压力，如何切入市场并符合东西方审美要求，是每个希望实现国际化的品牌都不能回避的问题。当众多品牌还在探索发展道路时，来自深圳的巴莫尔珠宝已经带着中国珠宝的名号闯入了西方的"花花世界"，成功跻身国外女性喜爱的珠宝首饰品牌排行榜前十名，并在 2017 年被 Facebook 评为受外国用户喜爱的"中国创造"品牌，无论是在市场开拓还是艺术价值方面，其都成为中国出口品牌中的典范。

二、市场的刁难，也是时代给的机会

从 2008 年开始，巴莫尔就把眼光投向了海外市场，并在 2010 年正式进入跨境电子商务 B2B 领域。巴莫尔时尚集团总经理赵洪春回忆道："一开始，我们主要通过线下展会和阿里巴巴国际站接单，主攻 OEM 贴牌生产，一般接到的都是几千美元到十万美元不等的订单。然而，随着订单碎片化趋势来袭，国外买家的采购行为发生了变化。这种情况让我们开始怀疑产品在国际市场中的出路，甚至一度产生了改行的想法。"

B2B 行业风向的改变让赵洪春开始另谋他路，当时国内的跨境电子商务正处于起步阶段，而主攻跨境电子商务线上零售的 B2C 似乎更加适合巴莫尔的发展。

"B2C 模式的出现让我们看到了新的希望，刚开始速卖通主要是以小 B 客户（小批量需求客户）居多，接订单方便、快捷，回款周期也短，且不需要付出太多的沟通成本。虽然订单零散，但是每天都有许多海外的小 B 客户下单。而对于我们产品而言，较低的物流成本加上相对较高的客单价，非常有助于转化 C 端市场的发展潜力。"

但同时，产品的同质化问题和侵权现象让赵洪春苦恼不已，生命周期短、其他黏性较低使产品缺乏强劲的市场竞争力。由于这些问题接二连三地发生，赵洪春便开始思考：什么样的产品，才能被世人所铭记？

三、"打造一个像杭州西湖一样有文化、有故事、有底蕴的知名品牌"

进入 B2C 市场之后，巴莫尔一时风生水起，可赵洪春却不满足于现状，而是有着更高的追求。2012 年，赵洪春受邀到阿里巴巴总部参观学习，马云关于"未来的 B2C 市场方向和小而美的产品"的主题演讲，让他坚定了目前的发展方向。

"游西湖时我一直在思考，在中国比西湖大的湖很多，比西湖美的湖也不计其数，但为什么全国乃至全世界的人都慕名到西湖来？追其原因，西湖胜在文化、故事和历史的沉淀，它在美景之外，还蕴含着深刻的文化底蕴。在势不可挡的 B2C 浪潮中，如果卖家不想被淹没，就必须做品牌，用文化去推动品牌，用故事去传播品牌，这是企业的生命力和源动力。"赵洪春回忆着当时的经历。

在此之后,巴莫尔一举引进多名海归设计师,开始量身定制独属于自己产品的风格和品牌调性,还积极参加社会活动,构筑品牌体系。赵洪春介绍道:"2018年,我们在国内举行了全国大学生设计大赛,有一百多所专业设计学院和其他大学参与,共收到来自全国大学生的作品近一千幅,未来我们还将加大对设计大赛的投入。"

赵洪春表示,巴莫尔的初衷不止是做卖产品的贸易商,而是希望能打造一个像杭州西湖一样有文化、有故事、有底蕴的国际知名品牌。同时,也想让有天赋、有创意的灵感都可以得到施展和认可,这其中也包括有中国特色的文化产品。

四、异象:国内市场需求下滑,海外市场需求不减反增

在构筑起完善的品牌体系之后,巴莫尔又是如何把握东西方的审美和消费差异,使产品风格与市场审美统一的呢?

刚进入国际市场时,巴莫尔也面临诸多压力,如对消费人群定位不清晰,主要目标国家的市场不稳定,消费者对产品价格的接受程度也参差不齐。同时,国外消费者对珠宝的概念与国内不同,国内消费者更加看重其收藏价值,国外用户则追求实用性和个性化,相比材质的优劣会更注重款式,讲究在不同场合下多样化搭配珠宝。因此,他们对于快时尚珠宝的消费需求不断增长,导致珠宝行业出现了一个奇怪的现象:国内珠宝的市场需求不断下滑,国际快时尚珠宝市场需求却在快速增长。相关行业数据显示,2017年全球时尚珠宝市场的体量达到了7 000亿元。

针对这些并存的机遇与挑战,赵洪春表示:"我们的市场调研部门会通过线上和线下渠道对市场消费人群进行调查分析和测试,设计师也会结合当地的文化和其他对颜色偏好的设计,开发出更多具有本地化特色的产品。与此同时,核心消费者的画像也越来越清晰。巴莫尔不仅尝试在国内推行全国大学生设计大赛,还将此举搬到国外,吸纳了欧洲各大设计学院的优秀毕业生,培养了更多、更年轻的设计人才。让全球各地的设计人才把他们的文化设计成作品,以此来推动品牌在当地市场的文化传播。"

了解市场,测试市场,找准用户画像,最后再由市场反馈人才,提供一种自下而上的设计创造源动力,巴莫尔通过一系列的积极举措,大大增强了在国际市场的生命力。

五、巴莫尔:与速卖通合作,"让天下女人更美丽"

肩负着"让天下女人更美丽"的使命,2018年"双十一",巴莫尔联合速卖通在深圳的巴莫尔集团大厦天台举行了一场新品发布会,在这次发布会上,速卖通直播平台开展了全程直播和网红分享活动。赵洪春表示,"双十一"和"黑色星期五"是每年海外市场推广的黄金时期,既能够为品牌带来海量曝光量,也能够验证产品的市场热度,有助于品牌了解自己在市场的受欢迎程度,进而提高品牌的消费者黏性。

其实从2018年9月开始,巴莫尔就开启了紧锣密鼓的"双十一"备战计划:先是从往年的数据出发,梳理、总结销售和备战情况,并针对2018年平台给予的活动资源做出销量预估,制定"双十一"作战方案。在大方向确定之后,还要从供应商入手,对供应商进行备货动员,根据供应商的特点进行订单分配和补货调整,协助其做好人员安排、材料的优化和升级工作,从而完善生产方案和预备方案。

"双十一"期间,巴莫尔还特别设立了作战指挥部,对战况和战术进行及时播报和分

析总结,并举行动员大会统一了大促目标和方向,制定对战"双十一"奖罚机制,用全员参与业绩分红或任务PK的形式营造出节日的氛围。在筹备的同时,巴莫尔也不忘储备人才,每年的"双十一"对当年5—9月份入职的人而言,是一次锻炼业务能力和抗压能力的好机会,也是公司发掘人才的好时机。

自入驻速卖通以来,巴莫尔的快速成长与速卖通有着千丝万缕的联系,赵洪春说:"巴莫尔是基于跨境电子商务发展起来的中国时尚珠宝品牌,速卖通给我们提供了一个很好的出口渠道,巴莫尔的国际化得益于速卖通在全球的布局推广;同时,我们也联合速卖通做了一系列海外布局。"

关于巴莫尔的未来,赵洪春说:"将来,巴莫尔集团立志于构建一个完善的时尚生态圈。以巴莫尔珠宝为主品牌,旗下会诞生更多子品牌,而子品牌本身也将尽量满足不同消费者的个性化需求。"

做好精细化运营,冷门类目也有春天

竞争日趋激烈,简单粗暴的运营模式显然已经走入死胡同,什么才是最有竞争力的运营模式?通过对几位速卖通金牌商家的采访,我们发现,最有成长性的商家,无一不是正在走精细化运营的道路。这些商家在仔细地琢磨用户、挖掘用户需求,在产品和服务细节上下功夫。这里没有"一朝升天"的幻想,只有日复一日的细水长流,也就是"内功的修炼"。

作为最早入驻速卖通的商家之一,KERUI七年来把自主研发设计生产的防盗报警设备源源不断地销往俄罗斯、美国、法国、西班牙、乌克兰等外国消费者手中。

报警器需要根据海外用户的家庭情况、网络环境、使用习惯进行精准定制。KERUI所做的便是竭尽所能了解用户的需求和所在地的特点,匹配最合适的商品。

传统报警器都有一定的安装门槛,如何克服语言障碍让外国用户更方便地使用?根据不同国家用户的需求,KERUI提供多样化的语音选择,可以满足全球六成以上国家的消费者。同时,用户通过观看视频,可以自行安装KERUI推出的家用报警器,平时的操作也只要通过按键就能完成,大部分操作都可以脱离说明书。

通过速卖通平台提供的各种营销工具、会展渠道,KERUI深入了解不同国家的用户在产品外观上的差异化需求,如与意大利的苹果营销中心合作,在卖手机的同时也搭售报警器。

报警器在整个安防行业里的销售占比并不高。KERUI的营销主管廖先生表示,当前报警器的发展方向,除了智能化就是从室内向室外延伸,KERUI也在做更多尝试,比如针对户外人群开发野外报警器。

上述卖家的案例告诉我们:也许更重要的是放弃卖货思维,做好定位,找到自己的目标客户群,把服务和产品做精细,以打造自身的长远竞争力。

习题演练

一、单选题

1. (　　) 在整个跨境电子商务中所占的比例最高,约占整个电子商务出口量的90%。
   A. B2B　　　　　B. B2C　　　　　C. C2C　　　　　D. C2F

2. 跨境电子商务主要的交易模式有B2B、B2C、C2C，其中B2C是指（　　）。
   A. 企业对个人　　　B. 企业对企业　　　C. 个人对个人　　　D. 企业对政府
3. 以下平台中属于垂直型跨境电子商务平台的是（　　）。
   A. 亚马逊　　　　　B. eBay　　　　　　C. 蜜芽　　　　　　D. 速卖通
4. 小张想做跨境电子商务，但是他既不是个体工商户也没有注册公司，那么他无法注册以下哪个平台？（　　）
   A. eBay　　　　　　B. 敦煌网　　　　　C. 速卖通　　　　　D. Wish
5. 入驻速卖通需缴纳技术服务费，在交易成功之后，平台还要收取交易额（　　）的手续费。
   A. 10%　　　　　　B. 5%~8%　　　　　C. 6%~8%　　　　　D. 7%~8%
6. 被称为跨境进口电子商务发展"元年"的是（　　）。
   A. 2000年　　　　　B. 2008年　　　　　C. 2014年　　　　　D. 2015年

二、多选题

1. 跨境电子商务参与主体有哪些？（　　）
   A. 通过第三方平台进行跨境电子商务经营的企业和个人
   B. 跨境电子商务的第三方平台
   C. 物流企业
   D. 支付企业
2. 下列选项中的哪些是跨境电子商务的新特点？（　　）
   A. 多边化　　　　　B. 大批量　　　　　C. 透明化　　　　　D. 品牌化

三、判断题

1. 目前，中国对外贸易受市场需求、资源、劳动力成本等多方面因素影响，因此综合成本不断攀升，而互联网的跨地域和低成本让跨境电子商务应需而生。（　　）
2. 当前物流已经不再制约跨境电子商务的发展。（　　）
3. 跨境电子商务缩短了对外贸易的中间环节，提升了进出口贸易的效率，为小微企业提供了新的发展机会。（　　）
4. 因为跨境电子商务主要是企业对消费者的业务，所以可以不建立售后服务体系。（　　）
5. 目前，跨境电子商务人才很充足。（　　）

四、简答题

1. 什么是跨境电子商务？
2. 进口跨境电子商务的主要平台有哪些？
3. 简述速卖通平台上架商品需要提前收集的主要信息。

五、实操题

1. 请简要介绍你了解的几种跨境电子商务平台。
2. 请列举创建一个完整的跨境店铺需要做哪些准备。
3. 你会选择哪个跨境电子商务平台开立店铺？请简要说明理由。
4. 请说一说你会选择出售哪种类型的产品。

学习总结

1. _____

2. _____

3. _____

4. _____

5. _____

项目二　慧眼如炬做选品

项目导入

运营总监徐辉指导王悦时告诉她，要经营好一家跨境店铺，最重要的是解决卖什么产品的问题，所以做好扎实的选品工作至关重要。

学习目标

一、知识目标
1. 掌握产品开发定义与模式
2. 了解跨境电子商务市场环境
3. 掌握跨境电子商务的数据化选品方法
4. 掌握站内外数据分析工具的使用方法
5. 了解构成产品价格的因素
6. 掌握跨境电子商务定价模式

二、技能目标
1. 能够进行海外市场调研
2. 能够通过数据分析进行选品
3. 能够为产品设定合理的价格

三、思政目标
1. 培养严谨、细致的工作作风
2. 培养精益求精的工匠精神

任务一 跨境电子商务产品开发

任务描述

王悦发现不同跨境电子商务平台布局的区域市场各不相同,她应该如何开展市场环境分析?

任务分析

步骤1 了解跨境电子商务市场调研的步骤
步骤2 了解全球各大主流跨境电子商务市场的发展现状
步骤3 了解产品开发的相关知识

知识储备1 跨境市场调研步骤

(一)确定调研对象及维度

首先要明确调研的目标,即确定好调查方向和角度,清楚要描述什么问题,解决什么问题,研究什么内容,才可以有针对性地进行调研工作。在完整的产品生命周期中,开发、测试、上市、营销等不同阶段所需要研究的内容、定义的问题、做出的决策都有所不同。在跨境产品开发阶段,通常需要对目标市场的消费能力、搜索习惯、支付习惯、网购习惯等消费者行为特征进行调研。

(二)制定调研方案

调研方案的内容包括确定调研需求、调研区域、调研对象、调研维度等。

(三)开展调研活动

准备工作完成以后,就可以运用工具进行调研了,方法主要有收集数据及相关信息。

(四)整理调研结果

将有针对性的调研结果进行分析整理,梳理调研对象给出的结果,便可得到符合本次调研需求的数据。

(五)形成调研结论

调研结果整理出来以后,可以把相对系统的结果进行数据可视化呈现,从而便于决策者参考。

任务示范 1 关于北美洲电子商务市场调研

（一）确定调研对象

以美国、加拿大、墨西哥三个国家的电子商务消费者为调研对象。

（二）明确调研维度

选取这些消费者的消费特点、网购习惯、收入水平等维度进行调研。

（三）开展调研活动

通过 Google Trends、雨果网、Alexa 收集数据。

（四）整理调研结果

结合知名调研机构的发展报告整理调研结果。

（五）形成调研结论

1. 部分关键信息呈现

（1）消费者的消费行为特点见表 2-1。

表 2-1 消费者的消费行为特点

国家 消费特点及喜好	美国	加拿大	墨西哥
消费特点	喜欢超前消费，关注点依次是商品的质量、包装、价格，因此产品质量是能否站稳美国市场的关键	具有较强的网络购物动机，倾向于选择高质量的产品，重视实际利益	喜欢超前消费，没有长期甚至中期的消费计划，网购用户多为女性，网购目的是满足基本生活需求，分期付款的观念强烈
消费喜好	追求优质的产品，新颖、美观、大方的包装；受欢迎的产品有假发、手袋、纸质包装、美体工具、户外服装及配饰等	高尔夫、冰球、棒球、游泳和篮球等运动项目的运动服和运动鞋及配件等产品较为畅销，宠物用品及婚纱礼服商品也非常受欢迎	消费电子类、服装饰品、美妆个护、家居用品、童婴玩具等品类都十分畅销，其中服装、鞋靴的销售增速较快，3C 电子产品、电子游戏及配件类产品也较受欢迎

（2）消费者的收入水平见表 2-2。

2021 年的相关数据显示，美国消费者的收入水平在发达国家中差异较大（1 美元≈6.88 元，1 加元≈5.10 元，1 墨西哥元≈0.38 元）。

表 2-2 消费者的收入水平

国家 群体	美国 （月平均收入）	加拿大 （月平均收入）	墨西哥 （月平均收入）
低收入者	1 200~2 000 美元	4 000 加元	3 000~6 000 墨西哥元

续表

国家 群体	美国 （月平均收入）	加拿大 （月平均收入）	墨西哥 （月平均收入）
中收入者	2 000~4 500 美元	4.5万~12万加元	8 000~12 000 墨西哥元
高收入者	4 500 美元以上	1.3万~25万加元	12 000 墨西哥元以上
特点	美国是发达国家中贫富差距较突出的国家，美国的整体财富并未惠及普通民众	加拿大的社会福利比美国要更为优越，消费者的平均可支配收入也高于美国	墨西哥消费者的收入水平很不平均，由于贫富差距大而产生了一系列社会问题

（3）网购习惯。

①常用搜索引擎见表2-3。

表2-3 常用搜索引擎

国家	美国	加拿大	墨西哥
常用 引擎	www.google.com	www.yahoo.fr	www.google.es
	www.yahoo.com	www.lycos.fr	www.yahoo.es
	www.ask.com	www.google.fr	www.terra.com.mx
	www.aol.com	www.seck.fr	www.lycos.es

②常用网购平台见表2-4。

表2-4 常用购物平台

国家	美国	加拿大	墨西哥
常用 购物 平台 及访 问量	亚马逊（美国站） 1.45亿次访问/月	亚马逊（加拿大站） 1.35亿次访问/月	Mercado Libre 墨西哥站 1.27亿次访问/月
	eBay（美国） 3 450万次访问/月	沃尔玛（加拿大） 2 160万次访问/月	亚马逊（墨西哥站） 6 300万次访问/月
	沃尔玛 2 160万次访问/月	eBay（加拿大） 3 450万次访问/月	沃尔玛线上商店 2 800万次访问/月
	百思买（美国） 1 670万次访问/月	百思买（加拿大） 1 670万次访问/月	Coppel 百货网站 2 300万次访问/月

2. 调研总结

（1）美国。

美国消费者平均每月网购超6次，人均每月网购花费超100美元，总购物消费的79%用于网购。美国网上购物者的平均年龄是50岁，以女性居多。

在产品品类方面，美国人最喜欢网购的是服装（47%）和书籍（25%）及医疗保健产品（24%）。

（2）加拿大。

网购群体中中年女性占绝大多数，平均年龄为41.7岁。在一些大型的购物节如"网购星期一"等中，女性服装、奢侈品和居家用品是最受欢迎的。

加拿大人更喜欢在晨间及夜间网购，高峰时间集中在当地时间 5：00—6：00 以及 23：00—1：00。尤其是在周五晚上，很多人 23：00 便开始进行"扫货大作战"，这点也值得卖家注意，要及时调整相应的推广活动。

(3) 墨西哥。

墨西哥有 8 800 万互联网用户，接近总人口的 70%。年轻的消费者更乐于在移动设备上购物。在墨西哥，手机普及率高达 86.7%，智能手机用户的购买力是电脑端用户购买力的 3 倍。衣物和配饰、体育和健身用品、电子产品的消费量位居前三。

任务实施 1　对东南亚电子商务市场进行调研

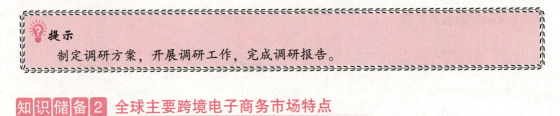

> **提示**
> 制定调研方案，开展调研工作，完成调研报告。

知识储备 2　全球主要跨境电子商务市场特点

（一）东南亚市场

1. 发展现状

截至 2022 年 2 月，东南亚约有 6.8 亿人口，其中 30 岁以下人口占比超过 50%，是全球年轻人口占比最高的市场之一，巨大的人口红利和互联网的日益普及使线上购物成为东南亚市场消费的主流趋势。

东南亚地区电子商务市场基本被本土电子商务平台所占据，主要以 Lazada、Shopee、Tokopedia 为代表。

2. 市场特点

（1）东南亚电子商务市场具有巨大的消费能力。

跨境电子商务强劲崛起之后，东南亚电子商务成为下一颗闪亮的明星，其销售增长的空间非常惊人。除发达国家新加坡外，以人均 GDP 4 000 美元为消费社会指标的中产阶级在其他东南亚国家迅速崛起，其中以泰国和印度尼西亚的增长速度最快，越南紧随其后。这部分群体拥有巨大的消费能力。

（2）东南亚区域移动端消费潜力更大。

东南亚人在移动互联网上花费的时间比世界上任何国家和地区的人都多。马来西亚、印度尼西亚、泰国、菲律宾四个国家还具有工作人口年轻、智能手机普及率高等特点，从而加快了这些国家互联网行为越过电脑端，直接向移动端的方向发展。东南亚地区的互联网用户数量和平均每天的互联网使用时间表明，该地区有充分的互联网发展空间，为中国产品的出口打下了良好的互联网基础。

（二）北美市场

1. 发展现状

北美市场整体消费水平较高，北美地区网民多、市场容量大，网民规模占地区总人口的 94.6%，远超全球平均水平。

2. 市场特点

北美市场是中国跨境出口的主要市场，在线买家数量众多，在线消费能力极强，B2C市场更为成熟与活跃。美国人极少储蓄，很多人还会办理几张信用卡进行超前消费，这也使美国成为全球最大的消费品市场。

北美地区来自世界各地的移民较多，拥有各自不同的风俗习惯，所以对市场上各式各样的产品包容度极强，只要产品质量过关，他们通常是乐意消费的，种种原因使得北美市场成为目前中国跨境商家最重视的海外市场。

（三）南美市场

1. 发展现状

南美地区共有十多个国家和地区，截至 2022 年 9 月，总人口约为 4.39 亿。从全球 GDP 总量来看，南美地区 GDP 占全球的 8%，为电子商务的发展营造了良好的经济环境，但其零售市场占比却不足全球的 2%。较其他发达的电子商务国家来说，南美地区的电子商务市场发展尚未完善，有待进一步开发。

2. 市场特点

南美地区自然资源丰富，但工业生产力有限。随着互联网普及程度日益增加，南美地区的跨境消费群体也在不断壮大，移动化购物的人群比例也在不断增长。

南美人并不习惯将资金进行储蓄，这也给中国的跨境卖家带来了一定的商机。以巴西为例，该国近几年在支付和物流方面的基础建设正在逐步完善，其潜在的市场红利存在被进一步挖掘的可能性。只是南美地区的物流始终处在相对落后的状态，即便是其中最大的国家巴西，也只是主要的物流通路比较完善，支干物流通路还有待建设。

（四）亚洲市场

1. 发展现状

对于中国卖家而言，亚洲地区可重点关注的跨境电子商务市场主要是日韩市场以及东南亚市场。

作为全球第三大经济体，日本拥有全球最发达的电子商务市场之一，互联网用户数位居世界第六，互联网人口占比高达 94%。2020 年，日本电子商务销售额估计达 21.4 万亿日元（约合 12 340 亿元），且日本中高产阶层占日本人口比例高达 80%，消费能力极强。

韩国电子商务市场亦不容忽视，越来越多的韩国网民开始网上购物，仅 2020 年，韩国互联网用户数量增加了 53.9 万，全国有 4 975 万互联网用户，互联网普及率达 97%。2021 年，韩国的全球电子商务零售额市占率达 2.5%，位居全球第五。

据谷歌等公司联合发布的《2020 东南亚互联网经济报告》显示，到 2025 年，东南亚的互联网经济规模将超过 3 000 亿美元。同时，东南亚电子商务市场价值预计将达 1 720 亿美元，占该地区互联网经济总价值的比例超过 50%。

日益崛起的数字经济、助推数字经济发展的高额投资、移动设备的全面普及等，都为东南亚跨境电子商务搭建了庞大的市场体量基础。

2. 市场特点

几乎每个日本成年人都持有信用卡，互联网普及率高达 81%，消费者的网络购物意愿非常强。日本市场的整体特点是崇尚简约、朴素、休闲、环保，重视心理诉求和情感需求的满足，热销品中以3C电子产品、运动类、家具类、时尚类为主。其中"一人份"商品非常流行，典型选品有小容量水壶/电饭煲、单人床品、温馨的台灯、玩偶等，而且日本年长群体消费力强且对健康相关的服饰、日用品、食物等商品较感兴趣，典型选品包括拐杖、板凳、出行小推车、登山服、垂钓工具等。同时，由于少子化带来的育儿压力小，更多消费者乐于自我投资，典型选品有家庭投影仪、VR游戏设备、学习资料、烘焙、DIY玩具等。

大部分韩国消费者会使用手机购物，超过65%的人会使用手机网购，不到35%的人表示偏向于使用台式计算机网购。韩国的网购消费主力是20~39岁的青年人。而随着互联网的发展，中老年人的网购率也大幅提升，40~60岁人群的网购率已经达到了59.3%，同比增长了14%。韩国女性人口在2 500万以上，是跨境网购消费的主要群体，热销品类以女性服装、饰品类、美妆类为主。

东南亚消费者偏好性价比高的服装、化妆品、手机等。近年来，东南亚市场还有一个不容忽视的大趋势，即社交电子商务。在东南亚，年轻而庞大的群体是当前电子商务消费的主要力量。根据经济与合作发展组织的数据，20~49岁的人口占东南亚总人口的45.3%。他们喜欢分享，在社交媒体上很活跃，这也为东南亚社交电子商务的发展提供了肥沃的土壤。

（五）欧洲市场

1. 发展现状

欧洲有超过40个国家，使用超过200种语言和28种以上的货币。随着互联网的发展，网购的普及率达到了89%。欧洲的GDP呈现出不错的增长势态，进一步带动电子商务的持续发展。据统计，2021年欧洲有74%的消费者选择在线上购买个人产品和服务，与2016年相比增加了11%。欧洲电子商务市场规模在2021年达3 630亿美元，预计往后每年将会增长7.3%。根据意大利金融分析网站Finaria提供的数据预测，到2025年，欧洲电子商务领域的价值将达5 700亿美元。

2. 市场特点

根据Finaria提供的数据，欧洲2021年最令人印象深刻的是数字支付增长，交易价值飙升28.3%，达到1.17万亿美元。预计未来几年将继续保持明显的上升趋势，到2025年，整个行业的价值将达到1.95万亿美元。无现金支付已成为对许多欧洲消费者有吸引力的替代方案，对传统的以现金、信用卡和借记卡为主的支付行业产生了重大影响。

欧洲排名前六的热销品类分别是家居品类、电子产品、服装配饰、运动产品、数码产品、美妆产品。欧洲人民生活状态更加倾向自然低碳，而且健身一直是欧美国家的硬核需求，相当一部分欧洲人痴迷训练肌肉。在健身品类的选择方面，由于欧洲人健身普遍喜欢进行"举铁"等力量训练，所以跨境卖家可以适当提高杠铃、哑铃等可被托举的力量型健身器械的比例。另外，作为家庭及健身房常备的跑步机、动感单车等"常青树"型器材的选品也必不可少，能够适用于各种日常锻炼及力量练习的阻力带、握力器、臂力棒和瑜伽垫也是刚需品。

(六) 非洲市场

1. 发展现状

据相关机构的预测，到2025年，非洲的年轻人口通过电子商务产业创造的价值将达到750亿美元，由此而创造出的新工作岗位数量将达到300万。随着互联网的普及，到2025年非洲市场网上购物体量将占零售总额的10%，未来10年非洲网络零售额将以每年40%的速度增长。按区域来看，非洲48.1%的电子商务创业团队在西非地区，南非地区占27.3%，东非地区占18.2%。非洲的网购人群主要集中在尼日利亚、南非、肯尼亚这三个国家，尼日利亚的人口优势使其成为非洲网购人群占比相对较高的国家。同时，尼日利亚也是包括Jumia在内等诸多非洲本土电子商务企业的总部所在地。

2. 市场特点

非洲人口众多，其中南非和尼日利亚的网络零售的发展速度居于非洲的领先位置，越来越多的用户开始习惯于跨境购物。目前，19~33岁的年轻人是非洲市场网上购物的主力人群，占比达85%，女性消费者略多于男性。近20%用户是自由职业者，从事教育职业的人和学生的总占比也超过了20%。

非洲市场的竞争未及其他区域市场激烈，家居、3C电子产品、时尚服饰等品类持续走高。非洲消费者对互联网支付的安全性持有不信任的态度，更倾向于选择货到付款的支付方式。而且由于非洲大部分国家在基础设施和物流网络等方面的建设仍存在不足，可以选择的物流方式有限。

任务示范2 总结欧洲市场热销品类

欧洲市场热销品类见表2-5。

表2-5 欧洲市场热销品类

代表国家	热销产品
英国	运动（杠铃、瑜伽垫、健腹轮） 家具类（LED节能灯泡、L形游戏电脑桌） 3C电子产品（无线鼠标、移动硬盘） 美妆（去黑头面膜）
法国	玩具类（毛绒玩具） 3C电子产品（蓝牙耳机、家电） 运动类（户外装备、健身服装）
俄罗斯	服装配饰（毛衣、手表、鞋） 3C电子产品（智能穿戴、影音） 家电（厨房小家电、电冰箱）
德国	服装配饰（塑形内衣、紧身腰带） 家居品类（扫地机器人、记忆床垫） 3C电子产品（移动电源、行车记录仪） 美妆（化妆刷套装、指甲油）

任务实施 2　总结东南亚市场热销品类

> **提示**
> 东南亚各国网购热销品类基本趋同，家居用品、美妆个护、3C 家电、母婴用品和玩具、时尚饰品等是普遍热卖的产品。

知识储备 3　产品开发

（一）定义

产品开发是指企业通过系统而科学的市场调研及数据分析，综合考虑行业、情况、价格、热销品等因素，以改进旧产品或开发新产品，使其具有新的特征或新用途，从而满足市场需求的过程。

（二）重要性

（1）产品开发决定了店铺的目标客户群、销售渠道、竞争对手、经营成本，也决定了店铺的盈利能力，最终决定店铺的收益。

（2）产品开发可以奠定店铺的竞争基础，加强战略优势，提升企业形象；通过产品开发，店铺可以充分利用生产和经营资源以提高品牌权益并影响人力资源。

（3）产品开发并不是大中型企业特有的手段，小企业也可以通过产品开发寻找到适合自己销售的产品。

（三）模式

常见的产品开发模式有 3 种，分别是公模、私模和专利。

1. 公模

顾名思义，公模就是所有人都可以开模的产品，即在市场上较容易找到供应商的产品，通常是经过市场验证的优质产品。在一些批发网站，搜索产品的关键词后，会看到很多外观与价格都没有太多差别的同质化产品，如在 1688 官网搜索关键词"晨光中性笔"，出现的结果如图 2-1 所示，这类产品即公模。

图 2-1　在 1688 官网搜索关键词"晨光中性笔"得到的结果

公模的优点非常明显，供应商多、可选择面广、货源稳定，且产品已经受检验，市场空间广阔。公模的缺点是公模市场同行竞争非常激烈，利润空间有限，需要更充足的货源、更多的推广费用以及更成熟的推广团队。

2. 私模

私模指在市场上只有一家工厂供应的产品。这类产品的模具不好复制，如果企业有需求，只能请这家工厂代工生产。

这类产品以新品居多，大多还没有经历过市场考验，因此与公模类产品相比风险会更高，竞争者少，利润空间大。运营者需要对市场的把控十分精准，对供应的掌握驾轻就熟，以及对产品进行充分的调研测试和工厂检验，再决定是否要做某一款私模。

有设计或创造能力的企业也可以自建私模制作产品，自开模成本比较高，需要产品达到一定的生产量，因此企业需要对产品及目标市场有足够的了解。

自建私模制作出的产品，如果市场反响良好，建议尽快申请注册目标市场所在国的专利，以抢占先机。

3. 专利

跨境电子商务平台的卖家可以选择代销专利产品，即寻找有自己专利产品的供应商合作，也可以自己开发产品申请专利。

专利产品前期基本没有竞争，属于高利润、高回报率的产品。但自己开发专利产品需要雄厚的资金和技术团队支持，成本较高，适用于市场容量较大、生命周期较长的产品。

（四）跨境产品开发流程

跨境电子商务产品开发流程由平台调研、寻找创意、可行性分析（资源、资金、供应链）、工厂打样、测试上线等环节组成。其中，可行性分析、工厂打样、测试上线三个环节属于生产及市场反馈部分，此处仅分析平台调研和寻找创意两个环节。

1. 平台调研

一般地，跨境产品开发需要进行平台调研，需要多个维度的权衡，不能意气用事。下面介绍两个常见的调研维度。

（1）搜索结果数量。

搜索结果数量在很大程度上可以体现在当前平台上产品的竞争热度。使用产品的核心关键词进行搜索，得到的结果数量基本上意味着将要面对的竞品数。搜索结果数量越多，竞争越激烈。但无论搜索结果如何，这只是参考信息，不能仅凭搜索结果数量就决定选择或者放弃某种产品。

（2）主要销售价格区间。

产品销售是需要考虑利润的，而利润的判断则要参考平台上当前其他卖家的销售价格。如果某种产品的售价很低，即使市场容量大，也不会有很高的利润。

在产品开发过程中考虑当前平台上大部分卖家的销售价格区间，结合产品的成本、运费、平台佣金等成本因素分析出当前价格区间的利润情况，如果一轮分析下来，发现没有利润或者利润空间太小，就可以选择不介入。

2. 寻找创意

下面简单介绍几种寻找创意的方式。

（1）Kickstarter。

Kickstarter 是一个众筹网站，为各种创意项目募集资金，包括电影、音乐、漫画以及科技产品等。Kickstarter 有多种搜索选项，包括按类别、流派搜索，卖家可以浏览目前正在筹款的所有项目。

（2）社交媒体和社区。

社交贯穿人类社会发展的全过程。因此，卖家要多关注社交平台上的动态，找准风向标。在以下网站中较为容易搜索到热搜话题和产品：Instagram、Quora、TikTok、Reddit、Twitter、Facebook。

可以通过用户讨论了解到更多的产品，也可以通过用户建议来改进产品，包括有针对性地写出产品的痛点，以便在运营过程中更加贴近用户需求。

（3）Trend Hunter。

若要寻找最新趋势，绝对不能错过 Trend Hunter。这是个充满各种产品创意的地方，为希望寻找新产品的卖家提供了宝贵的意见。

（4）SaleHoo Labs。

SaleHoo Labs 中有 15 000 多家供应商的产品，而且都经过了 SaleHoo 团队的验证，上面有很多不错的资源。搜索方法是首先用关键词搜索到目标产品，然后再一步步地分析列表上的销量、售价以及竞争力等。

任务示范 3　针对欧洲消费者偏好，确定产品开发方向

结合欧洲市场的市场特点及消费者偏好，确定产品开发方向大致如下：

（1）家居品类：包括扫地机器人、记忆床垫、LED 节能灯泡、L 形游戏电脑桌、精油香薰机和厨房电子秤。以上品类以专利产品居多。

（2）电子产品：包括移动电源、行车记录仪、运动耳机、蓝牙音箱，以及电动理发工具、手机充电线、多功能转换器、无线鼠标、移动硬盘等。以上品类以公模产品居多。

（3）服装配饰：包括塑形内衣、紧身腰带、平口袜、腰带和斜挎包。以上品类既包括公模产品也包括专利产品。

（4）运动产品：包括杠铃、瑜伽垫、健腹轮。以上品类以公模产品居多。

（5）美妆护肤：包括去黑头面膜、吹风机、粉刺针套装、化妆刷套装、指甲油+美甲仪套装和透明收纳产品。以上品类以公模产品居多。

任务实施 3　针对东南亚消费者偏好，确定产品开发方向

（一）家居用品

近年来，随着消费者生活水平的提高，家居用品在东南亚电子商务市场需求猛增，销量增长态势强劲，见表 2-6。

表 2-6　家居产品市场情况

家居用品市场情况		畅销家居用品类
马来西亚（最大市场）	家具类增长速度最快，家居装饰占比最高	沥碗架、调料盒、脏衣篮、衣帽架、沙发套、桌布、窗帘等
菲律宾（增长市场）	装饰产品、厨房类、家具类产品增长速度加快	

（二）美妆个护

在美妆 KOL（Key Opinion Leader，关键意见领袖）的长期影响和直播种草下，美妆护肤类目需求在东南亚各大市场呈现爆发式增长，各种护肤品、彩妆用品和美容仪器深受女性用户的喜爱，长期霸占搜索热榜。需要注意的是，东南亚消费者在购买美妆产品时，存在明显的地区偏好，见表 2-7。

表 2-7　东南亚部分地区美妆产品消费者偏好差异

国家	偏好
越南	最为热销：脸部和眼部彩妆产品
印度尼西亚	最为热销：眼妆，眉笔，唇彩
马来西亚	习惯结合性价比和品牌进行选择
菲律宾	受社交媒体的影响大

（三）3C 家电

3C 家电产品市场逐渐发展起来，人们越来越喜欢在家制作美食。

（四）母婴用品和玩具

东南亚是亚洲新生儿年新增最多的地区，据相关数据显示，平均每个家庭至少拥有两个孩子。这一客观现状使该地区的母婴玩具市场的需求一直较大，相关产品的销售额连年增长。

在母婴用品方面，孕期用品、哺乳用品、婴儿服饰长期占据销量前三；在玩具方面，遥控玩具、积木拼图、盲盒公仔的销量最为突出且复购频繁。

任务总结

本任务要求学生掌握主要跨境电子商务市场的发展现状、市场特点、消费者偏好等，掌握跨境产品开发的品类及模式。

任务二　选品思路与技巧

任务描述

王悦在对全球跨境市场环境进行了解后，开始学习如何使用数据化选品工具进行有效选品。

任务分析

步骤1 了解选品思路与技巧

步骤2 使用站外工具进行选品

步骤3 使用站内工具进行选品

知识储备 1

"七分靠选品,三分靠运营。"这是跨境电子商务从业者经常说起的一句话。目前,面对国外消费者日益增长的个性化需求和市场差异,跨境电子商务卖家的选品工作至关重要。选品的价值在于使买家、卖家、供应商三方实现共赢。买家希望用合适的价格买到优质的产品,卖家需要甄别供应商,选择契合目标市场需求的、质量过关、品牌价值清晰、有利润空间的能展现中国制造优势的产品。

(一) 选品注意事项

开展选品工作首先要考虑以下几个方面:是否合法合规、价格是否合理、是否具有独特性、附加值是否高、售后是否方便、是否便于运输、产品生命周期是否处于上升期。其注意事项总结如下:

(1) 符合平台特色,遵循平台规则。
(2) 最大限度地满足目标市场的需求。
(3) 质量有保证,避免出现售后服务困难的问题。
(4) 加上包装后的重量及体积应符合国际物流要求。

> **思考**
> 对比分析各大跨境电子商务平台的选品影响因素,找出异同点。

(二) 数据化选品思路

1. 目标市场分析

从目标消费群体的生活习惯、爱好、节假日等方面进行分析,确定销售类目。

2. 发现产品趋势

通过海外社交网站以及跨境电子商务前沿信息来掌握产品的实时趋势,从而了解买家的潜在需求。

3. 利用工具进行数据分析

常见的数据分析工具包括站内数据工具和站外数据工具。

跨境电子商务平台都有自带的站内数据工具,如 eBay 的 eBay Plus、亚马逊的四大排行榜、速卖通的数据纵横、Wish 的跨境商户数据分析平台以及敦煌网的数据智囊。站外选品常用的工具有 Google Trends、Keywordspy 等。

任务示范1 选品思路（以速卖通平台为例）

（一）确定产品主线

在确定产品之前，需要先选择一个产品主线，如女装、化妆品、厨房用品等，然后再根据产品主线所在的产品类目选择相匹配的产品，同一店铺以单一类目为主，后续更利于产品优化。

（二）了解目标市场

不同消费群体构成不一样的市场需求，如美国和西欧部分国家的消费者在产品的选择和购买上更注重品质；东亚及东欧部分国家的消费者在产品选择上更加看重性价比与品牌；东南亚地区的消费者普遍更关注价格。

因此，选品人员需要从地方风俗、消费喜好、气候、习惯等方面对目标市场展开调研，根据不同市场的消费者消费偏好以及消费需求选择合适的产品主线。

（三）深挖产品趋势

1. 站内选品

速卖通首页的搜索栏能查询到当前平台上热销或者是排名优势比较明显的产品。无论是 PC 端还是移动端，都可以在 Top Selection 页面查询到平台对于各行业做出的产品趋势预测。移动端特有的 FEED 页面，可以关注优秀同行，与频道内的粉丝进行互动。

速卖通卖家后台的生意参谋会从市场大盘、国家分析、选词专家、品类机会这四个方面给出选品的分析建议。

2. 站外选品

可借助 Google Trends 进行选品比对，自定义添加比较项，通过折线图进行热销趋势的比较选择，了解不同的国家对同一件产品在颜色、款式上的喜好程度。

3. 社媒选品

选品专员可以关注一些海外社交媒体，筛选出点赞数量较高的店铺及单品，相关视频下点赞数较高的评论及互动也可作为参考，一些社媒的小组讨论互动也可作为选品渠道。

任务实施1 试选择一跨境电子商务平台整理选品思路(以亚马逊为例)

（一）寻找高需求产品

寻找每天至少销售 10 件或每月销售量达到 300 件的产品。通常，这类产品的排名都在亚马逊 BEST SELLER 排行榜的第 10 000～15 000 名。

（二）寻找低竞争产品

供需的基本原理：如果需求高且供应少，利润就会很高。销售同种产品的卖家数量越少，对卖家来说越有利。可以通过查看产品测评进行产品评估，某款产品的平均测评数量越少，发布新品时就越有可能赶超现有的竞争对手。

（三）寻找具有良好利润空间的产品

要确保产品具有可观的毛利润。毛利润是扣除费用、广告支出和产品实际成本后真正的收益金额。

（四）寻找售价为 20~50 美元的产品

除寻找高利润、高需求和低竞争的产品外，应该尽量选择售价为 20~50 美元的产品，因为售价在 20 美元以下的产品利润太低而售价超过 50 美元的产品囤货成本较高，会给实力并不雄厚的卖家带来资金压力。

（五）寻找低季节性的产品

避免销售那些只在夏季、冬季和假日才能够售出的产品，因为销售这类产品不能获得稳定收入，还会产生库存积压等问题。

知识储备 2　数据选品工具及使用

> **思考**
> 跨境电子商务运营人员有哪些常用的选品工具？

（一）Google Trends

1. 工具介绍

Google Trends 是谷歌旗下一款基于搜索数据的免费分析工具。它通过分析 Google 搜索引擎每天数十亿的搜索数据，告诉用户某一关键词或话题各个时期在 Google 搜索引擎中展示的频率及其相关统计数据。选品专员可以通过这些搜索数据了解到产品的热度、受众及未来的营销方向等相关信息。

Google Trends 可呈现的搜索数据内容方向包括健康、焦点新闻、科技、企业、体育赛事、娱乐等。

可设置的国家包括美国、阿根廷、爱尔兰、奥地利、澳大利亚、巴西、比利时、波兰、德国、俄罗斯、法国、菲律宾、哥伦比亚、荷兰、加拿大、马来西亚、秘鲁、墨西哥、挪威、葡萄牙、日本、瑞典、瑞士、土耳其、新西兰、意大利、英国、印度、越南、智利等。

Google Trends 允许用户比较两个或者两个以上的搜索词的相对热门程度，以及反映搜索词随周期变化的趋势。页面可呈现的信息由以下几个部分组成：

（1）相关关键词行业新闻以及新闻发布时间。

（2）关键词变化趋势图。

（3）可设置国家和具体省份以及时间。

（4）各子区域及省份、城市、使用语言的搜索情况，由此可以了解这个行业在哪个地区更有发展前景。

2. 主要功能

（1）关键词研究功能。

输入产品关键词，就可得到此关键词被搜索的数据显示情况，即显示每日和实时的搜索趋势、正处于上升趋势的相关关键词等。借助这一功能可以了解关键词在不同国家、不同城市、不同时间的表现状况；关键词、产品的主要市场；与关键词相关的主题，进一步了解受众特征；对比不同关键词在相同国家、相同时间的表现状况等。

（2）比较搜索热度。

Google Trends 最多可以提供 5 个词语（可以是产品或服务的关键词、公司或品牌名称等）的搜索热度。用户可以据此对比自身产品与竞品、公司与竞争对手的相关搜索数据。

（3）提升沟通效果。

Google Trends 还可以实现在不同字词之间进行筛选。例如，livestream 和 webcast 都表达了相似的含义，但目前用户更频繁地搜索 livestream，而在 2008 年前，webcast 是更常见的关键词。由此可见，Google Trends 可以帮助选择更多人熟悉的字词，以达到更好的沟通效果。

（4）色彩强度信息图表功能。

色彩强度信息图表能用更有意思的方式比较不同的主题。它显示了哪些关键词在特定区域更受欢迎，这一图表功能可以生成有用的关键词研究数据。

例如，卖家可以使用 Google Trends 搜索某一产品或服务，从而得知该产品或服务搜索趋势的相对受欢迎程度。由此而呈现出的色彩强度信息图表会显示国家与地区排名，卖家可以据此选择要进行推广或扩张的地区市场。

（二）Keepa

1. 工具简介

Keepa 免费插件是跨境卖家钟爱的选品工具之一，只要有亚马逊账号，再将 Keepa 安装到浏览器中，在亚马逊首页搜索一个产品时，就能在产品主图下看到 Keepa 的历史价格图表。

这个插件对卖家和买家都适用，卖家可以自行选择对此产品价格追踪的时间范围，如天、周、月、年等；可以监控该产品链接的历史价格、历史排名，还可以记录其秒杀记录和评论数量的增长情况。排名趋势可以让卖家实时了解竞品和竞店的销售动态。

2. 功能介绍

（1）提供全面的价格历史图表。

（2）发出降价及购买提醒。

（3）可以用电子邮件、Facebook、Twitter、安卓应用和 RSS 等接收通知。

（4）一旦安装浏览器，亚马逊上每件产品的页面上都将会呈现 Keepa 的历史价格图表。

（5）可以比较亚马逊上同款产品的价格。

（6）提供心愿单导入服务。

（7）提供促销概览服务。

（8）不需要注册账户。

目前支持的站点以亚马逊（美国、英国、加拿大、墨西哥、德国、巴西、意大利、法国、西班牙、日本、中国、印度）为主。

（三）Terapeak

1. 工具简介

Terapeak 是 eBay 和亚马逊的授权数据提供商和分析公司，也是现阶段 eBay 和亚马逊市场数据分析能力最强、操作最简单的数据分析工具。每天有数百万的 eBay、亚马逊平台卖家通过 Terapeak 获得有关 eBay、亚马逊平台产品刊登信息及竞品数据。

2. 功能介绍

（1）寻找销售机会。

①展示热门词类。基于销售的搜索指南和类别热图会显示购物者正在购买什么产品和以什么价格购买产品，卖家可据此掌握购物者目前对哪类产品及哪些细分市场更感兴趣。

②研究优绩产品。卖家搜索品牌和产品时，可以查看长达一年的匹配销售情况，对结果按数量、活动或价格排序，可以选出表现优秀的产品以供研究。

③发现销售趋势。卖家访问有关产品销售趋势数据，包括平均价格及销售率的变化。

（2）提升销售利润。

①了解供应、需求和定价。数据可呈现平台在售同类产品总数、对应的价格、每件产品的出价及总销量、按天计算的定价和送货明细以及列表格式和关键词，以了解市场供应与消费者需求情况，并摸索合理的定价。

②确定更合适的市场。通过数据分析目标客户群体集中的市场区域，并以合适的价格将合适的产品送到合适的消费者手中。

（四）卖家精灵

1. 工具简介

卖家精灵是亚马逊提供的一站式卖家工具、大数据选品专家，具有亚马逊关键词监控、产品监控、差评监控，以及关键词真实搜索量/销量、产品真实销量查询等功能。

2. 功能介绍

（1）关键词精灵。

①关键词挖掘。推荐最有价值的亚马逊相关关键词，为产品页面优化、PPC（Pay Per Click）广告（根据点击广告的用户数量付费）关键词提供精准关键词。

②关键词选品。是基于用户搜索行为来发现利基市场，一个关键词对应一个细分市场，卖家可以基于类目、搜索量及搜索增长率来浏览关键词（类目）飙升榜。

③关键词反查。可以反查竞品的真实流量词，即通过哪些关键词搜索、点击、购买了该产品。

通过竞品的真实流量词，优化产品页面关键词，提升产品的自然搜索流量；优化 CPC（Cost Per Click）广告（根据广告被点击次数付费）关键词，帮助卖家更精准地投放与提升广告绩效。

杜绝关键词调研盲点，对于跨境卖家来说，有些可能永远都想不到的某些产品的另类名称，卖家精灵可以帮助卖家挖掘出来。

（2）选品精灵。

①查竞品。基于子类目、关键词、品牌、卖家查询竞品的历史销量，帮助卖家查询对手最近两年的销量走势。

②选市场。基于市场容量、市场趋势、竞争度、行业波动性等维度，帮助卖家选出潜力市场。

③选产品。基于销售增长率、评论增长数等居多创新性选品条件，协助卖家选出潜在爆款。

（3）监控精灵。

①产品监控。卖家可以监控自己产品的BSR（Best Seller Rank，热销排名）主类目及各子类目的每日排名变化情况，对推广效果进行精细化评估。监控竞品的销售排名、价格、评论数、评分变化，快速发现对手的推广策略。

②关键词监控。卖家可以监控产品关键词每日搜索排名变化，监控竞品的关键词排名变化，以优化推广策略。

3. 卖家精灵插件

（1）Keepa插件替代品。

安装好插件后，打开亚马逊买家产品详细页，滑到产品图片下方，等待几秒即可得到该产品的ASIN（产品编码）、价格、BSR排名、Review（客户回评）等的变化趋势。

（2）关键词反查。

打开产品页面，开启插件，等待几秒即可自动查询出该ASIN的流量词。如果插件暂未识别出ASIN或无查询结果，可手动输入ASIN码反查流量词，以"B07D6PPW8C"为例，输入该ASIN，然后按【Enter】键即可查询出结果。

（3）关键词精灵。

插件还支持查询该页面收录的其他ASIN，只要单击搜索框下拉箭头就会出现所在亚马逊页面的所有ASIN，单击其中一个ASIN便可查询。

（4）关键词挖掘。

①支持查询关键词的相关关键词，在亚马逊首页输入"bath bombs"，单击"Enter"键前往搜索结果页，这时打开卖家精灵插件，等待几秒便可得到该关键词的相关关键词。

②除了在亚马逊搜索结果页查询，卖家也可以在搜索框手动输入需要查询的关键词。

（五）超级店长

1. 工具简介

超级店长为速卖通、亚马逊、eBay、Lazada、Wish、Shopee、Joom MyMall等电子商务平台的卖家提供一站式服务，涵盖大数据选品、智能产品上架、多平台订单处理以及全球仓储管理等多种运营工具。

2. 功能介绍

（1）数据分析。

提供全行业数据检索，全方位产品监控，发掘潜在爆款和店铺爆款，查看店铺上架，查看卖家上新策略和卖家优化轨迹，直接采集上架。

（2）产品上架管理。

跨平台采集产品，快速复制产品，批量处理产品上架工作。

（3）订单包裹管理。

全状态自动同步，一键复制、合并拆分，大幅提升订单管理效率。

（六）Alexa

Alexa 创建于 1996 年，是一家专门发布网站世界排名的网站，免费提供网站流量信息。Alexa 排名常被引用作为评价某一网站访问量的指标，其可用来查询某网站一个时间周期内的全球排名、该网站使用率的国家/地区排名和访问比例等。

任务示范 2

王悦近期正在进行家纺产品选品，考虑选择新沙发套，使用 Google Trends 了解这一产品是否有搜索热度。

（一）选择关键词

常用的沙发套词组有"sofa cover"和"sofa throw"等。从跨境电子商务平台买家首页搜索可知，"sofa cover"是买家更常使用的沙发套搜索关键词。

（二）观察关键词的长期搜索趋势

使用 Google Trends 分析"sofa cover"的搜索曲线，再对趋势的走向进行评估可以发现总体呈上升趋势，如图 2-2 所示。

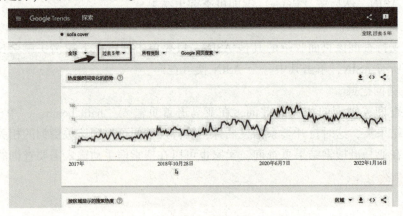

图 2-2　关键词过去 5 年搜索趋势

（三）观察关键词的短期搜索趋势

如图 2-3 所示，可以观察到"sofa cover"过去 30 天的搜索曲线。曲线趋势从 3 月 12 日开始向下，这说明沙发套在近期搜索热度是持续下降的。

项目二　慧眼如炬做选品

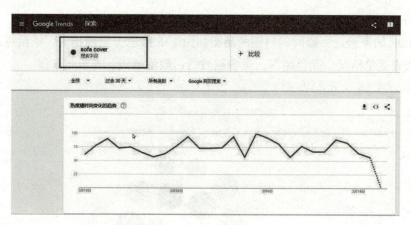

图 2-3　关键词近 30 天搜索热度

任务实施 2　选择任意产品关键词，使用站外选品工具分析其搜索热度

知识储备 3　使用站内工具选品（以速卖通为例）

（一）通过选品专家选品

通过数据纵横，可以了解行业情报（热搜、热销）；可以通过选品专家进行理性选品，还可以精准设置关键词进行商铺分析，找到经营短板，有针对性地优化经营策略。下面简单介绍选品专家的使用方法。

在"Market"（市场）最下方单击"Products Expert"进入选品专家页面，如图 2-4 所示。

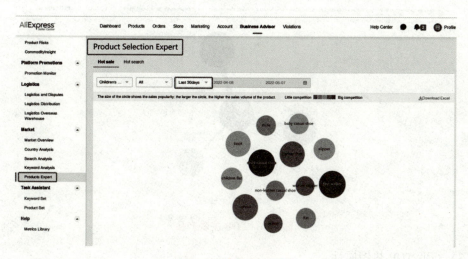

图 2-4　选品专家页面

1. Hot Sale（热销）

此功能主要是从行业 TOP 国家来查看最近主要市场的热销品类，这些品类的热销属性，以及这些品类的热销特征，以关联销售。

063

(1) 行业 TOP 热销产品词。

行业 TOP 国家最近一段时间热销的品类如图 2-5 所示，圆圈越大，销量越高。颜色代表竞争情况，颜色越深，竞争越激烈；颜色越浅，竞争越和缓。

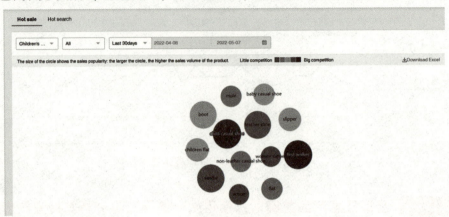

图 2-5　TOP 热销产品词

(2) 行业 TOP 关联产品。

卖家同时浏览、点击、购买的产品如图 2-6 所示。连线越粗，产品与产品之间的关联越强，即同时浏览、单击、购买的买家越多。圆圈越大，销量越高；颜色表示竞争情况，颜色越深，竞争越激烈；颜色越浅，竞争越和缓。

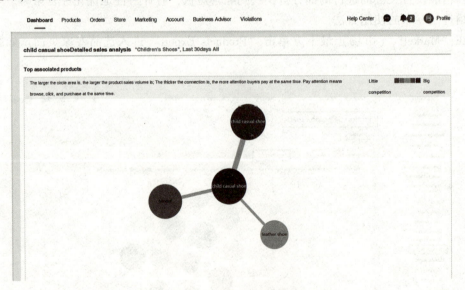

图 2-6　TOP 关联产品

(3) 行业 TOP 热销属性。

某个品类下热销的属性，如图 2-7 所示。圆圈越大表示销量越高；同一类颜色在此图中只做属性分类用。

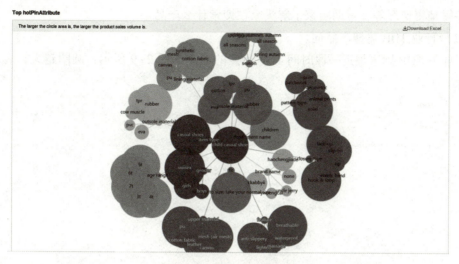

图 2-7 TOP 热销属性

可以结合自己产品的特征优化产品属性，从而提高买家找到产品的机会。同时，也可以了解到目前热销产品的属性，从而方便卖家选品。

（4）行业 TOP 热销属性组合。

某个品类下热销属性组合如图 2-8 所示，相同颜色代表一类产品，圆圈越大表示销量越高。

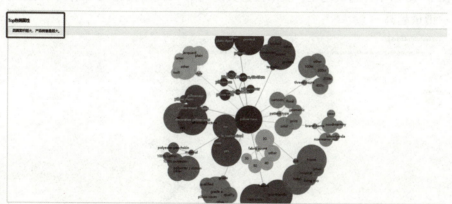

图 2-8 TOP 热销属性组合

选择属性组合可以查看在平台上此类产品的特征，也可以在其他网站搜索这类产品特征。

（5）热销综合指数计算公式。

综合指数计算公式为：成交指数/支付转化指数/竞争指数。

对算出的综合指数进行降序排序，排名靠前的产品关键词的品类就是要找的产品，这些产品更具市场优势。

2. Hot Search（热搜）

此功能可以通过行业 TOP 国家来观察最近主要市场的热搜品类、这些品类的热搜属性、关联销售情况等，帮助卖家了解买家在搜索什么产品。

（1）行业 TOP 热搜产品词。

行业下 TOP 国家最近一段时间 TOP 热搜的品类如图 2-9 所示，圆圈越大，表示搜索量越大。

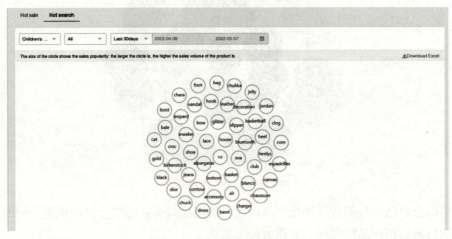

图 2-9 TOP 热搜产品词

（2）行业 TOP 关联产品。

如图 2-10 所示，连线越粗，表示搜索关键词 A 又搜索关键词 B 的买家越多；圆圈越大，表示销量越高。

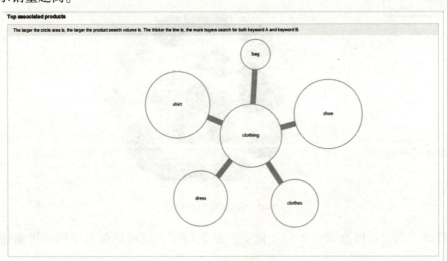

图 2-10 TOP 关联产品

（3）行业 TOP 热搜属性。

某个品类下 TOP 热搜的属性如图 2-11 所示。属性值的圆圈越大，表示搜索量越高；同一类颜色在此图中只做属性分类用。

搜索指数是指所选行业所选时间范围内，搜索该关键词的次数经过数据处理后得到的对应指数。搜索指数不等于搜索次数，该指数越大，则表示搜索量越大。

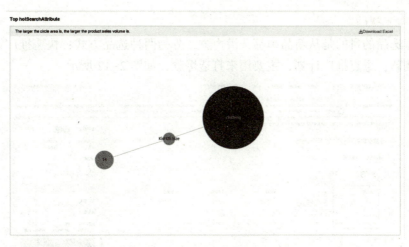

图 2-11　TOP 热搜属性

搜索人气是指所选行业所选时间范围内，搜索该关键词的人数经过数据处理后得到的对应指数。搜索人气不等于搜索人数，搜索人气越高，表示使用搜索功能的人越多。

购买率排名是指所选行业所选时间范围内，该关键词购买率排名。

竞争指数是指所选行业所选时间范围内，关键词对应的竞争指数。指数越大，表示竞争越激烈。

综合指数计算公式为：搜索指数/支付转化指数/竞争指数。

对计算出的综合指数进行降序排序，排名靠前的产品关键词的品类就是要找的产品，这些产品更具市场优势。

（二）运用速卖通直通车进行选品

速卖通直通车是快速提高店铺流量的引流工具，不仅可以增加产品的曝光率，从而吸引潜在买家，还可以自主设置全方位关键词。速卖通直通车免费展示产品信息。

1. 直通车推广在选品时要考虑的因素

（1）产品信息质量。

①标题专业：包含产品属性、销售方式等关键词。

②图片丰富：包含 5 张及以上的详细描述图片，可以选择一些既清楚又能突出产品特色的图片作为主图。

③描述详细：包含产品功能属性、产品细节图片（细节描述图片上增加文字说明）、支持物流、售后服务等描述。

④价格优势：价格有优势的产品可以帮助产品在直通车的展示上获得更多的点击和关注。

（2）产品历史销量及转化率。

通过数据纵横可以了解到，买家会选择购买下单量和反馈都比较好或者一些有价格优势的产品，而卖家同样可以选择这类产品在直通车做推广尝试。

（3）产品好评率。

在产品功能、价格、图片呈现、物流及售后服务条件近似的情况下，买家会对评分高的产品更有兴趣。

2. 直通车选品的方法

直通车选品的目的是从新品中筛选潜力款，分为两种选品方式：快速推广计划，主要用来进行测款；重点推广计划，主要用来打造爆款，如图 2-12 所示。

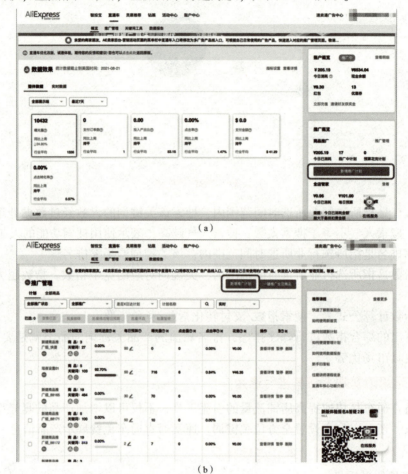

图 2-12 推广计划页面
(a) 快速推广计划；(b) 重点推广计划

（1）快速推广计划。

快速推广计划主要利用快速推广进行测款，进行批量选品选词，打包推广更多相似产品，通过数据比较筛选潜力爆款，最多创建 30 个计划，每个计划容纳 100 个产品。

快速推广计划的思路如下：

①选 5~10 款相同类目的产品，放一个快速推广计划，尽可能把词加满，多匹配流量词，让这些产品最大化地曝光。

②用 7~10 天的时间观察产品的数据变化，从产品的曝光量、点击率、收藏数、销量，以及转化率等维度进行分析。

③挑出这些产品中表现得最好的一款（高曝光量，高点击率，高收藏数），将其加入重点推广计划。

（2）重点推广计划。

重点推广计划主要用于打造爆款，其独具创意推广功能，能加快爆款的打造速度，也可单独指定推广关键词，最多可以创建10个计划。

重点推广计划的思路如下：

①添加所有系统默认推荐的词。

②下载数据纵横搜索词分析里和产品匹配的词。

③酌情选择直通车关键词工具推荐的词。

④需要通过创意标题对部分词进行良词推优。

⑤调整关键词的出价，保证爆款曝光。

3. 直通车关键字工具

使用关键字工具可以选出竞争小、热度高的产品。

此功能是专为速卖通直通车用户设计的找词工具，使用率超过70%。

使用方式包括按计划找词、按行业找词、自主输入关键词搜索相关词，同时还提供搜索热度、竞争度、市场价等供参考。

在制作推广计划的时候，进行关键词的搜索，然后在关键词中选择30天搜索热度和竞争度降序排列，再选择搜索热度低、竞争度高的产品，这类产品的卖家数相对较低，产品需求量较大。

（三）运用产品分析及类目挖掘选品

1. 产品分析

进入速卖通"生意参谋"页面，单击"单品分析"，进入单品分析页面，如图2-13所示。

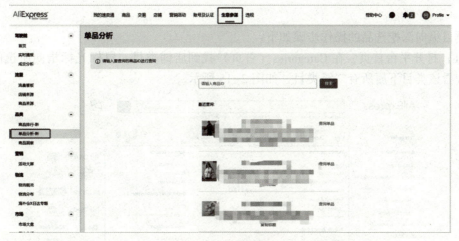

图2-13　单品分析页面

输入产品ID后，在弹出的窗口选择需要自定义查询的指标，如图2-14所示。

图2-14中的指标是衡量产品销售情况的重要标准，速卖通卖家做单品数据分析时需要关注的核心指标包括支付金额、产品浏览量、产品访客数、产品收藏人数、产品加购人数、下单订单数、下单买家数、支付订单数、支付买家数、下单转化率、支付转化率、客单价等。

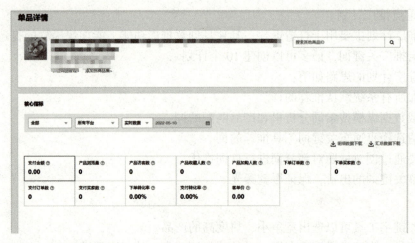

图 2-14 自定义指标

各核心指标及其因素如下：

①搜索曝光量、产品页浏览量、产品页访客数这 3 个指标成正比关系，受自然排名影响最大。

②搜索点击率的主要影响因素是产品主图、产品价格和产品标题。

③平均停留时长的影响因素是产品详情页描述、产品特性、关联营销和视频。

④浏览下单转化率的影响因素为产品价格和产品详情页描述。

⑤成交转化率影响因素是产品价格。

⑥加入购物车次数和加入收藏夹次数的影响因素都是产品价格、产品详情页描述及产品详情页引导。

2. 类目纵向深挖

类目纵向深挖选品的操作步骤如下：

（1）打开平台首页，在 Categories（首页）找到店铺类目，鼠标光标指向所选的类目即可查看该类目下属所有二级类目，如图 2-15 所示。

图 2-15 查看类目

（2）单击其中一个二级类目，就会出现很多该类目下的高销量产品，单击"Orders"后可查看该产品的交易记录，如图2-16所示。

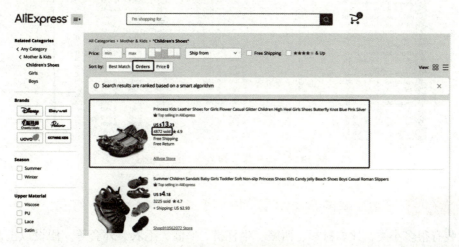

图2-16　查看产品交易记录

（3）查看最近3天销量总数，计算出日均销量以预估1个月的销量，再用预估的月销量和该产品的售价相乘可以得出该产品的预估月销售额，以此判断是否开发此类产品。如果决定开发这类产品，则价格需要比此产品的价格有优势，或者产品有微差异化。

（四）运用站内关键字选品

打开后台"生意参谋"，选择"选词专家"，进入选词专家页面，单击"热搜词"，选择店铺主营行业，分析当前行业哪些搜索词品类是买家大量搜索且竞争低的品类，如图2-17所示。

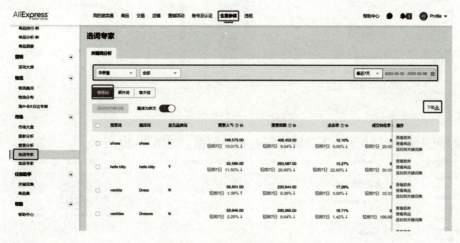

图2-17　选词专家分析页面

单击下载表格，筛选出是否品牌原词为"Y"（Yes）的词从表格中删除，从而避免侵权现象发生，再把成交转化率为零的词筛选出来删除，最后对剩下的每一个搜索词的综合指数做降序排序。

如图2-18所示，选择综合指数排名靠前，以及具有好的搜索指数但竞争指数偏低的品类。

搜索词	翻译词	曝光商品数增长幅度	曝光卖家数增长幅度	竞争指数	点击率	是否品牌词	搜索人气	搜索指数	成交转化率	搜索指数飙升幅度
poco x3 pro	poco x3	-0.96	-1	0.0063	0.2865	N	10284	18667	0.0004	9.42
camiseta real	real mad	0.53	0	0.5667	0.4601	N	10950	37776	0.0126	2.76
converse all	converse	-0.22	-1	0.3036	0.2317	N	4386	12107	0.0031	1.92
бумага	A4 paper	-0.99	-1	0.0072	0.3982	N	3125	5089	0.0141	1.9
robe femme	Women's	-0.06	0	0.424	0.1659	N	5583	8483	0.0013	1.86
sac de luxe	luxury b	0.64	0	0.5381	0.2241	N	8346	24922	0.0008	1.56
party dresse	party dr	1.57	2	11.2946	0.1903	N	33841	140648	0.0001	1.5
liverpool je	liverpool	0.39	0	3.1765	0.3951	N	3382	10758	0.0134	1.45
real madrid	real mad	0.43	0	1.9599	0.4121	N	4129	14581	0.0136	1.43
shark slides	shark sl	0.42	0	1.0521	0.3176	N	5131	10372	0.0164	1.41
ملابس النوم	Sleepwea	1.31	1	7.2355	0.1559	N	3363	14934	0.0003	1.23
זארה	zara	-0.17	-1	0.3618	0.1446	N	6005	9878	0.0012	1.19
bikinis	bikinis	0.42	0	0.8659	0.1101	N	10288	16697	0.0002	1.07
seat covers	seat cov	1.21	1	2.3619	0.1688	N	2891	6801	0.0011	1.03
فستان	Dress	0.54	0	0.9614	0.201	N	33198	133367	0.0001	1.01
dunk low	dunk low	-0.81	-1	0.0924	0.3601	N	2921	4113	0.0055	0.85
chelsea boot	chelsea	0.81	1	3.597	0.155	N	5499	18297	0.0002	0.84
صنادل	Sandals	0.27	0	7.8749	0.1356	N	4724	23915	0.0003	0.83
fathers day	fathers	0.58	0	5.9016	0.1644	N	2396	15018	0.0058	0.83
luxury bag	luxury b	0.94	0	2.0359	0.3811	N	6298	22608	0.0005	0.81
swimming	swimming	0.8	1	2.2903	0.1176	N	3780	11222	0.0007	0.75
رضتاعك	lactatin	0.84	1	34.5845	0.2484	N	2215	15594	0.001	0.72

图 2-18　降序排序搜索词的综合指数

任务示范 3　速卖通站内选品示范（以男装为例）

男装有很多小类，比如衬衫、西服、牛仔裤、T 恤、毛衣、外套等。假设以上品类都能找到货源，需要了解的就是哪些产品在速卖通平台上卖得更好。

（一）选择类目

定位到最低一级子类目的上级类目，即单击"男装"这个类目，如图 2-19 所示。

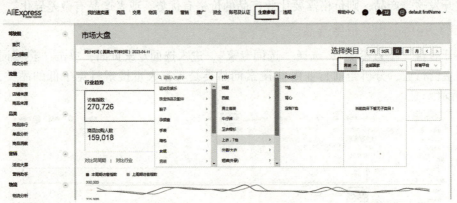

图 2-19　类目选择页面

将时间选为最近 30 天，下拉展示行业相关数据，如图 2-20 所示。

图 2-20　30 天内行业相关数据

（二）观察各行业维度数据

从行业构成界面可以看到男装产品父类目下的不同行业、不同的子类目，比如 T 恤、毛衣、外套等，如图 2-21 所示。

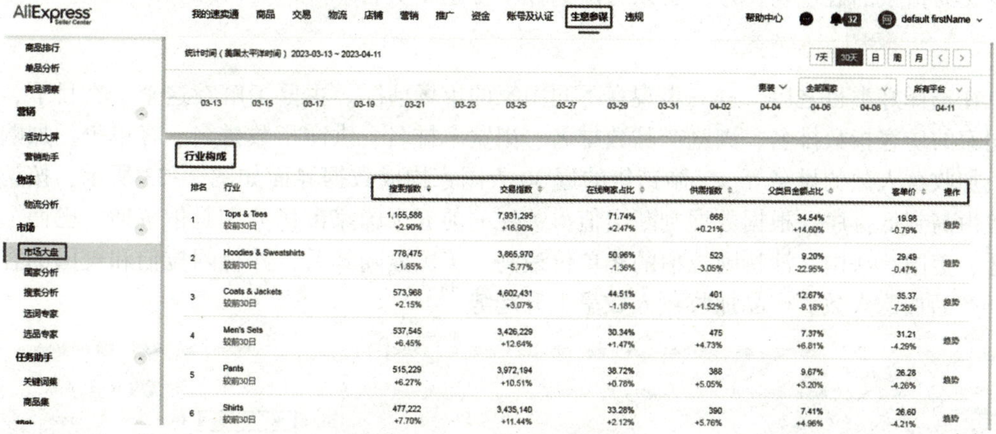

排名	行业	搜索指数	交易指数	在线商家占比	供需指数	父类目金额占比	客单价	操作
1	Tops & Tees 较前30日	1,155,588 +2.90%	7,931,295 +16.90%	71.74% +2.47%	668 +0.21%	34.54% +14.60%	19.98 -0.79%	趋势
2	Hoodies & Sweatshirts 较前30日	778,475 -1.85%	3,865,970 -5.77%	50.96% -1.36%	523 -3.05%	9.20% -22.95%	29.49 -0.47%	趋势
3	Coats & Jackets 较前30日	573,968 +2.15%	4,602,431 +3.07%	44.51% -1.18%	401 +1.52%	12.67% -9.18%	35.37 -7.26%	趋势
4	Men's Sets 较前30日	537,545 +6.45%	3,426,229 +12.64%	30.34% +1.47%	475 +4.73%	7.37% +6.81%	31.21 -4.29%	趋势
5	Pants 较前30日	515,229 +6.27%	3,972,194 +10.51%	38.72% +0.78%	388 +5.05%	9.67% +3.20%	26.28 -4.26%	趋势
6	Shirts 较前30日	477,222 +7.70%	3,435,140 +11.44%	33.28% +2.12%	390 +5.76%	7.41% +4.96%	26.60 -4.21%	趋势

图 2-21　各维度数据展示

1. 搜索指数

搜索指数体现这个类目的搜索人群数量和搜索次数。

2. 交易指数

交易指数体现成交量高低。

3. 在线商家占比

在线商家占比指的是这个子类目在售卖家占父类目在售卖家的比例，如 T 恤的在售卖家占比是 71.74%，即说明销售 T 恤的卖家占销售整个男装的卖家比例是 71.74%。

4. 供需指数

供需指数体现的是竞争度，供需指数越高，说明这个类目分得越合理。

5. 父类目金额占比

父类目金额占比是指 30 天内这个子类目销售量、销售金额占整个父类目销售量、销售总金额的比例，比如 T 恤销售量、销售的金额占男装销售量、销售的总金额的比例。

可以通过排序观察各维度数据，如图 2-22 所示。

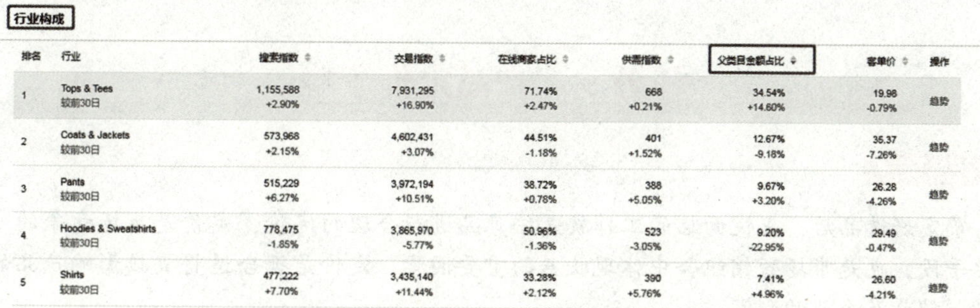

行业构成

排名	行业	搜索指数	交易指数	在线商家占比	供需指数	父类目金额占比	客单价	操作
1	Tops & Tees 较前30日	1,155,588 +2.90%	7,931,295 +16.90%	71.74% +2.47%	668 +0.21%	34.54% +14.60%	19.98 -0.79%	趋势
2	Coats & Jackets 较前30日	573,968 +2.15%	4,602,431 +3.07%	44.51% -1.18%	401 +1.52%	12.67% -9.18%	35.37 -7.26%	趋势
3	Pants 较前30日	515,229 +6.27%	3,972,194 +10.51%	38.72% +0.78%	388 +5.05%	9.67% +3.20%	26.28 -4.26%	趋势
4	Hoodies & Sweatshirts 较前30日	778,475 -1.85%	3,865,970 -5.77%	50.96% -1.36%	523 -3.05%	9.20% -22.95%	29.49 -0.47%	趋势
5	Shirts 较前30日	477,222 +7.70%	3,435,140 +11.44%	33.28% +2.12%	390 +5.76%	7.41% +4.96%	26.60 -4.21%	趋势

图 2-22　单击小三角排序

通过交易指数了解该子类目的成交量；供需指数体现竞争度，供需指数越高，说明越好做；父类目金额占比体现子类目的市场份额，低份额类目建议不考虑。

通过父类目占比排序，可以观察到T恤这个子类目的占比是最高的，而且供需指数排序及交易指数的表现均良好，所以可以选择T恤这个类目。

（三）确定国家范围

在选择好类目之后，进一步观察不同国家的市场情况。主要了解在这个子类目下，每个国家的访客指数排名、浏览产品数排名、浏览率排名、供需指数排名、客单价、加购人数、加收藏人数的排名等。T恤销售的近30天国家构成数据界面如图2-23所示，按访客指数由高到低排序，根据数据判断出值得关注的前五个国家市场分别是俄罗斯、巴西、西班牙、美国、法国，沙特阿拉伯的客单价最高，美国紧随其后，沙特阿拉伯和美国的客单价、产品加购人数、产品加收藏人数呈上升趋势。

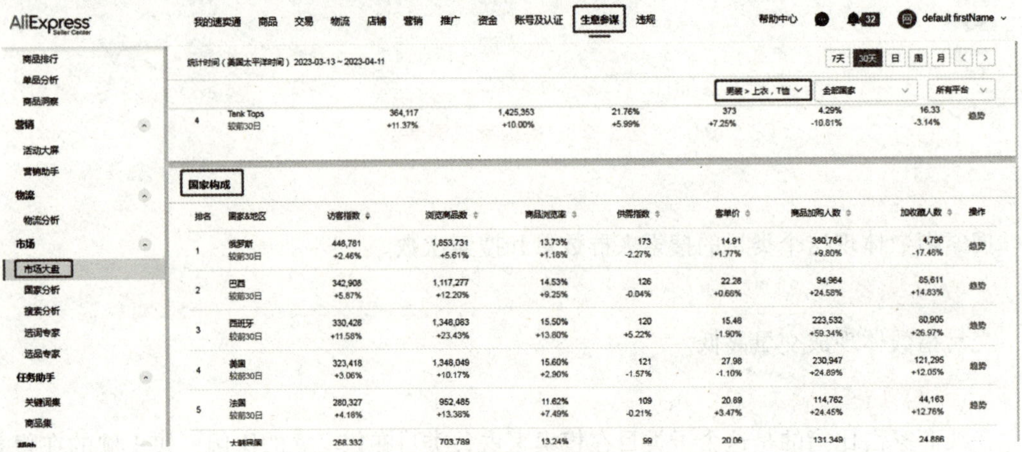

图2-23 T恤销售近30天国家构成数据界面

任务实施3 以速卖通平台为例，请在任务二中的任务实施2的基础上，完成选品工作

任务总结

本任务要求学生掌握跨境电子商务选品的思路与技巧，以及跨境平台站外选品工具的使用方法，能够进行速卖通站内选品，完成经营品类的选择工作。

任务三　产品定价策略

任务描述

确定好选品后，王悦面临的工作就是给产品进行合理的定价，定价是市场竞争的一种重要手段，也是市场营销组合中体现收益的重要因素，定价是否合适将直接影响产品的浏览量、销量及企业的利润。

任务分析

步骤1 学习产品定价策略相关知识

步骤2 给产品定价

知识储备1 影响产品价格的几个心理效应

（一）左数效应

相关研究显示，人们会倾向于购买价格尾数为9的产品，心理学称这个现象为左数效应。相比于产品的整体价格而言，买家更为关心的是价格标签左侧的数字，所以卖家在产品定价时尽量避免凑整数，最好是以最大的个位数为主。大多数人会习惯从左往右阅读，由于买家总是希望价格越低越好，如果尾数是9，能让人觉得付费比较少，从而产生赚到的感觉，自然会更愿意去购买产品。

（二）锚定效应

锚定效应是指当人们在做决策的时候就会不自觉地重视最初获得的信息。基于商品价格对消费者第一印象的影响，卖家可以首先定一个比较高的价格，之后再显示折扣价格，让消费者有产品降价的直观感受，激起其购买欲望。

（三）比例偏见效应

比例偏见效应指人们本来应该考虑数值本身的变化，却更倾向于考虑比例或者倍率的变化，也就是说人们对比例的感知，比对数值本身的感知更加敏感。

例如，与买标价1 000元的炒锅送一把标价50元的勺子相比，购买标价为1 000元的炒锅可加1元换购标价50元的勺子更能打动消费者。在第一种情况下，消费者会将1 000元的炒锅与50元的勺子做对比，优惠了5%；而在第二种情况下，消费者会有花1元买到了价值50元商品的感觉。

本例给卖家的提示是在确定产品促销价格时，原价较低的产品可以用打折的方式，让消费者感到更多的优惠率，而原价高的产品则用降价的方式。

（四）舍去金钱符号

当人们看到金钱符号时，会不自觉产生一种花钱的警觉，接着就会对购买决策犹豫不决。虽然无法完全移除掉金钱符号，但可以把它变小，即尽量缩小金钱符号的字体，让消费者将关注点放在感兴趣的商品上。

任务示范1

到跨境电子商务平台搜索能体现上述心理效应的定价行为。

跨境电子商务行业最有效的3种定价策略

如何判定产品自身价值

从图 2-24 中的例子来看，为什么 HP 的笔记本电脑要定价为 899.99 美元，而不是直接卖 900 美元？虽然实际售价只差 1 美分，但是 899.99 美元的价格在消费者心里会被归入不到 900 美元的价格范围。

图 2-24 某电子商务平台 HP 笔记本电脑售价

任务实施1 到跨境电子商务平台搜索能体现锚定效应与比例偏见效应的定价行为

知识储备2 定价策略与常用公式

（一）定价策略

1. 以成本为基准

基于成本的定价可能是零售行业最受欢迎的定价模式，其最大的优点就是简单，不需要进行大量的客户或市场调查就可以直接设定价格，并确保每个销售产品的最低回报。

要想计算基于成本的定价，只需知道产品的成本，并提高价格以创造利润。具体计算公式为：

$$成本+期望的利润额=价格$$

2. 以竞争为导向

卖家可通过"监控"直接竞争对手对竞品设定的价格，来确定自己所售产品的价格。这种零售定价模式，只有当与竞争对手销售相同产品、两种产品没有任何区别时，才可以起到作用。这一策略需要卖家正确定位竞品与竞店，比如双方销售的产品功能、外观等差异较小，面向的是同样的消费群体，双方拥有相近的市场认可度等。

3. 以价值为引领

卖家可以根据买家对产品价值的定位来定价，而不是根据实际成本。采用该策略，卖家不仅要进行市场研究，还需要进行客户分析。研究客户的购买行为，了解他们网购的原因和所重视的产品功能，再分析价格在购买决定中的作用大小。

（二）参考定价公式

跨境电子商务平台在售产品一般都会设置折扣，所以卖家在填写产品价格时需要预留出后续参加促销活动的折扣空间。

可参考的定价公式如下:
(1) 以产品总成本为基础,根据预期利润计算实际售价,再倒推产品页面标价。

实际售价 = 产品总成本×(1+预期利润率)

产品页面标价 = 实际售价/折扣率

这里的产品总成本包括但不限于生产成本、国内外物流成本、平台交易佣金、营销推广费等。折扣率不宜过高或过低,一般为30%~50%(个别类目除外)。

(2) 速卖通常用定价公式。

实际售价=(进货成本+运费成本)×(1+预期利润率)÷
(1-交易佣金比例)÷美元兑人民币汇率

任务示范2 为"枕头套"定价(以速卖通平台为例)

(1) 定价时可参考首页同类产品的价格。

在首页搜索关键词"枕头套",选择美国,出现的页面会展示5个价格区间,可以单击占比最高的价格区间,比如1.53~2.97美元。这个区间就是该产品最容易被买家接受的价格,可供参考。但具体定价需要结合产品的成本、预期利润来进行计算,如图2-25所示。

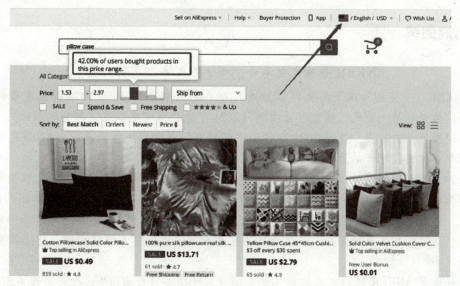

图2-25 关键词搜索"枕头套"热销页面定价情况

(2) 运用公式计算价格。

例如,一个枕头套,连同包装共0.3 kg,进货价为3元,运费单价为40元/kg,期待的利润率为12%,速卖通抽取的交易佣金比例为8%,请按照以下公式计算这个枕头套的实际售价是多少美元。(计算结果精确到整数位,四舍五入)

实际售价=(进货成本+运费成本)×(1+利润率)÷(1-交易佣金比例)÷美元兑人民币汇率

实际售价=(3+40×0.3)×(1+12%)÷(1-8%)÷7.26≈2.5(美元)

卖家可在实际售价为2.5美元的基础上按参加活动的折扣率来计算产品的页面标价。

任务实施2 根据任务二选择的品类，确定一款拟销售产品进行定价

任务总结

本任务要求学生掌握基本的定价策略及定价方法，结合跨境电子商务平台的产品售价情况，对拟销售产品进行合理的定价。

项目小结

正确、有效的选品可以避免过度竞争，为跨境店铺尽快打开销售局面。充分了解和掌握跨境电子商务产品开发、选品思路技巧以及产品的定价策略可以为跨境店铺的运营打下良好基础。

思政目标拓展任务

请同学们结合本项目的学习，结合任务实操，总结在选品工作中应如何进行合规操作。

拓展阅读

ANKER导演充电革命：一场跨品牌"互联互通"

ANKER（安克创新旗下的充电器品牌）在一场只有不到30分钟的新品发布会上宣布，其成为全球第一的氮化镓充电器品牌（2021年氮化镓充电器零售额全球第一）。

这次新产品的推出，是继2021年推出"超能充"氮化镓充电家族后，ANKER在技术上，从单一的氮化镓产品升级为系统级的技术升级。

功率为150 W的氮化镓充电器意味着什么？它集合了世界领先的核心氮化镓技术，将体积和充电效率做到市场之最，可以同时为4台设备全速充电：2台笔记本电脑、1部智能手机，还有1副耳机。从5 W、10 W、20 W，再到65 W、150 W……充电产品的功率越做越大，而体积却在不断缩小，充电时间也在不断缩短。所有人都在观望，这个品类的终局在哪？

过往提及ANKER时，更多的标签是"跨境电子商务佼佼者""亚马逊头部商家"。而这一次，ANKER更多地展示了自己产品创新的一面。安克创新创始人阳萌说："我们立志做行业里的长跑选手，要生产可以使用很多年的产品。"

在电子消费品赛道上，ANKER正在不断拓展领域。从小充电领域的领导者，到中充电领域实现均值回归，再到观望大充电领域，ANKER正在向家庭场景全覆盖式的充电品牌迈进。

以下为亿邦动力与阳萌的独家对话。

01 氮化镓充电空间还很大，市场占有率不足10%

亿邦动力：ANKER为什么要重仓氮化镓充电产品？

阳萌：让充电变得更高效、更便捷，这是充电领域里肯定会发生的事情。"高效"即

充电速度会越来越快,"便捷"就是以前不同产品要用不同的充电器,现在一个充电器可以充任何产品。氮化镓技术的本质就是为了实现这两点,因此我们认为,氮化镓是未来充电行业里的一个巨大变量。举个例子,对于一个功率为120 W的笔记本充电器,人们的第一反应是它的体积可能会像个大砖头,但如今它已经被缩小成了一个小方条了,再过几年后可能会更小、更轻便。

(注:氮化镓原本一种新型半导体材料,比传统硅基电源IC芯片的体积更小,更耐大电流和大电压,能够大幅提升电源的开关频率,节省大量电源周边回路和电路板面积,进而实现小体积。)

亿邦动力:是否只有氮化镓技术才能带来这种产品的革新?

阳萌:其实也有像氮化硅之类的材料可以使用,但是,从经济效应及数码充电的角度考虑,目前最佳选择还是氮化镓。

坦率地讲,如今市场上每卖出的100个第三方充电器中,氮化镓充电器可能只有不到10个。我相信,随着卖出的量越来越大,它的规模经济效应会逐渐体现,以后,也许每卖出10个充电器,其中就会有7~8个是氮化镓充电器了。

亿邦动力:在充电领域,ANKER目前的多产品类型布局是基于怎样的思路来设计的?

阳萌:充电器不是主设备,只是配件,所以,毫无疑问我们首先是要服务好主设备。主设备的充电需求其实是快速提升的,从最早的10 W到现在可能需要120 W甚至250 W。在主设备充电需求快速提升的过程中,我们目前能做好的事情就是持续不断地在各种场景下服务它们,通过完整的场景化解决方案,帮助消费者无忧地使用主设备。

如果ANKER做得好,消费者对充电应该是没有感知的,但如果做得不好,消费者就会觉得"充电麻烦",或者"怎么又没电了"。

所以,我们的产品设计思路就是在各个场景中,尽可能让充电变得更简单、便捷,甚至是无感。未来,ANKER肯定希望能够覆盖更多的场景,比如家庭场景全覆盖,但还需要一步步来。

(注:在氮化镓技术上,ANKER联合全球半导体芯片企业英飞凌,推出了全球首发的HFB架构,在120 W和150 W的充电器上,可实现95%的系统级充电效率,减少21%的损耗;ANKER联合南芯和英诺赛科,独家首发全氮化镓器件技术,可使65 W的充电器效率提升到93%,减少7.2%的损耗;同时,ANKER也公布了历经3年研发的Power IQ4.0技术,在业内首次实现了C口之间的充电功率可以实时自动分配调整。其中,Power IQ4.0技术实现了兼容性的重大提升,支持超过1 000种设备,让1个充电器为所有设备充电成为可能。)

亿邦动力:希望覆盖到什么程度?

阳萌:小充电、中充电、大充电。小充电就是数码充电,中充电主要是户外移动储能的充电,大充电则是车用的充电。除小充电外,我们现在在中充电领域能够做到均值回归;对大充电领域,我们还在观望、尝试布局。

亿邦动力:现在ANKER是全球第一的氮化镓充电品牌,你们会怎么捍卫现在的地位呢?

阳萌:我觉得捍卫是没有用的。消费者不需要知道什么是氮化镓,他只需要有一个好的体验就行了。我们也不知道自己是不是给行业做了一个很好的榜样。我们讲技术"第一",但归根到底消费者还是要知道它的价值是什么才行。

我们产品的核心价值叫作"快充不伤机",那今天所谓的"第一"其实就是一个背书,一个信任状。我说我们做到了充电快还不伤害设备,你凭什么信任我?那我告诉你,在这个领域我是全球第一的,你想一想可能有道理,所以决定信任我一下,就是这个逻辑。

我们最早把氮化镓融入数码充电这个行业里来是2018年的事情,作为全球第一个发布氮化镓充电器的品牌,ANKER其实是希望给行业一个示范。对于我们在国内发布的这一系列氮化镓产品,大家会看到它在很多领域都是给行业一个好的设想,我们相信过程里一定会激发出市场上更多的可能,最后大家一起来改变消费者习惯。

亿邦动力:对于氮化镓充电器,国内外市场的发展趋势一样吗?

阳萌:我觉得的确需要媒体大声呼吁,才能让行业发生一些结构性的变化。其实,对充电器来讲,最难实现的不是底层技术,而是厂家之间的互联互通(如华为和小米的充电器可以实现互充)。

在这个领域,海外有一个PD的工业标准,用USB数据线传输大功率的充电。在国内,前几年对于标准的应用并不广泛,互联互通在过去几年还是有挑战的。但是目前国内也很有进展,工业和信息化部牵头的"UFSC"("全兼容快充系统"),实际上就是一个行业标准,正在快速地落地。

当然,目前主要还是以手机厂家为主,但我们也呼吁更多笔记本电脑厂家能够加入进来。支持这个标准不需要再额外增加芯片和花费,它只需要在软件上兼容这款协议。那么,我们就会非常开心地看到,中国消费者会因为这个得到巨大的好处,一个充电器可以给所有设备充电。

我们(ANKER)其实也是使用"UFCS"的成员,也见证了这样一个标准的推动,希望与中国各个电子设备的厂家都能够在这样统一的标准下,形成一股很大的产业力量。

02 主设备商不送配件会扭转市场格局

亿邦动力:对于充电消费品行业未来的变化方向,您有怎样的预判?

阳萌:最基础的预判就是,未来行业会实现用同样一种充电器为各种不同的产品充电。我们认为,未来随设备附赠的充电器会逐步取消,在这种情况下,消费者就会自己选择充电器。

实际上,我们在2018年时就预言过这样的变化。可以看到,从2020年开始,苹果已经不再附赠充电器,三星和华为也都在跟进。所以,这也不再只是一个预言了,已经在几亿台设备上变成现实,未来还会逐渐在更多设备上变成现实。

亿邦动力:这种趋势是否会加剧充电消费品行业的竞争,导致市场发生结构性变化?

阳萌:如今手机品类里有三股力量:一个是设备方,也就是手机和笔记本电脑厂家,他们构成了世界上最主要的充电产品力量;另两股力量分别是第三方品牌商和代工厂(给沃尔玛等渠道的品牌提供产品)。我们认为,如今这三股力量的比例大约是8:1:1,全球每年有十几亿个充电器都是设备自带的,第三方品牌和渠道品牌分别只能卖出1亿个左右。

随着设备商逐渐不赠送配件后,最后这一比例可能会变成2:4:4,甚至可能是2:6:2。在这个变化过程中,品牌商之间形成怎样的市场格局,就取决于大家能做出什么样的努力了。

其实我不光是在讲 ANKER 自己的例子，因为很多人会认为，在取消随机赠送充电器的趋势下，我们好像是受益的一方。从另一方面看，我们也希望充电这件事变得更环保和便捷。比如，手机原厂的充电器往往只是充自己的设备快，且只有一个插口，而我们第三方品牌的充电器可以有多个插口，充各种设备都快。所以，我会觉得，我们的充电器是能够使用很多年的，它在环保性和便利性上都比原厂充电器有更明显的社会价值。

亿邦动力：ANKER 定位中高端，价格也会相对更高，这也会面临成本增加及消费者选择的问题，如何进行平衡？

阳萌：我们不是主观希望自己的产品卖得多贵，但是，当你把好的原材料、上游器件等组织在一起生产，整个链条下来，成本的确会比市面上大多数产品都要高。因此，我们最后希望给大家的不是价格，而是它所代表的价值，比如，这个充电器你买回家，可以用 5~10 年。

早期，市场对充电器的印象就是定价 30~50 元，用一阵子就扔了，也不心疼。但我们刚发布的一些高端的新充电器，价格可能会到 599 元，甚至 699 元，这在大家的认知里就是比较贵的，但它提供的便利性和体验是不一样的。

以 150 W 的高端充电产品为例。首先，它真的是一个能提高工作效率的产品，对特别讲效率的人来讲，一定会觉得它值这个价格；其次，我们努力让充电器提效，不是说让大家一年重新换一个，而是用得更久，如果平均到 5 年里，每年其实就 100 多元，还是可以接受的；最后，我们也还在继续努力把价格打下来。

新技术刚出来时，价格往往很高，不单纯是我们的原因，上游芯片商也投入了很多来进行研发，他们一开始也追求比较高的毛利率。但是，随着量的提升，我们一定会逐步把产品价格降下来。

所以，今天 ANKER 其实也有做中价位段甚至低价位段的产品，比如它可能体积大一点，但依然能够满足基础功能需求，这样就变成各取所需了。整体来讲，我们是要去提供产品的一个梯队和组合，来满足不同消费者的需求。

亿邦动力：如果 ANKER 产品的使用寿命拉长，消费者长时间不更换，但你们又需要做产品的不断创新，两者是不是有矛盾？

阳萌：从企业利润的角度看，首先，ANKER 不是只有充电这个品类，而且我们作为一个持续创新的组织，相信在消费电子产品的更多品类里我们都能拿出创新的产品。这是我们底层的自信。其次，即使好的产品能用 10 年，每年也会有 10% 的消费者更新产品，如果我们能稳定拿下这一部分市场，也是一件很开心的事情。既然选了这条路，我们就要在这个基础上，赚我们应该赚的利润。那如果我们还有精力和能力到别的领域去做到头部，就更好了。我觉得一个企业如果能解决一些社会问题，它的心就是"诚"和"正"的。

亿邦动力：您觉得充电消费品这个行业还有机会出现一些新锐品牌吗？

阳萌：就以干电池品牌为例，这个品类的发展应该是已经到了终局了，你会发现走出来的品牌也只有少数几个，大部分人只会记得南孚、金霸王。对比来看，尽管充电器品类还没有走到终局，但市场相对稳定后，大家都有自己明确的定位，不会有很多新品牌出来的。因为充电器的形态在未来 5~10 年内都不会再发生巨大的变化。对于我们来讲，最终的目标就是，大家一想起充电就能想起 ANKER。

03 技术有边界,终局之后还能做什么?

亿邦动力:ANKER 主要是依托哪种底层技术来做产品的拓展?

阳萌:其实还是依靠公用技术。因为单独一个个地去拓品,比较辛苦,还不容易出成绩。我们是通过把公用技术应用到不同场景来拓品的。因为当你在一个领域把一个技术打磨好之后,是可以把它迁移到别的品类去的。我们希望在已开拓的领域,从底层沉淀出通用技术、材料、团队等,然后复用到其他品类。比如,我们把电池和电池组的能力建设好之后,会发现它不仅仅可以用来做移动电源,也可以用来储能,还可以运用到机器人和摄像头中,将来甚至还可以应用到电动自行车中。

亿邦动力:未来充电领域的关键点是来自于通用技术的沉淀吗?

阳萌:未来,充电领域的核心来自产业链更深度的联合,也来自沉淀和积累的专有技术。

亿邦动力:从技术层面来讲,充电产品的功率越做越大,效率越来越高、体积越来越小,这种提升有边界吗?

阳萌:会有明确的边界,这里面有个边际效益递减的问题。举个例子,从 4 个小时充满到 2 个小时充满,你觉得优化了很多,从 2 个小时充满,到 1 个小时充满,你也觉得很不错,从 1 个小时充满到 20 分钟充满,你觉得太棒了,但再从 20 分钟充满到 10 分钟充满,对你来讲可能影响就已经很小了,从 10 分钟再往下到 8 分钟,你就觉得没差别。所以,这个事情到最后就是一个边际效益的问题。我不觉得充电的功率会无限制的变大,它会度过快速的效益提升期,然后达到一个边际效益的平台期。将来可能就是你包里放一个 150 W 或者 200 W 的充电器,就够各种各样的设备插上去使用了。200 W 的充电器给任何设备充电都巨快无比,而且体积还很小。比如,我们新发布的 150 W 的充电器还不够小,未来几年我们可能把它的体积再缩小一半,让它拿在手里就是一个很小的小方块,这样就很好了。

亿邦动力:如果 200 W 左右就足够,那你们现在都已经做到了 150 W 了,那岂不是很快就做到这个产品的极限了?

阳萌:我觉得未来三五年的时间里面,我们应该就能看到这个产品和品类的终极形态出现。而终极形态出现之前的这几年,是品牌生长最好的时间。

亿邦动力:当这个产品的终极形态出现之后,还能做些什么?

阳萌:那个时候,在充电宝这个品类里,能做的可能就是一些软性的东西和微创新了。

但对企业来讲,就有机会把创业者从一个品类挪到另一个品类去。因为这种成熟的品类是可以培养人、打磨人的,这些"打过仗"的人挪到一些全新的品类去接着"打仗"就好了,因为消费电子里面永远有下一场"仗"可以打的。

04 专注机器人和创业者平台,做"教练式"领导

亿邦动力:未来安克创新的产品平台会扩展到新能源汽车、机器人等领域吗?怎么看待自己的边界?

阳萌:这是看自己有多少和需要补多少的问题。比如像汽车,它可能会有 100 种技术,我们有那么一两种技术,但是要补齐 99 种,这样的品类就是做不了的。但如果有一些品类，它所需要的10种技术里，我们已经掌握五六种了，那就比较容易做了。归根结底，业务扩张的时候，我们叫"相邻领域扩张"，而不是完全跨领域地去扩张。

亿邦动力：听说安克创新在清洁机器人品类上在加大投入，您主要做哪些事？

阳萌：是的，我最近花很多时间来研究机器人这个品类，发现我们在这方面还有很大的提升空间。

说实话，当安克创新做创业者平台后，这个组织中还是有很多优秀且具备创业精神的人。作为一个群组领导者，他的工作不是要去把下面人的活干了，而是要打造很好的团队，让这个团队的人都干得很开心才是领导者的任务。很喜欢老子讲的一句话，叫"太上知有之，太上不知有之"。也就是说，最好的领导者其实是大家都感知不到他存在，也可以叫"功成身退、名曰自然"。成绩做出来后，大家觉得是自己干的，这才是比较好的一个状态。所以，在事情的成功和人的成长二者之间，人的成长是动因，人成长，事情就能成功，不应该是事情做出来了，团队的人没有成长。

亿邦动力：在激发团队成长方面，您有什么好的经验？

阳萌：这背后能讲的事情特别多，但整体来看，如果你觉得你在管团队，这事大概率是不成的，要让团队成员觉得在为自己工作和奋斗，这个事才会成功。所以，我们现在在做的就是从管理到服务，换句话说，是从管理他们变成赋能他们。当然，赋能包含了一系列内容，但最起码要有两种赋能，一种叫正能量，另一种叫能力。

亿邦动力：在扫地机器人这个品类上，安克创新采取怎样的进攻策略？

阳萌：在一个类别上，如果所有品牌的广告、卖点都一样，那大家只能拼价格了，如果每个品牌都有自己特别侧重的方面，卖点不同时，市场就不会那么"卷"了。如今的中国消费品市场，其实到了一个真正要讲定位的时代，不一定要做到市场份额最大，而是要有明确清晰的定位，将自己某个独特的优势点放大，吸引一群买家。可能上一代消费电子产品创业者，做规模还是最关键的，但如今，新一代的消费电子产品创业者需要比拼定位意识、错位意识以及差异化意识。因为差异化的前提就是我不可能把别的企业都挤出去，差异化也会让市场有更多存在的可能，以及不那么卷。

亿邦动力：在扫地机器人这个品类中，您也会把"有做到前三的可能"作为基准吗？

阳萌：我不会说我们什么都能做好，关键看差异化的价值。而对于稍微复杂一些的产品，往往有很多价值可以讲，这个时候，我们可以是品类里的第一，还可以做到唯一。

 习题演练

一、单选题

1. 关于全球速卖通，以下说法中错误的是（   ）。
A. 上线于2010年4月
B. 阿里巴巴旗下唯一面向全球市场打造的在线交易平台
C. 主要面向大客户
D. 被称为"国际版淘宝"

2. 速卖通平台买家看到的国际支付宝的英文名是（   ）。
A. Alipay   B. WebMoney   C. Escrow   D. Boleto

二、多选题

1. 进行站外选品时，需要利用跨境电子商务平台以外的网站工具来进行数据分析，以下哪些可作为站外工具来获取相关数据？（　　）

   A. Google Trends　　　　　　　　B. Keyword Spy
   C. Alexa　　　　　　　　　　　　D. Excel 表格中的 Vlookup 函数

2. Alexa 是一家专门发布网站世界排名的网站，是跨境电子商务卖家常用的工具之一。Alexa 中国可以为用户提供哪些查询服务？（　　）

   A. 网站访问量查询　　　　　　　　B. 网站浏览量查询
   C. 排名变化趋势数据查询　　　　　D. Alexa 中文排名官方数据查询

3. 按跨境网络消费途径，跨境支付可分为（　　）。

   A. 第三方支付平台　　　　　　　　B. 网银线上支付
   C. 信用卡在线支付　　　　　　　　D. 移动手机支付

三、判断题

1. 由于互联网大大降低了国外消费者的搜索成本，因此本国跨境电子商务人才不需要了解国外消费者的文化习俗及消费习惯。（　　）

2. 在搜索框中输入想要搜索的关键词，会出现下拉框，里面是消费者经常会习惯性地搜索的关键词，右边还有一些可以进行长尾组合的关键词。（　　）

四、实操题

1. 数据分析题

图 2-26 是一张速卖通数据分析图。

（1）圆圈大代表什么？以图 2-26 中的产品说明。

（2）圆圈的颜色越浅，代表什么？圆圈的颜色越深，代表什么？圆圈为灰色，代表什么？

（3）应如何利用这张数据分析图进行选品？

图 2-26　速卖通数据分析图

2. 计算题

假设一款连衣裙的进货成本为 53 元，连同包装重 0.5 kg，运费为 94 元/kg，速卖通抽取的交易佣金比例为 8%，如果期望的利润率为 40%，请按照任务示范 2 中的公式计算这款连衣裙的实际售价是多少美元。（计算结果精确到整数位，四舍五入）

学习总结

1. _____
2. _____
3. _____
4. _____
5. _____

项目三　尽善尽美磨图片

项目导入

王悦协助运营总监徐辉管理某一品牌的亚马逊店铺和速卖通店铺。王悦已在店铺上传了几十款产品，然而产品上架一段时间之后，王悦发现产品曝光量、点击率等指标不佳，徐辉提醒她关注一下产品的视觉呈现效果。

学习目标

一、知识目标
1. 了解视觉营销的基本概念和作用
2. 熟悉各跨境电子商务平台对图片的要求
3. 了解商业拍摄流程
4. 熟悉单反相机光圈、快门等功能的应用
5. 掌握 Photoshop 编辑图片的基本操作
6. 理解视觉心理在图片选择及呈现中的运用
7. 理解不同文化背景对视觉营销的影响

二、技能目标
1. 能选择合适的产品视觉呈现方案
2. 能使用单反相机进行产品拍摄
3. 能使用商业拍摄辅助布光工具
4. 能结合跨境电子商务视觉营销目的选择合适的产品图片
5. 能利用 Photoshop 等工具完成产品图片的制作优化
6. 能运用构图、配色、图文排版原理设计产品图片

三、思政目标
1. 提升与运营、拍摄等部门的沟通协调合作能力

2. 提升对产品展示的审美理解
3. 提升跨境电子商务视觉呈现创意设计能力
4. 提升团队协作沟通能力
5. 强化版权意识和自主创新能力
6. 渗透社会主义核心价值观

重点呈现

任务一　跨境电子商务视觉营销策划

任务描述

王悦意识到跨境电子商务涉及不同地区的文化风俗，要在理解视觉心理对消费者的影响以后针对不同的产品特性制定合理的视觉呈现方案，这样才能有效地服务店铺运营。如果要做出符合目标市场需求的视觉呈现方案，提升产品的视觉呈现效果，王悦应当先做好哪些基础工作？

任务分析

步骤1　学习跨境电子商务视觉营销概念和作用
步骤2　调研跨境平台视觉用图标准
步骤3　分析产品特点和视觉营销目标，选择合适的产品图片并设计视觉呈现效果

知识储备1　跨境电子商务视觉营销概念和作用

视觉营销（Visual Merchandising, VMD）既是一种属于营销技术的方法，又是一种可视化的视觉体验，是指通过视觉效果达到产品营销或品牌推广的目的。视觉营销起源于20世纪七八十年代的美国，通过直观的视觉广告面向大众进行产品的营销，它的目的是最大限度地加强产品或服务与消费者之间的联系，通过视觉的冲击和审美视觉感观来增加客户的兴趣，最终实现销售，强化品牌影响。视觉营销根据组成可分为店铺空间设计与规划布局、产品展现和陈列形式、产品创意策划三部分。

视觉是人类感知的主要方式，大脑处理视觉内容的速度比处理文字内容的速度快得多。跨境电子商务依托线上，进一步限制了信息获取的渠道，产品和服务信息的传达非常

依赖视觉的呈现。而且跨境电子商务涉及不同地域人们的交流，存在不同的语言障碍，图片、视频等视觉呈现能有效减少这些语言文字信息传递过程中的障碍，因此，视觉呈现对跨境电子商务的在线业务至关重要。跨境电子商务视觉呈现并非艺术表达，必须符合跨境电子商务平台的用图要求，且为店铺的运营销售目标服务，视觉营销设计的主要目标包括以下三个：

（1）提供视觉刺激，吸引买家注意，提高产品曝光量，展现品牌；

（2）传递产品和服务信息，通过视觉设计区分层级，突显产品的核心卖点和品牌形象；

（3）感染买家的情绪情感，促进购买转化和品牌认同。

> 💡 思考
>
> 访问任一跨境电子商务平台进行产品搜索，思考哪些产品图片吸引了你的注意？吸引你点击产品的原因有哪些？

任务示范 1 跨境电子商务视觉呈现主要方式

跨境电子商务视觉呈现主要由店铺设计、产品展示设计和营销推广设计三部分组成。店铺设计包含店招、主页海报、产品分类导航等，如亚马逊平台的店铺页面设计（图3-1）；产品展示设计主要包括产品主图、产品展示图、产品颜色图和产品详情图；营销推广设计主要包括站内活动海报、直通车展示图、店铺平台活动海报和站外营销推广海报设计。本任务重点介绍产品展示图的应用。

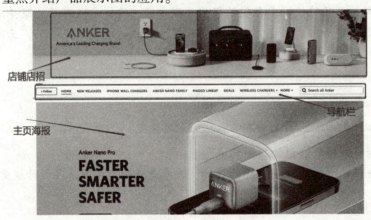

图3-1 亚马逊平台店铺页面设计

一、产品展示图

产品展示图通常包括产品主图和产品辅图。产品主图是最先呈现在买家面前的商品图片，是决定买家是否点击产品进一步了解产品详情的关键因素，卖家应提交清晰、易懂、明确突出的产品主图。产品辅图为产品主图以外的产品展示图片，通常由产品细节、使用场景、工艺品质、产品包装等组成，如图3-2所示。

图 3-2　速卖通产品主图、展示图和辅图

二、产品颜色图

当同一型号的产品存在不同的颜色外观时，部分平台允许买家上传不同的产品颜色展示图，如图 3-3 所示，亚马逊平台在产品页面的标题价格下列出不同颜色的产品图片，买家可以点击查看不同颜色产品的外观效果。

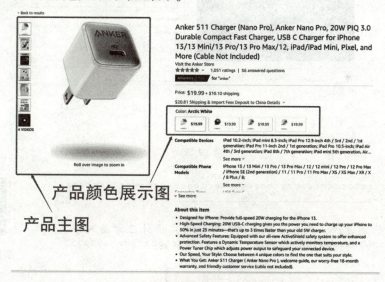

图 3-3　亚马逊产品主图和产品颜色展示图

三、产品详情图

产品详情图是对产品的进一步展示，是买家决定是否购买的关键，要求详细、丰富地展示产品的核心卖点、功能、配件等信息，以便消费者快速了解产品，做出购买决定。产品详情图还可使用文字、场景等形式简洁清晰地向消费者展示产品信息，包括产品细节、与日常实物的对比、使用场景代入、工艺流程品质、产品规格注意事项、产品用户评价、产品相关推荐搭配等，如图 3-4 所示。

图 3-4 亚马逊产品详情图

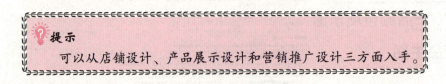

任务实施 1　根据产品特点制定视觉呈现方案

提示

可以从店铺设计、产品展示设计和营销推广设计三方面入手。

亚马逊平台产品详情页面用图要求

知识储备 2　跨境电子商务平台视觉用图标准

一、速卖通平台产品图片要求

速卖通平台对主图和详情图有一定的要求：给主图准备 6 张图片以上，详情图准备 5 张图片以上，图片格式为 JPG 或 JPEG，文件大小在 5 MB 以内，建议单张图片大于 800 像素×800 像素，横向和纵向比例为 1∶1.3~1∶1。

（一）产品主图

速卖通产品主图图片中商品主体应占比大于 70%；背景为白色或纯色，风格统一；产品品牌标识统一放置在图片左上角，不宜过大。其中部分品类对产品主图有特殊要求。

（1）服装类产品主图，如图3-5所示。服装类商品图片的背景最好是白色或者浅色底的，建议准备6张图片，顺序依次为模特或实物正面、背面、侧面、细节和产品实拍图；主图不允许放置任何促销信息、水印、文本等信息；主图尺寸必须为方形且大于800像素×800像素，主图不允许拼图，除产品主体外只能在图片左上角统一放置品牌标识，大小为主图的1/10。如由模特呈现产品，必须居中展示并占主体的70%以上；不允许加边框和中文水印，多色商品主图禁止出现九宫格拼图。注意，童装例外，允许使用2张拼图，左图为模特图，右图为实物图，但拼图数量不允许超过3张。

图3-5　速卖通平台服装类展示图

（2）鞋类产品主图，如图3-6所示。鞋类的图片背景建议采用纯白底或者简单的自然场景，建议不要用深色背景及光线较暗的实拍图片，图片重点展示单只或者一双鞋子（应占据图片60%以上）。品牌标志固定在图片左上角，且不宜过大，鞋子上不能出现水印。图片必须大于等于800像素×800像素，图片长宽比例保持为1∶1。图片数量必须在5张以上，图片上不能出现边框、中文和任何促销信息，不能使用拼接图片，不要在一张图片中展示商品的多种颜色。

图3-6　速卖通平台鞋类展示图

（3）配饰产品的主图必须大于800像素×800像素，尺寸建议为正方形，允许在一张图片中出现多个产品，但不宜过多。不允许出现拼图，产品展示图片不得少于5张，其中第一张建议为商品正面图，第二张为侧面图，如图 3-7 所示。

图 3-7　速卖通平台配饰类展示

（4）速卖通平台 3C 数码配件类产品发布产品时，产品的正面、侧面、背面和电源接头等图片要求清晰可识别，还要求产品基本信息（包含产品品牌信息、认证信息和参数信息）与属性信息一致，如果产品的主图中标识了符合 GS、UL 等非强制性指标，需要提交相关证明文件。如果发布属性 CE 认证勾选"是"的产品，要求在主图或商品详情页中至少上传一张真实的且带有清晰认证标志的产品图片、产品包装或标签图片，如图 3-8 所示。

图 3-8　速卖通平台 3C 数码配件类展示

（二）速卖通平台产品图片常见问题

跨境电子商务平台对产品图片的呈现内容和尺寸有明确要求，对产品的展示效果要求更加真实简约。部分卖家没有注意不同平台对图片的基本要求，盲目追求精修合成的视觉效果，导致上传的产品图片不符规范而影响流量。速卖通平台产品图片常见问题包括以下内容：

（1）产品背景不是白色或纯色。为了能够突出产品，绝大多数跨境电子商务平台的产品主图要求是白色或纯色背景，如上传图片不符合要求将影响产品的搜索量和排名。

（2）产品图片分辨率不够高。速卖通平台规定主图的最长边小于 800 像素的图像将不会启用放大功能，分辨率低的产品图片将不利于买家查看产品的细节。

（3）产品图片中加入了搭配使用的非销售产品，如在背包中插入雨伞或保温杯，会让买家误以为该雨伞或保温杯是和背包一起销售的。

（4）图片失真。为了节省拍摄成本，卖家有时候会使用合成图来展示产品的穿戴效果或使用场景，如果使用不当，会夸大或缩小产品的真实大小，这样的图片容易误导买家，导致买家收货后发生纠纷。

（5）其他问题。过度夸大产品功能也会误导部分买家去尝试，从而带来不必要的纠纷。部分平台明确规定不能使用拼图，但卖家还是在主图中出现拼图，进而影响产品的流量和转化率。

（三）速卖通平台产品图片优化建议

（1）产品图片简洁明了。上传产品前除了要明确速卖通对图片的具体要求，还要尽量保证产品图片干净、清晰、有质感。使用模特摆拍时，动作尽量简约自然，选择合适的背景色让画面呈现更协调或更生动；根据速卖通平台搜索抓取规则，带有边框、文本或合成的图片将不利于搜索引擎抓取。

（2）注意图片格式及大小。在上传产品图片时，在满足平台要求的情况下，要尽可能上传高清版本，还要合理选择图片格式，建议跨境卖家尽量选用 JPEG 格式的图片，因为 JPEG 格式的压缩效果较好，且肉眼看不出与其他格式的画质区别。此外，图片大小要合适，图片过小会影响显示效果，过大又会影响图片的下载时间，一般单张图片要求在 5 MB 以内。

（3）注意图片版权。与境内电子商务平台相比，跨境电子商务平台更加注重对知识产权、版权和肖像权的保护，未经正规授权，绝对不能私自盗用知名品牌或者知名人物图片。同时，卖家还要注意对原始图片信息进行保存，这样可以有效避免日后被其他卖家恶意投诉。

二、亚马逊平台产品图片要求

亚马逊平台要求产品主图图片达到 1 000 像素×1 000 像素及以上才能启动放大功能，图片分辨率为 72dpi。亚马逊平台只接受 JPEG、TIFF 或 GIF 格式的图片，推荐使用 JPEG 格式，并使用 SKU 编号来为其命名。

杜绝侵犯知识产权行为

（一）主品主图

在亚马逊平台，一个产品最多可以上传 9 张产品展示图片，第一张是主图。亚马逊要求主图必须清晰、直接、真实反映产品的情况。

（1）主图图片中所展示的所有商品信息即为最终销售的产品，如售卖手机壳时，不应在图片中出现手机，这样会误导买家认为仅支付手机壳的价格就可以同时得到手机和手机壳，如图 3-9 所示。

图 3-9　产品主图（不能包含产品以外的信息）

（2）主图要求背景必须为白底图（图片背景 RGB 值为 255，255，255），使用一个角度且正面展现所售产品本身，如图 3-10 所示。

图 3-10　产品主图（纯白底正面展示）

（3）产品需要占到主图片版面面积的 85% 以上，图 3-11（a）所示则产品比例过小。

（4）图片不可以带有水印、Logo、文字、商标水印、数码绘制图形等，如图 3-11（b）和图 3-11（c）所示。

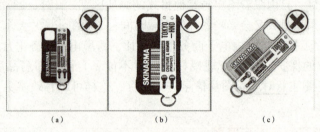

图 3-11　错误产品主图示例
（a）产品比例过小；（b）带水印标识等；（c）线稿或插画

（5）仅服装类可以使用模特，且模特必须是站立姿势，真人模特或隐形的假体模特必须采用站立、中性、没有色情意味的姿势，模特双腿不能分开过大，双臂必须垂于身体两侧，身体各部位接近垂直线，微笑或中性的面部表情，眼睛必须睁开，上下唇轻颌，如图 3-12 所示（特例：2 岁以下的儿童可以躺着或坐着）。

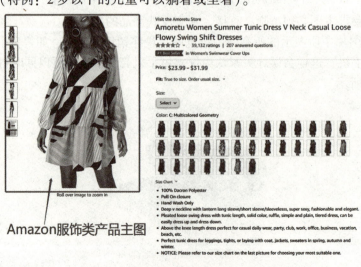

图 3-12　亚马逊服饰类产品主图示例

(6)除服装类外,其他产品均不能使用真人模特,饰品、鞋靴、包、箱包、手表和珠宝首饰类产品应平铺拍摄或单独立着拍摄,图片上不能有任何真人的身体部分,不准使用可见的假体模特、挂衣架或者支架拍摄产品,如图 3-13 所示。

图 3-13 亚马逊配饰类产品主图示例

(7)时尚品类的任何产品都不可以使用可见的假体模特拍摄,最佳选项是使用真人模特(童装除外),其次是使用隐形的假体模特或平铺拍摄。

(8)拍摄鞋靴、手表、珠宝首饰、配饰以及行李箱产品时,不可以使用透明的或不透明的支架,珠宝首饰置于隐形的假体模特上或平铺拍摄,手表单独立着拍摄,鞋靴单独拍摄,如图 3-14 所示。

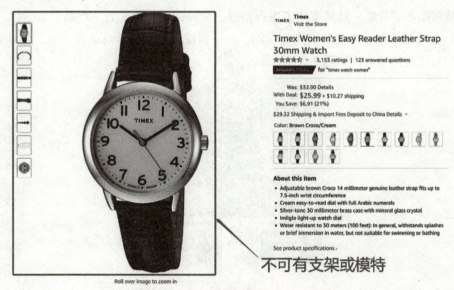

图 3-14 亚马逊配饰类产品主图示例

(9)拍摄服装或服装配饰(如围巾等)时,不可以使用衣架或支架,如图 3-15 所示。

图3-15 亚马逊产品主图不能使用衣架或支架

（二）产品辅图

亚马逊除主图以外可展示8张产品辅图，产品辅图推荐使用白色背景，但不做强制要求。因商品拍摄的角度、色调、光线等问题，场景图应尽量找自然场景去拍摄，不提倡使用合成等方式制作场景图。产品辅图应尽可能展示产品的卖点细节，如产品的应用场景、功能、配件、包装等，也可以使用文字、场景等形式，对应卖点及包装、注意事项做展示，帮助消费者识别产品核心卖点。文字描述要求清晰简短，主题突出，一张图对应一个产品卖点。

任务示范2 产品辅图常见展示内容示例

产品辅图不要只单一地从多角度进行拍摄，建议从以下角度展示产品。

（1）通过细节展示产品的卖点和功能，但不建议无重点展示商品各个面，可以通过细节放大和对比突出细节，如图3-16所示。

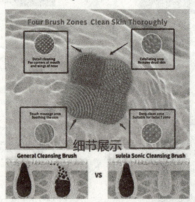

图3-16 产品展示辅图（细节放大图）

（2）对比日常实物来了解产品大小，强化产品卖点。对比时尽可能选择常见物品，注意避免出现品牌Logo，以防止侵权，如图3-17所示。

图 3-17　产品展示辅图（实物对比图）

（3）结合实际使用场景给消费者更强的代入感，场景风格建议一致，可适当进行图片处理以还原场景和产品的真实色彩和效果，如图 3-18 所示。

图 3-18　产品展示辅图（使用场景图）

（4）结合图片和文字，多角度展示卖点。可在产品图片边上运用文字总结重要卖点信息，如产品功能、尺寸、内部工艺、使用方法等，建议结合数字展示，并注意正确使用度量单位，如图 3-19 所示。

图 3-19　产品展示辅图（功能、尺寸、内部工艺）

（5）使用生产工艺流程和内核拆解图体现品质。对于适合技术导向的产品，既能说明使用功能，又可体现产品品质，如图 3-20 所示。

图 3-20　产品展示辅图（工艺技术）

（6）展现产品包装和内含产品可以在消除消费者疑虑的同时，也展现品牌设计和产品质量，如图 3-21 所示。

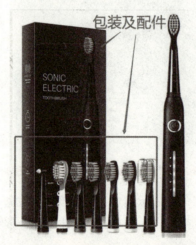

图 3-21　产品展示辅图（包装及配件）

不符合亚马逊平台产品图片要求的图片将被禁止显示。

（1）产品主体占幅少于 85%。长条或竖条商品在放大到最大允许尺寸时，其长度或宽度应占图片区域长度或宽度的 85%。

（2）主图色情。图片不得裸露私密部位，不得有性暗示意味的模特姿势或表情或者儿童模特，模特应是站姿且姿势没有挑逗性。

（3）主图不清晰。主图应清晰，没有打马赛克或者锯齿边缘。

（4）主图包含文字/徽标/图形/水印。主图只能是一张展示产品的照片，不能包含任何亚马逊标志或商标、亚马逊标志或商标的变体，不得展示任何文字、标志、图形或水印。

（5）产品显示不完整。主图应该展示的是完整的产品，没有剪裁掉任何部分。

（6）主图中包含产品以外的物品。尤其在服装、鞋靴、钟表、珠宝首饰和箱包品类中，主图不得展示任何包装、品牌或吊牌。鞋靴、钟表、珠宝首饰和箱包类商品的主图应该没有模特，仅显示平铺商品，不得展示额外的支撑物。

任务实施2 设计一组亚马逊或速卖通平台的产品展示图

> **提示**
> 产品展示图包括产品主图和产品辅图，展现产品核心卖点。

三、eBay平台产品图片要求

高质量的图片不仅会促使产品销量提升，而且能使刊登在搜索结果、个性化eBay主页和移动设备上的效果看起来更好。eBay可为卖家刊登的产品上传至少1张物品照片，最多可上传12张产品照片，在eBay上进行的刊登采样表明，更高质量图片的刊登平均可使销量增加4.5%，越多刊登高质量图片，越能带动浏览量并促进成交，如图3-22所示。

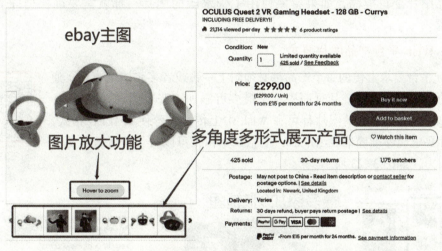

图3-22 eBay产品页

（一）eBay平台图片标准

卖家所刊登的产品图片必须满足eBay图片质量要求，这些要求包括：每个产品至少需要提供一张图片；图片的最长边至少有500像素；图库图片只能用于全新产品，不能用于二手产品；图片不得添加边框、文本或插图；可以使用水印来标明图片所有权和归属权，但不能用于营销。

（二）eBay产品视觉营销技巧

（1）以简洁为美。拍摄背景最好是简单、无多余装饰的白色背景，在干净、简洁的环境中可以全方位地展示产品，这也是确保产品看起来具有专业性的方法。

（2）遵守eBay对图片的要求。eBay图片的最长边至少要达到500像素。

（3）为移动端和缩放功能进行图片优化。eBay移动端的图片最长边至少需要达到1 600像素。

（4）多角度拍照。在 eBay 中，每个商品允许上传 12 张照片，包括前部、背面、侧面等，以便让买家可以从各个角度看到产品的外观。

（5）采用特写呈现细节。eBay 产品图片需要特写，以便更好地展示产品的特殊功能或质地。虽然买家可以放大产品图片（假设卖家已启用缩放功能，照片为高分辨率），但他们可能不完全知道如何进行图片放大。卖家可以通过以下几种特写类型引导他们：带有价值信息的价格标签、不寻常的特征、可爱的按钮细节、许多刺绣或者很酷的设计。这些展示都会彰显卖家产品的不同。

（6）拍摄产品的不同展示方式。将产品的最佳使用场景，通过不同方式，如服装平铺、折叠、模特穿着等多种方式展示，并以最佳角度作为主图展示给买家。

（7）减少过度修饰，不使用夸张的文字说明来强调卖点等，以免破坏产品图片的真实性，造成售后纠纷。

（8）慎重使用水印。当多个 eBay 卖家售卖相同的产品时，产品图片上有可能有水印标记，这是减少对其他卖家盗用图片的一种技巧。然而，与文字一样，水印同样会使产品图片变得模糊，如果卖家使用了带水印的图片，那就需要确保遵守 eBay 的相关要求。

四、Wish 平台产品图片要求

Wish 平台要求上传的每个产品都必须附上一张或者多张清晰直观、便于理解的产品图片，在产品页面中卖家最多可添加 1 张主图和 8 张辅图，JPEG、TIFF、GIF 格式的图片都可在 Wish 中上传，推荐使用 JPEG 格式。产品图片要求能够准确地展示产品，信息量丰富，可以对消费者产生足够大的吸引力，如图 3-23 所示。

eBay 平台用图规则

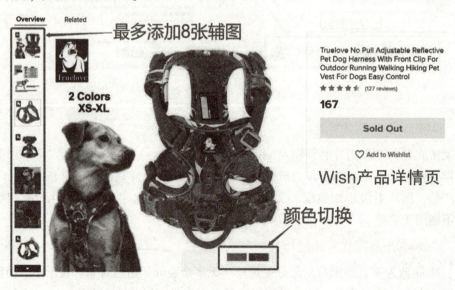

图 3-23　Wish 产品详情页

Wish 产品图片要求包括以下内容：

（一）产品主图

（1）主图的背景必须是纯白色（Wish 搜索和产品详情界面也是纯白的，纯白的 RGB 值是 255，255，255）。

（2）主图不能是绘图或者插图，而且不能包含实际不在订单内的配件、道具；主图不能带 Logo 和水印（产品本身的 Logo 是允许的）。

（3）主图中的产品最好占据图片大约 85%的空间，产品必须在图片中清晰可见。

（4）如果有模特，不能是坐姿的，最好站立。模特必须使用真人，不能使用模型模特，不能包含色情信息。

（二）产品辅图

Wish 平台的产品展示辅图应该对产品做不同侧面的展示及使用的展示，或对在主图中没凸显的产品特性做补充，在产品页面中，卖家最多可以添加 8 张辅图；辅图最好也是和主图一样是纯白色的背景，但不做强制要求。辅图不能带 Logo 和水印（产品本身的 Logo 是允许的）；产品必须在图片中清晰可见，与主图要求一样，如果有模特，模特不能是坐姿，最好站立。图片长度或者宽度中的任意一项大于 1 000 像素时，该图片就可以有 Zoom function（图片放大功能）。Zoom function 被 Wish 证实过对提高产品销量有一定的帮助。注意，图片的最短边如果小于 500 像素，上传时会被 Wish 系统直接拒绝。

（三）Wish 平台的图片视觉营销建议

Wish 平台图片最基本的要求是要能在手机上用最佳的比例来展示。Wish 平台主要为移动端服务，Wish 中 95%以上的交易都来自移动端，所以图片在手机端展示的效果在很大程度上决定了卖家的流量。卖家在上传产品图片时，一定要考虑到出发点是什么、目的是什么。针对不同品类的产品，图片所倾向的重点也有差异，如家居产品要突出搭配家居环境的整体效果，美妆产品要突出使用效果，配饰应尽量佩戴展示，3C 展品则展示应用功能等。

Wish 中的图片上传上限为 50 次，这是卖家可以对一款产品进行图片操作的上限次数。例如，对于某款产品，卖家第一次上传了 5 张图片，但是由于对其中的一张不太满意，随后又上传了 2 张图片，这时卖家对图片的操作就是 7 次，依次累计。

任务实施 3 请对 eBay 和 Wish 平台的视觉用图标准进行调研总结

> 💡**提示**
> 注意不同平台的图片数量、图片格式和图片内容的设计要求。

五、Lazada 平台产品图片要求

Lazada 对产品主图的尺寸要求包括：800 像素×800 像素以上、500KB 以内，允许以 JPG 或 GIF 格式上传，图片为无边框的正方形，如图 3-24 所示。

图 3-24 Lazada 产品展示图

当最长边超过 800 像素时将开启放大镜功能。Lazada 要求产品主图背景色单一、画面清晰、品牌突出、主体产品突出以及体现差异化。Lazada 的产品详情页即"Product Description"（产品描述），用于介绍产品特性、展示产品图片，极大地影响产品转化率。详情页图片要求注意高度（考虑在移动端的加载速度和展现比例）；图片分辨率不得低于 72 dpi；需清晰展示产品及细节，轮廓流畅；不可上传模糊、有噪点或者像素化的图片。

知识储备 3 跨境电子商务平台视觉设计

一、视觉心理在视觉营销中的运用

跨境电子商务视觉呈现并非艺术表达，必须符合平台的用图要求，且为店铺的运营销售目标服务。在跨境电子商务运营中，几乎每个店铺都关注店铺的曝光量、单击量、转化率和客单价。不同的产品图片承载着不同的运营任务，如产品主图和推广图（直通车展示图片等）决定了第一眼有没有引起消费者的兴趣，影响产品点击量；产品辅图、详情页图片进一步展示了产品卖点，如不能有效地将消费者感兴趣的卖点信息及时传递出来，就容易导致跳出，丢失订单，影响转化率；而清晰一致的文字、图片、色彩风格有利于用户养成品牌记忆，如 Tiffany 蓝、Burberry 格纹的重复出现，能够帮助用户更快地识别并记住该店铺品牌，有利于形成品牌偏好和复购习惯。

> **思考**
> 你认识哪些在海外热销的中国品牌？举例介绍其中一个品牌的形象中是否有特定的品牌颜色、图案或标语？

我们可以将跨境电子商务视觉营销设计的技巧概括为以下三点。

（1）提供视觉刺激，吸引买家注意，提高产品曝光量和增强品牌展现力。结合视觉心理，运用合理的构图将产品放在视觉最易信息的焦点上，利用明暗、色彩、大小等图文排版的对比技巧突出重点，可以吸引消费者将视线集中到卖家最希望其关注的内容上，从而触发更多的点击，如图 3-25 所示。

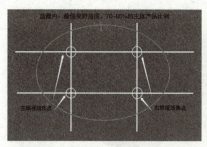 

图 3-25　九宫格构图——最佳产品摆放点

（2）有效传递产品、服务和品牌信息。通过图文排版中的靠拢、对比等技巧将产品的卖点信息进行层级区分，有目的地引导消费者按优先顺序注意到核心卖点一、核心卖点二、其他卖点信息等，将最重要的卖点信息优先呈现给消费者。通过图文排版中靠拢、统一、重复等方式清除不必要的视觉干扰，减少视觉认知负担，让消费者能够更轻松地读取产品信息。图文排版技巧如图 3-26~图 3-28 所示。

图 3-26　图文排版技巧——色彩、大小对比

图 3-27　图文排版技巧——靠拢

图 3-28　图文排版技巧——重复

（3）感染买家情绪，促进购买转化和品牌认同。设计体验性强的产品或服务使用情境，利用构图和色彩传递产品特质和品牌调性，详见下文"色彩运用和配色设计"相关内容。

二、色彩运用和配色设计

（一）色彩组成和运用

跨境电子商务平台使用的图片以 RGB 颜色模式为主，RGB 代表的是颜色中的三原色——红色、黄色、蓝色，因为它们是所有颜色的源头，因此被称为三原色。如果将红色和黄色、黄色和蓝色、蓝色和红色分别均匀混合，就会创建三种间色：橙色、绿色和紫色。继续混合间色，就会逐渐形成色彩运用中的最重要的工具——色环，如图 3-29 所示。色环中每一个颜色代表一种色相（色彩的相位），色环中某个颜色左右邻近的颜色被称为邻近色，位于该颜色对面的颜色被称为互补色，邻近色和互补色的运用是配色实践的基础。

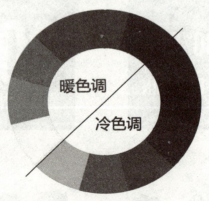

图 3-29　色环

除色相外，另两个决定色彩的因素分别为饱和度和明暗度。

饱和度又称为纯度，是指色彩的纯净度，即一种色彩中包含的颜色数量越少则纯净度越高，在设计上通常表现为图像的鲜亮程度；纯度高的色彩能够对视觉形成更强的刺激，容易吸引人注意，因此网络广告的配色通常鲜明，色彩饱和度高，如图 3-30 所示。但较高的饱和度也易引起视觉兴奋和疲劳，当产品想要传递的是亲和、温馨、清新、舒适等调性时，应选择使用饱和度较低的色彩，如图 3-31 所示。

图3-30 高饱和度儿童玩具广告

图3-31 低饱和度家居广告

明暗度就是色彩的明暗程度。色调相同的颜色，明暗可能不同，如绛红色和粉红色都含有红色，但前者显暗，后者显亮。根据进化心理机制（人类的许多倾向和偏好是自然选择的结果），明亮的色彩更接近春夏和白天，较暗的颜色与秋冬、成熟和夜晚等联系更紧密，因此，很多设计作品中常常利用明暗来表达年龄感和成熟度，明亮的色彩通常用于面向儿童、青少年、潮流时尚人群的产品；较暗的色调会带来成熟、稳重和优雅感，被很多奢侈品牌所青睐。

色彩对人们的生理和心理影响很大，它可以产生不同的感觉，可以引发情绪、产生联想，如冷暖感、胀缩感、进退感、软硬感、轻重感、兴奋感、沉静感等。

以颜色的色调为例，不同的色调会唤起不同的生理刺激。通常暖色会让人联想起太阳、火焰、成熟的果实等，容易调动生理兴奋和情感的刺激或喜悦。当产品想要挑起消费者的兴奋、冲动时，通常会选择饱和度较高的暖色调，网店购物车、促销广告等也采用红、黄色来吸引买家的注意，如图3-32所示。而冷色调通常会让人联想起大海、夜晚、水等事物，给人以平静、内敛、沉稳、专业的感觉。因此，像科技类、医学类等偏重令人平静、理性的产品，更偏好将广告设计成冷色调，如图3-33所示。

图3-32 暖色调的广告

图3-33 冷色调的科技产品广告

不同的文化习俗决定了颜色在不同的国家和地区存在不同的情感联想。比如在中国，提到过年就会联想红纸、红包等红色物象，红色带着喜庆团圆的联想；想到端午节就会联想到绿色；提到中秋就会想到月亮、月饼、桂花等金色物象，带来团圆和乐的气氛等，如图3-34所示。跨境电子商务涉及全球200余个国家地区的贸易交流，因此卖家必须对不同国家地区的风俗文化有一定的了解,才能较好地做出颜色的选择和搭配。

图3-34　品牌传统节气广告

> **思考**
> 通常你是如何确定店铺或产品展示的色彩搭配的?

(二) 配色技巧

合理使用配色方法和配色工具可以帮助非设计专业的同学简单有效地将色彩运用到商业设计中。配色的步骤是先选定想要突显或代表设计传达情感的主色,再针对主色进行色彩的搭配,即选择合适的配色方案。

1. 主色的选择

主色并不是指在画面中占大多数面积的颜色,而是承载了核心卖点信息或品牌情感表达的颜色。设计中最常用的方式是根据产品的颜色选择主色。作为商业图片,最想传递核心视觉信息,用吸管工具吸取产品上的颜色作为搭配的背景或文字颜色会形成和谐统一的同一色配色,如图3-35所示;吸管工具吸取产品上的颜色,并在色环对面找到相应的互补色作为背景或文字颜色会形成对比强烈、产品突出的互补色配色,如图3-36所示。

图3-35　卫衣颜色为主色的同一色配色方案　　图3-36　互补色配色方案

2. 常见配色方案

（1）同一色配色方案。同一色配色即只在色环上选择一个颜色，通过调节颜色的饱和度和明暗度来形成色彩变化。同一色运用简单，是电子商务产品图展示的常见配色方法之一，配色效果和谐简洁，但也存在无趣、较难吸引消费者注意力的问题，如图3-37所示。

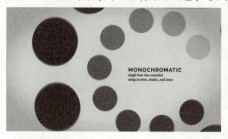 

图3-37　同一色配色示例

（2）邻近色配色方案。色环上任意三个相邻的颜色称为邻近色，也叫类似色。邻近色可以在同一个色调中制造丰富的质感和层次，但是在选择的时候要注意调整比例，从中选择一个主要颜色，如图3-38所示。

图3-38　邻近色配色示例

（3）互补色配色方案。色环上相对的两种颜色称为互补色。将互补色放在一起，便可以形成对比效果，比如蓝色和橙色、红色和绿色、黄色和紫色等。互补色有非常强烈的对比度，在颜色饱和度很高的情况下，可以营造很多十分震撼的视觉效果。很多广告和招贴为了吸引眼球经常会使用互补色，能够起到强调提示作用，效果极佳。要大块使用互补色时最好改变其中一个颜色的明度或纯度，让画面更柔和、协调，如图3-39所示。

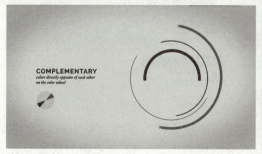 

图3-39　互补色配色示例

（4）分散互补色配色方案。三种颜色中的两种互相类似，另一种与它们形成对比，这就是分散互补色搭配，又称为三角配色。分散互补色的搭配能满足多种不同颜色产品呈现在同一画面中时和谐一致而又有所强调的要求，是在商业设计中应用得最为广泛的一种配色方案，如图3-40所示。

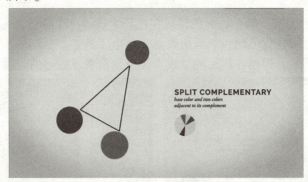

图3-40　分散互补配色示例

配色手册及色彩搭配指南　　　亚马逊产品示例图素材　　　鼠标素材及效果示例

任务示范2　商业海报的设计

商业海报是指宣传产品或商业服务的海报。商业海报的设计必须有很强的号召力和感染力，能够引起消费者的注意，从而达到宣传产品或服务的目的，如图3-41所示。

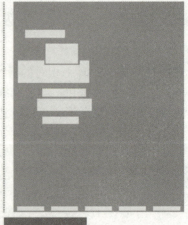

图3-41　时装主题海报

设计理念：图3-41是一个关于时装主题的海报设计，模特为整个画面的视觉中心，主要是为了突出时尚服饰的主题。海报本身的内容不多，但是人物的形象足以打动消费者。

色彩创意：作品采用高明度的配色方案，整体色彩简洁、舒适。单色调的配色主要是为了迎合模特身上的着装，这样的搭配使画面颜色更加协调。

任务实施 4 选择一种配色技巧并为主题产品的商业海报制定配色方案

> **提示**
> 常见的配色方案包括同一色配色、邻近色配色、互补色配色和分散互补配色。

任务总结

本任务要求学生在调研跨境电子商务平台视觉用图标准、理解视觉心理对消费者的影响后，能制定针对不同产品的特点性能和符合市场需求的视觉呈现方案，从而提升产品的视觉呈现效果，有效地服务店铺运营。

任务二　跨境店铺图片拍摄

任务描述

王悦理解了视觉呈现对跨境电子商务运营的重要性，也意识到了只有拍摄高质量的产品才能符合相关要求，才能更好地展现中国品牌的创造能力。她决定与美工设计部门共同对店铺下一季度计划主推的产品进行视觉营销策划，组织拍摄，从而更好地呈现产品、展示产品的卖点信息。王悦当前需要做好哪些准备工作？

任务分析

步骤 1　结合产品特点制定产品的拍摄目标和拍摄计划
步骤 2　使用补光、展示工具，搭建产品拍摄环境
步骤 3　正确使用单反相机对应挡位参数，完成产品的拍摄

知识储备 1 跨境电子商务产品拍摄计划

电子商务销售基于线上平台，依托图片、文字信息来呈现产品的特性，跨境电子商务受时差、文化和语言的限制，依赖产品图片、视频等视觉形式的呈现。

跨境电子商务要求产品拍摄的图片必须准确展示产品，且仅显示待售产品，尽量少使用或不使用支撑物。产品拍摄应尽可能呈现立体丰富的产品外观，展现产品的各部分细节，尤其是核心卖点。要求拍摄图片对焦准确、曝光合理、色彩真实。拍摄产品忌亮处过曝、暗处过暗导致与背景融合造成产品展示失真及设计修图时的后期制作困难。拍摄的照片像素最短边长度应不低于 1 000 像素，分辨率不得低于 300 像素，越清晰越好。拍摄内容通常包括完整的产品实物照片（包括正面、反面、侧面）、产品的细节图（想突出的产品优势、功能性或品质感等）以及场景图（展现产品的应用场景等）。

> **思考**
> 以女包为例，你认为哪些产品细节会是消费者关注的重点？

拍摄图片的效果直接关系到产品呈现质感，影响后期图片处理难易程度，以及能否良好呈现店铺运营活动的目标。结合产品特点和卖点信息，在拍摄前制定产品拍摄计划可以有效地提高拍摄效率，保证后续的视觉营销工作顺利展开，见表3-1。

表3-1 新款女包产品图片拍摄规划表

产品名称	菱格链条羊皮单肩斜挎女包（黑白两色）	交稿时间		拍摄时间	
卖点整理细节特写要求	产品正面图（允许模特图）、产品背面图（或侧面图）、设计细节图1、设计细节图2、内袋细节图 细节展示包括但不限于以下内容： 款式细节，设计特别的要素，如袋口、包扣、拉链、褶皱等； 做工细节，走线、铆钉、里料等； 材质细节，微距拍摄面料、颜色、面料纹路等； 配件细节，拉链、包扣等				
拍摄部位	拍摄要点		构图		张数
整体大图	正面、背面、侧面		静物台、水平拍摄		3
多角度图片	360°旋转拍摄8张、顶部、底部		静物台、水平拍摄		10
功能信息	手提、单肩短、单肩长		静物台、水平拍摄		3
参数信息	长、宽、高、背景长度（用软尺量拍）		静物台、水平拍摄		5
款式颜色	黑、白单独拍，黑白合拍		静物台、水平拍摄		3
细节特写	五金、链条、拉链、内袋、皮质、菱格、缝线		静物台、水平拍摄		7
卖点信息	超柔软羊皮、可以单双使用的链条背带、无毒电镀		静物台、水平拍摄		4
模特图	手提效果、单肩效果		街拍、咖啡馆、宴会厅		5
实力资质	鉴定证书、品牌吊牌、防伪码、生产车间、专卖店等		静物台、水平拍摄		5
包装效果	精美外包装、邮寄纸箱包装		静物台、水平拍摄		2

任务示范 1 商业拍摄的流程

明确拍摄计划后，遵循科学的拍摄流程便可以提高拍摄效率，一个完整的商业拍摄过程通常包括以下几个步骤：

(1) 明确拍摄产品和主题，设置适合产品卖点的拍摄风格。

(2) 选景构图。设计产品在画面中的大小比例和位置结构，按照构图原理合理摆放产

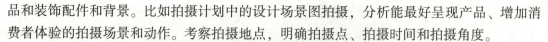

品和装饰配件和背景。比如拍摄计划中的设计场景图拍摄，分析能最好呈现产品、增加消费者体验的拍摄场景和动作。考察拍摄地点，明确拍摄点、拍摄时间和拍摄角度。

（3）选择合适的光线类型和拍摄角度。根据产品特性选择合适的光源类型和光线强度、角度（顺光、逆光、侧光等），根据视觉心理选择合适的拍摄角度（俯拍、仰拍、平拍、微距等）。

（4）搭建相机和拍摄辅助工具，如三脚架、稳定器等，调整单反相机参数设置，完成商品拍摄，要求图片商品主体突出，图像对焦准确清晰、曝光明暗合适、色彩真实还原。

（5）预览读取照片，与运营人员沟通对图片的需求，对拍摄效果不佳或遗漏的拍摄任务进行补拍和备选拍摄。

任务实施 1 结合产品特点制订产品拍摄目标和拍摄计划

> 提示
> 主要从场景、光线、拍摄角度方面对拍摄任务进行设计。

知识储备 2 产品的展示及布光设计

产品拍摄与其他摄影题材的拍摄在光线的使用方面有一定的区别。产品拍摄的对象多数是能够放在静物台上的物品，对质感表现、画面构图安排，较其他题材的拍摄要求更高。而且在产品拍摄中，灯光使用率较高、自然光使用率较低，因此，在画面布局和灯光处理方面比较复杂。

一、产品拍摄的光线的选择使用

（一）室内自然光

室内自然光是由户外自然光通过门窗等射入室内的光线，室内自然光可以较真实地展示商品的应用场景，如图3-42所示。但自然光存在一定的光线方向，不易控制光亮程度，极易造成物体受光部分与阴暗部分的明暗对比，不利于展现物品的质感和色彩，运用光线的自由程度比较受限。为此，在场景拍摄中，应要求拍摄人员提前选定拍摄时间和拍摄角度，创造合理的光线条件，如拍摄服饰适合在8：00—10：00进行，以正侧面光的形式对模特进行拍摄，此时的光线强度适中，光线角度带来的投影可增强模特展现的立体感和动感，光线不会出现傍晚时偏黄的色温效果，有利于图片后期制作。也可以合理地利用反光板，使拍摄对象的暗处局部受光，以此来缩小产品的明暗差别。利用室内自然光拍摄产品照片时，如果用光准确、拍摄角度合适，不但能使产品的纹路清晰、层次分明，还能达到拍摄对象受光亮度均匀、画面逼真的效果。

图 3-42 自然光拍摄产品

（二）人工光源及辅助设备

1. 常见摄影棚展架

商业摄影对影像的再现效果有着极为严格的要求，因此，大多数产品需要在摄影棚内拍摄，如将产品放置在光面或哑光质地的白色背景展台上进行精雕细镂的布光和拍摄，如图 3-43 所示。

图 3-43 拍摄棚与白色背景展台

由于大量中小卖家没有足够的资金和场地设置专业的拍摄棚，市场上便有商家开发设计了全面受光的便携拍摄棚，也叫柔光摄影箱，提供白色、黑色等背景底，上侧设置 LED 光源，内层全置反光布让产品全方位受光，清晰完整地展示产品全貌和细节，如图 3-44 所示。

图 3-44 小柔光摄影箱

2. 常见摄影棚布光设备

用于摄影棚内照明的光源有钨丝灯和电子闪光灯两种。电子闪光灯由于具有发光强度大、色温稳定、发热少和电耗小等优点，因此在广告摄影中应用广泛，其中比较常用的有伞灯（图3-45）、柔光灯和聚光灯。

（1）伞灯。将不同质地、规格的反光伞装在泛光灯上就成为伞灯。伞灯的特点是发光面积大。发出的光柔和，反差弱，适用于产品较大或有模特展示的拍摄情况，也可用于直播场景的布光。

图3-45　伞灯

（2）柔光灯。在各种闪光灯灯头上加上柔光罩就成为柔光灯。柔光灯所发出的光是由闪光灯发出与光罩的反射光混合后，再经柔光罩透射扩散而成的。柔光灯的特点是能提供平均而充足的照明，发出的光柔和，反差清晰，投影能力也强于伞灯，富有良好的层次表现力，适用于大多数物品和人像的拍摄布光，如图3-46所示。

（3）聚光灯。

聚光灯通常在光源后面装有镜面球形反光器，光源投射的光被反光器反射后经前部的聚光镜聚集而发射出平行的光束。聚光灯的特点是发射平行或接近平行的光束，光损很小，光的亮度高，方向性强，光性硬，反差高，适用于强调质感、突出高光、形成强烈戏剧张力的广告人像和产品，如图3-47所示。

图3-46　柔光灯　　　　　　图3-47　聚光灯

任务示范 2 光线的选择及布光技巧

在商业拍摄中，当搭建好拍摄场景后，下一步就是选择合适的拍摄光线角度。常见的光线类型包括顺光、逆光、侧光、环境光和复合光源。

（一）顺光

顺光是指光线从正面照射在物品或人物上，顺光拍摄时拍摄者和光源位于同侧。顺光能最大限度地消除阴影，呈现丰富的色彩，让产品的各个细节展示在图片上。但因为缺乏阴影，顺光拍摄容易导致拍摄的物品显得扁平，缺乏立体感。顺光通常可用于拍摄产品的细节等，如图3-48所示。

图3-48　顺光拍摄产品

（二）逆光

逆光是指光线从物体或人像的背后发出，逆光拍摄时，拍摄者和光源位于相对的位置。逆光拍摄能呈现强烈的轮廓边缘，增加物品质感，但因拍摄一面没有光照，容易导致拍摄物品曝光不足，画面暗沉，应结合柔光灯或反光板增加背光面的光线。逆光通常用于拍摄突出轮廓或格调的产品，如图3-49所示。

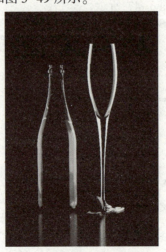

图3-49　逆光拍摄产品

（三）侧光

侧光是指光线从侧面照射在物品或人物上，侧光拍摄时将光源设置在拍摄者的侧面。侧光拍摄能最大限度地营造投影效果，利用光影塑造物品或人像的立体感，是最常见的场景展示图拍摄使用的光线，能更好地呈现如皮革、毛绒等材质的纹理和质感，如图3-50所示。

图3-50 侧光拍摄产品

（四）环境光

环境光指并没有某一突出的主要光源，而让拍摄对象置于总体光线亮度合适的环境中，可以让物品从各个角度较为均匀地接收光线，从而有利于呈现出所拍物品的总体效果，如图3-51所示。

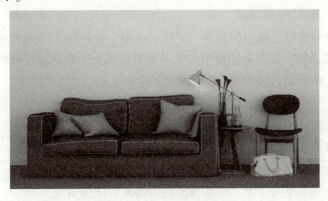

图3-51 环境光拍摄产品

（五）复合光源

单一光源往往不能满足商业中想要呈现的产品质感，摄影过程中通常会结合使用侧光、顺光等光线方式来塑造拥有高光、阴影、反光、哑光等多重质感的产品拍摄效果，即使用复合光源，如图3-52所示。

图3-52 复合光源（侧逆光突显产品立体感）

任务实施2 根据不同光线的特点和作用为选定的产品完成布光设计

> **提示**
> 强烈的光影对比更易突显产品立体质感和特殊材质，柔和明亮的光影更易展示产品细节，提供友好的视觉环境，应注意的是，强烈反光表面拍摄时必须配合使用恰当的柔光工具。

知识储备3 单反操作和商品拍摄

一、数码单反相机构成部件

数码单反相机的常见品牌包括佳能、尼康、索尼、宾得等，其中佳能和尼康占据单反相机70%以上市场份额，是商业拍摄中最常见的单反类型。数码单反相机的主要构成部件包括快门、光圈、取景器、镜头等，如图3-53所示。

（一）快门

快门是用来控制数码单反相机曝光时间长短的部件。它一般与光圈配合使用，控制进入相机内部到达感光元件的光量。数码单反相机大多采用幕帘式的快门，由前后两帘组成。通过设置快门的速度，可以控制曝光时间，快门速度一般为30～1/8 000 s。快门决定拍摄画面的定格速度和进光亮度，影响画面的清晰度和明暗效果。

（二）光圈

光圈是相机镜头中比较重要的装置之一，由多片很薄的金属叶片组成。光圈的主要作用是改变光学镜头的有效孔径，控制光线通过镜头的数量，从而使感光元件得到准确曝光。光圈决定了拍摄画面的景深和进光量，影响画面清晰度和明暗效果。

（三）取景器

取景器是用来观察拍摄景物的装置。在拍摄时，可以通过取景器观察到要拍摄的景物，从而选择所要拍摄的景物范围并进行构图。取景器的视角与相机镜头的视角是一致的。

（四）镜头

镜头是数码单反相机的重要组成部分，其内部由许多组透镜构成，通常分为两种：定焦镜头和变焦镜头。定焦镜头的焦距长度是固定的，其光学结构比较简单。定焦镜头的优点在于对焦速度快，成像质量稳定，相对孔径比较大，体积小、重量轻、方便抓拍；其缺点也比较明显，即无法拉近或者推远取景，构图具有一定的局限性。变焦镜头具有光学变焦能力，能够在一定范围内进行调节。变焦镜头的优点是能给构图带来方便，不必频繁地更换镜头；其缺点是重量大、身筒长，导致手持稳定性差，容易使画面模糊。另外，变焦镜头的结构复杂、镜片多，导致杂光严重，需要借助遮光罩来阻隔杂光。

图 3-53 单反相机主要构成

二、数码单反相机参数设置

（一）焦距

焦距也称为焦长，是光学系统中衡量光的聚集或发散的度量方式，指从透镜中心到光聚集之焦点的距离，也是照相机中从镜片光学中心到底片、CCD 或 CMOS 等成像平面的距离。镜头的焦距决定了该镜头拍摄的物体在成像平面上所形成影像的大小。假设以相同的距离面对同一被摄体进行拍摄，那么镜头的焦距越长，则被摄体在胶片或影像传感器上所形成的影像的放大倍率就越大，如图 3-54 所示。

图 3-54 不同焦距（f）的拍摄效果

（二）光圈

光圈是用来控制光线透过镜头进入机身内感光面光量的装置，通过镜头内多边形或者圆形的扇叶控制镜头的通光量。光圈大小用 F 数表示，记作 F/。F 数又称为光圈数。完整的光圈值系列如下：F/1.0，F/1.4，F/2.0，F/2.8，F/4.0，F/5.6，F/8.0，F/11，F/16，F/22，F/32，F/44，F/64。F 值越小，光圈越大，景深越浅，背景虚化效果就越明显，如图 3-55 所示。

图 3-55　不同光圈数的拍摄效果

（三）快门

快门是照相机用来控制感光片有效曝光时间的机构，快门速度单位是"秒"（s）。专业 135 相机的最高快门速度达到 1/16 000 s。常见的快门速度有 1、1/2、1/4、1/8、1/15、1/30、1/60、1/125、1/250、1/500、1/1 000、1/2 000 等。快门速度越高，画面定格速度越快，曝光量越少，画面也就越暗，如图 3-56 所示。

图 3-56　不同快门的拍摄效果
(a) 慢；(b) 快

任务示范 2 数码单反相机操作流程

数码单反相机的拍摄遵循一定的拍摄流程,熟悉拍摄步骤可以有效减少失误、提高拍摄效率,进行拍摄时通常经过以下步骤:

(1)在检查相机的电池和存储卡是否安装就位的同时,也要检测电池电量和存储卡容量是否充足,如图 3-57 所示。

图 3-57 检查相机的电池和存储卡

(2)取下镜头,调节取景器视图效果,选择合适的拍摄挡位,以佳能相机为例,常见的商业静物拍摄挡位为程序自动挡(P 挡)和光圈优先挡(AV 挡),另有创意自动挡(CA 挡)、纯手动挡(M 挡)、速度优先挡(TV 挡)、长时间曝光挡(B 挡),以及全自动模式,如图 3-58 所示。

图 3-58 设置拍摄挡位

(3)根据拍摄需要打开自动对焦(AF)或设置手动对焦(MF),转动拨盘或单击屏幕设置核心参数,如光圈的 F 值、快门的秒数,如图 3-59 所示。

图 3-59 设置参数值

(4)调整焦距和光圈,将物品置于画面构图设计位置和大小,半按快门完成自动对焦或手动对焦,使拍摄物品清晰地呈现在画面中,如图 3-60 所示。

图3-60　半按快门完成自动对焦

（5）如画面过亮或过暗，则调节测光方式，并通过光圈、快门、ISO、曝光补偿等，令画面明暗适中，曝光合理。

（6）画面色调过黄或过蓝时，调节白平衡（WB），调整画面色调。

（7）按下快门，完成拍摄，单击"图像预览"按钮观察拍摄的图片是否符合需求。

> **思考**
>
> 拍摄居家的布艺沙发适合用哪种布光方式？当单反相机拍摄出的产品画面模糊，对焦不清晰时，可以尝试调整哪些参数？

任务实施3 正确使用单反相机对应挡位参数，自选产品，完成商品拍摄

> **提示**
>
> 应该选择合适的拍摄挡位，并正确使用合理的焦距、光圈值和快门速度。

任务总结

本任务要求学生通过学习产品的拍摄计划的制订、搭建产品拍摄场景、明确拍摄流程和商业拍摄配件道具、设置单反相机拍摄参数，能熟练运用单反相机拍摄和制作符合版权要求的高质量图片，更好地展现中国产品和品牌形象。

任务三　图片制作优化

任务描述

王悦和美工设计部门共同完成了对店铺下一季度计划主推产品的视觉营销策划，并组织拍摄了一组产品高清图片以更好地呈现商品、展示商品的卖点信息。运营总监徐辉建议她根据运营方案设计与美工部门沟通运营意图，指导美工人员完成产品相关图片的制作，为最终的产品上传和营销活动的展开做好准备。请问王悦在此阶段的工作任务主要包括哪些？

📖 任务分析

步骤1 掌握 Photoshop 图片处理软件的基本操作

步骤2 编辑大小合适的产品图片,完成产品瑕疵修饰、背景替换等工作

步骤3 根据运营需求调整产品的构图,完成营销图文的设计和制作

知识储备1 数字图片基础知识简介

一、像素与分辨率

(1)像素是组成图像的最基本单元,它是一个个小矩形颜色块。一个图像通常由很多像素组成,这些像素被排列成横行或纵列。每个像素都有不同的颜色值,图像单位长度的像素数越大,品质就越好,图像就越清晰。

(2)分辨率是度量位图图像内数据量多少的一个参数,通常表示成每英寸像素和每英寸点。图像包含的数据越多,图形文件就越大,也能表现更丰富的细节。所以在创建图片期间,我们必须根据图像最终的用途决定正确的分辨率,通常,印刷类图片分辨率值为300,跨境电子商务常用的网络用图分辨率值为72。

二、位图与矢量图

(1)位图图像是 Photoshop 中常用的图像格式。位图图像由颜色不同的一个个像素组成,因此又称为像素图或点阵图。位图的特点是可以表现色彩的变化和颜色的细微过渡,产生逼真的图像效果,但这类图像容量较大,需占用较大的内存空间,是产品图片处理中最常使用的图像类型。

(2)矢量图是由经过精确定义的直线和曲线组成的,这些直线和曲线称为向量,因此矢量又称为向量图。每一个矢量图都是独立的个体,它们都有各自的色彩、形状、位置坐标等属性。矢量编辑软件可以任意改变每个对象的属性,而不会影响其他对象,也不会降低图形的品质。这类图形的优点是创建的文件小、需要占用的内存小,但只能制作简单的图形,如 Logo 等。

知识储备2 Photoshop 图像处理软件基础

一、图层

图层就像是含有文字或图形等元素的胶片,一张张按顺序叠放在一起,组合起来形成页面的最终效果。在操作界面创建的文件就像画板,而图层就是叠加在画板上的画纸,空白的图层就像一张透明的玻璃纸,透过上面的玻璃纸可以看见下面的内容,层层叠加的图层可以将多个图像合成在一个画面里,实现丰富的创意设计。

二、文件保存格式

按照需求对文件格式有选择性地保存,可以方便自己和他人后期的操作和使用。常见的文件格式有5种,分别是 PSD、BMP、PDF、JPEG、GIF。其中,最重要的格式是 PSD、JPEG、GIF,而 JPG 和 GIF 同样也可以被大多数跨境电子商务平台接受。

(一)PSD 格式

PSD(Photoshop Document)格式是 Photoshop 的固有格式,相比其他格式,这种格式

能够更好地保存层、通道、路径、蒙版，而且压缩文件时不会使数据丢失。但是，只有一小部分应用程序能够支持这种格式。

（二）JPEG 格式

JPEG 格式是一种最有效的有损压缩格式，被大多数的图形处理软件支持。JPEG 格式的图像还普遍用于网页的制作。如果对图像质量要求不高，且要求存储大量图片，使用 JPEG 格式无疑是一种好方法。

（三）GIF 格式

GIF 格式是输出图像到网页最常采用的格式。GIF 格式是采用 LZW 压缩发明的基于表查寻算法把文件压缩成小文件的一种无损压缩方法，限定使用 256 色以内的色彩。

任务示范 1　利用 Photoshop 软件完成图片文件的创建、编辑和保存

一、建立新图像

（1）单击【文件—新建】命令，或者按下【Ctrl+N】组合键，或者在按住【Ctrl】键的同时，鼠标左键双击 Photoshop 操作界面空白区都可以新建图像。

（2）预设尺寸。设置图像的宽度和高度，需要根据图像用处设置合适的单位，图像单位包括厘米、毫米、像素、英寸等，跨境电子商务的网络用图单位选择【像素】。

（3）设置分辨率。分辨率越大，图像文件越大，图像越清楚，但存储时占的硬盘空间越大，在网络中传播的速度越慢（图像打开的速度慢）。因此一般网络用图分辨率设置为【72】。

（4）设置图像颜色模式。图像颜色模式包括 RGB 颜色模式、位图模式、灰度模式、CMYK 颜色模式、Lab 颜色模式，将网络用图的颜色模式选为【RGB 颜色】。

（5）设置背景内容，常见的背景颜色包括白色、背景色、透明、自定义。

（6）设定新文件的各项参数后，单击【确定】按钮或按下【Enter】键，便可建立一个新文件，如图 3-61 所示。

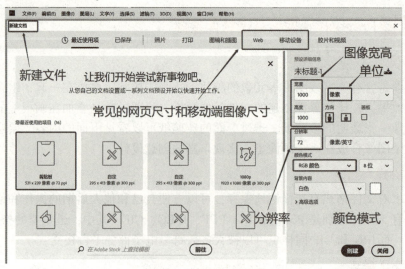

图 3-61　PS 文件创建

二、保存图像

选择文件菜单下的【存储】命令或者按【Ctrl+S】组合键即可将图片保存为 Photoshop 的默认格式 PSD。选择文件菜单下的【存储为】命令或者按【Shift+Ctrl+S】组合键便可将图片保存为其他格式文件,包括 TIF、BMP、JPEG/JPG/JPE、GIF 等格式。

三、打开图像

单击【文件—打开】命令或按【Ctrl+O】组合键,或者鼠标左键双击操作界面空白处也可以打开图像。如果想打开多个文件,可以按住【Shift】键,选择连续的文件。如果按住【Ctrl】键,可以选择不连续的多个文件。也可以在【文件—最近打开文件】命令下,打开最近打开过的图像。

四、置入图像

Photoshop 是一种位图软件,用户可以将矢量图形软件制作的图像(EPS、AI、PDF 等)插入 Photoshop 中使用,选择需要置入的图像插入即可。置入进来的图像中出现了一个浮动的对象控制符,双击便可取消该控制符。

五、缩放工具

按下【Z】键后,启动放大镜工具,按下【Alt】键可以变为缩小工具;或者选择【视图—放大】、【视图—缩小】进行缩放。又或者按【Ctrl+"+"】组合键放大,图像按【Ctrl+"-"】组合键缩小图像;按【Ctrl+0】组合键全屏显示,按【Ctrl+Alt+0】组合键显示实际大小。

六、复制、粘贴和剪切

(1)复制:单击【编辑—拷贝】命令或按下【Ctrl+J】组合键复制区域中的图像。不管是执行复制还是剪切命令,在此之前必须选取一个范围,而且还要注意复制是否是在当前作用图层中进行的(单击选择激活需要操作的图层)。

(2)粘贴:打开要粘贴的图像,然后单击【编辑—粘贴】命令或按下【Ctrl+V】组合键粘贴剪贴板中的图像内容。

(3)剪切:单击【编辑—剪切】命令或按【Ctrl+X】组合键。剪切是将选取范围内的图像剪切掉,并放入剪贴板中。此时,剪切区域内图像会消失,并填充背景色。

七、合并拷贝和选择性粘贴

编辑菜单中提供了合并拷贝和选择性粘贴命令。这两个命令也是用于复制和粘贴的操作,但是它们不同于复制和粘贴命令,其功能如下:

(1)合并拷贝:该命令用于复制图像中的所有图层,即在不影响原图像的情况下,将选取范围内的所有图层均复制并放入剪贴板中。使用合并拷贝命令时,必须先选定一个范围,而且还要保证该图像中除了背景层之外,还存在其他类型的图层,否则此命令不可使用。注意,该命令只对当前显示的图层有效,而对隐藏的图层无效。

(2)选择性粘贴:使用该命令之前,必须先选取一个范围。当执行该命令后,粘贴的图像只显示在选取范围内。

八、移动图像

粘贴图像后,其位置往往不合适,因此需要移动,通常使用工具箱中的移动工具操作，快捷键是【V】。

九、清除图像

要清除图像，必须先选取图像，指定要清除的图像内容，然后单击【编辑—清除】命令或按下【Delete】键。

十、旋转和变换

在 Photoshop 中，可以对各种对象进行旋转和翻转操作，或者对图像的选取范围、图层、路径和文本内容等进行旋转和翻转操作。

（1）旋转和翻转整个图像：对整个图像进行旋转和翻转，是通过【图像—图像旋转】子菜单中的命令来完成的。

（2）旋转和翻转局部图像：要对局部的图像进行旋转和翻转，首先应选取一个范围或选中一个作用图层，然后单击【编辑—变换】子菜单中的旋转和翻转命令。

（3）自由变换：打开单击【编辑—自由变换】命令中的子菜单可以相应完成缩放、旋转、斜切、扭曲、透视和变形等命令。

十一、还原和重做

单击【编辑—后退】或单击菜单栏【窗口—历史记录】命令显示历史记录面板可进行还原和重做的操作，如图 3-62 所示。

十二、填充和描边

（1）选取范围填充：使用【编辑—填充】命令对选取范围进行填充，是制作图像的一种常用手法。该命令类似于油漆桶工具，可以在指定区域内填入指定的颜色。但与油漆桶工具有所不同，填充命令除了能填充颜色之外，还可以填充图案和快照内容。

（2）选取范围描边：使用描边命令可以在选取范围或图层周围绘制出边框。在执行此命令之前，应先选取一个范围或选中一个已有内容的图层，然后单击【编辑—描边】命令。

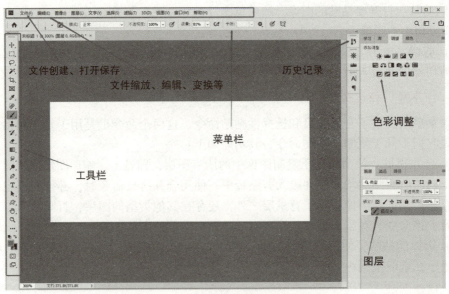

图 3-62　Photoshop 操作界面和常用功能

任务实施 1 为速卖通平台店铺制作主页海报，即在 Photoshop 中创建文件并设置符合平台用图要求的参数

> **提示**
> 创建文档时应注意，网络用图的单位为像素，分辨率为 72。

知识储备 2 图片版式设计的功能效果

一、版式设计的图片

图片是版式设计中不可缺少的一部分，随着读图时代的到来，人们获取信息的方式发生了巨大转变。与文字相比，图片所带来的视觉感受要更直接、更具体、更形象。优秀的版式设计离不开图片，在本章中就学习版式设计中的图片运用技巧。

二、图片在版式设计中的功能效果

图片的视觉效果要远远大于文字，它能够将版式中的内容形象化，具体化。图片能使原本枯燥乏味的版式变得生动有趣，还能够帮助读者更好地理解文字。版式设计中的图片具有视觉效果和导读效果两大功能。

（一）视觉效果

图片在版式设计中具有瞬间识别、无国界传递等多种优势。它能够让版面内容变得丰富多彩，别具一格，对内容的传播与推广起着极大的作用。不仅如此，图片还能提高作品的艺术价值，使作品的内容得到升华。

（二）导读效果

图片在版式设计中的另一个作用就是产生导读效果，通过图片内容或者图像的本身起到一定的方向引导作用，从而将读者的视线引导向文案，起到辅助的作用。

任务示范 2 产品图片处理三步骤

使用 Photoshop 对拍摄完成的跨境电子商务平台用图进行编辑操作时，最常用的三大核心技能包括抠图（节选局部画面或替换产品背景）、修饰（调节模特形体形象，修饰产品瑕疵或去除画面多余内容）和调色（调整产品色彩使之接近产品真实色彩）。

一、抠图

抠图需完成想要抠取对象的范围选择，常用的工具包括【选框工具】【套索工具】【魔棒工具】【快速选择工具】【钢笔工具】以及菜单栏的【选择—色彩范围】工具。【魔棒工具】和【快速选择工具】是最常见的抠图工具，当产品拍摄的背景干净，以白色、黑色或纯色为主时，通常可以使用这两个工具快速选择并抠取产品，替换上符合跨境电子商务平台主图要求的纯白或纯色背景，具体操作如图 3-63 所示。

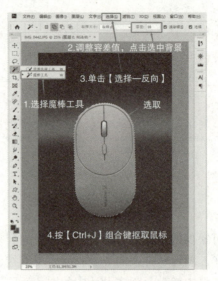

图 3-63 用【魔棒工具】快速抠图

> **思考**
> Photoshop 中常用的抠图（选择）工具有哪些？应该如何使用？

二、修饰

修饰通常包括对模特的形象和形体的修饰，对于如斑点、皱纹、乱发等影响产品展示效果的瑕疵，通常会配合使用【污点修复画笔工具】【修补工具】【仿制图章】【编辑—填充—内容识别】以及【加深】【减淡】等工具进行调整。而对于模特形体或产品比例结构，通常使用【编辑—自由变换/变形/透视】【滤镜—液化】等功能进行调整，具体操作如图 3-64 所示。

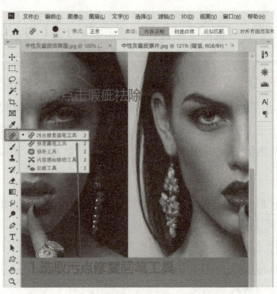

图 3-64 用【污点修复画笔工具】快速去除瑕疵

三、调色

调色通常用以校正拍摄过程中不合适的光线明暗和失真的色彩。一般调色的顺序是先调整图像的明暗程度，让其合理曝光，既不太亮也不太暗，能让消费者舒适清晰地接受图片呈现的产品形象和卖点，再调整图像的颜色，让其接近产品的真实色彩或创造符合品牌风格的色彩调性。调色通常会使用到的工具有【图像—调整】中的【亮度/对比度】【色阶】【曲线】【曝光度】【阴影/高光】【色相/饱和度】【色彩平衡】【可选颜色】。其中【曲线】是最常用的明暗调节工具，操作如图3-65所示；【色相/饱和度】和【色彩平衡】是最常用的色彩调节工具，具体操作如图3-66所示。

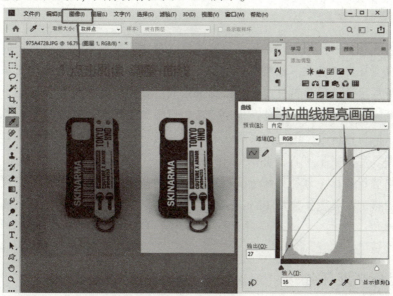

图3-65 用【曲线】调整曝光不足图片

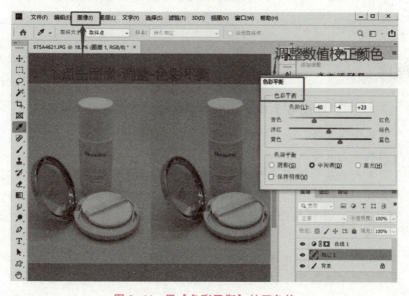

图3-66 用【色彩平衡】校正色偏

任务实施2 根据运营需求完成产品图片的大小调整、瑕疵去除、颜色调整与背景合成操作

任务总结

本任务要求学生掌握Photoshop编辑优化图片的基本操作和对产品图片进行营销图文的制作,以更好地呈现产品、展示产品的卖点信息。

项目小结

在跨境电子商务中,相关人员只有理解视觉心理对买家的影响,针对不同的产品特性制定合理的视觉呈现方案后,才能有效地服务店铺运营。跨境电子商务视觉呈现主要由店铺设计、产品展示设计和营销推广设计三部分组成。视觉设计的主要目标在于提供视觉刺激吸引买家注意,提高产品曝光量;传递商品和服务信息,突显商品的核心卖点和品牌形象;感染买家的情绪情感,促进购买转化和品牌认同。在符合跨境电子商务各平台对商业用图的规范要求后,我们可以运用设计构图、配色、图文排版的原理来优化视觉呈现效果,实现视觉营销目标。为了更好地展现产品和品牌品质,本项目还介绍了使用单反相机对产品进行拍摄的过程,并应用Photoshop对拍摄完的图片进行了以抠图、修饰、调色为主的优化操作。

思政目标拓展任务

请同学们结合本项目的学习,讨论在跨境电子商务运营过程的视觉工作中,应如何避免出现侵权情况。

拓展阅读

跨境电子商务:那些你意想不到的侵权

随着互联网的快速发展,全球的经济、政治、文化都进入了数字时代。而在国际贸易领域,最为突出的就是互联网经济下的跨境电子商务正在迅猛发展。

跨境电子商务行业从萌芽发展到现在这样轰轰烈烈的局面,整个过程仅用了不到20年的时间。在我国,跨境电子商务极速发展,而在交易量不断扩大的同时,也逐渐暴露出各方面的问题。其中,侵犯知识产权的问题已经成为跨境电子商务业务发展过程中的难题。

1. 知识产权是什么?跨境电子商务容易发生哪些知识产权侵权?

首先,我们不得不谈一谈知识产权,这样我们才知道我们到底侵犯了什么,以下是百度百科里关于知识产权的一段解释。

知识产权一般是指人类智力劳动产生的智力劳动成果所有权。它是依照各国法律赋

予符合条件的著作者、发明者或成果拥有者在一定期限内享有的独占权利,一般认为它包括版权(著作权)和工业产权。版权(著作权)是指创作文学、艺术和科学作品的作者及其他著作权人依法对其作品所享有的人身权利和财产权利的总称;工业产权则是指包括发明专利、实用新型专利、外观设计专利、商标等在内的权利人享有的独占性权利。

简单来说,知识产权中的工业产权(包括商标权、专利权)就是跨境电子商务业务中特别容易侵权的对象。目前,发生的跨境电子商务平台中的账户被封、罚款、索赔、诉讼事件,绝大部分集中在商标和专利侵权方面。而由此造成的资金被冻结、高额赔偿、钱货两空的事件,不可谓不是跨境电子商务之殇。

2. 你知道的侵权、不知道的侵权和想不到的侵权,都是侵权。

谈到知识产权侵权,你会说,我知道不能仿冒别人的商标、不能用别人的发明专利这些基本知识,但是,真的只有这么简单吗?下面,就让笔者带大家看一看你所不知道的侵权和你意想不到的侵权究竟有哪些。

(1) 词语、描述语言会侵权?

提到"NOTE4"和"IPAD"等单词算侵权,你相信吗?提到"Wear as comfortable as Nike"和"Operates as smoothly as iPad",你觉得有问题吗?相信在跨境电子商务平台上,这样描述产品的词语和语言比比皆是,但你有没有想过,这样很有可能已经实施了侵权行为。

例如,在eBay上出售的一款MIZO的手机,仅仅在产品描述语言上使用了"Camera Android smart phone NOTE 3 NOTE 4 Mobile phone",就遭权利人投诉,导致商家被冻结账户。原因就是三星公司对"NOTE 4"商标拥有专有使用权,而题述手机的产品描述使用了该单词,在搜索NOTE 4手机时会同时出现MIZO手机,让消费者产生混淆,误认为该产品与三星的NOTE 4存在关联。而在美国,这种行为明确属于商标侵权行为中规定的未经许可复制、模仿、假冒他人商标,用于产品销售,并有可能造成混淆、误导、欺骗的商标侵权行为。

所以,如果在产品中不恰当地使用商标所有人已经获得商标所有权的单词对自己的产品进行介绍,往往很有可能已经发生了侵权行为。

(2) 就连颜色也会侵权?

当我们说到颜色会侵权的时候,你会很惊讶地说,我知道盗图,特别是盗取品牌官网图片使用会侵权,但是颜色怎么可能侵权?难道我们连颜色也不能用了?不好意思,笔者在这里想说,有的时候使用其中一个颜色也会侵权。

说到颜色侵权,最经典的莫过于Tiffany Blue(蒂芙尼蓝)。Tiffany Blue是在1998年被Tiffany注册为商标的,2001年被专业色彩机构潘通(Pantone©)赋予代码"1837 Blue",仅供Tiffany使用。除了注册"Tiffany Blue"外,蒂芙尼还注册了"Tiffany Blue Box",并将这两项商标用于珠宝上。

所以,如果你用这种蓝作为商标的蓝色,用于珠宝首饰及其包装,或者与珠宝、贵金属相关的产品及其产品描述上,你的行为可能就是在侵权。

而目前,这种趋势正在不断蔓延,很多特殊颜色正在越来越多地被注册成商标与产品进行管理,例如可口可乐的大红色,某些化妆品公司发布的口红的特殊颜色,甚至某些鞋类品牌下系列鞋款的特殊颜色等。

（3）排列摆放也侵权？

除词语描述、颜色侵权外，还有一种意想不到的排列摆放侵权。举一个例子，大家都见过苹果耳机吧，但是你可能不知道的是，苹果这款耳机在盒子中的摆放形状，其实也注册了外观专利。所以当时很多电子商务平台销售相似摆放形状的耳机均遭到了苹果公司的投诉。而且，现在越来越多的品牌厂商开始对于自己的产品摆放和包装大量注册外观专利。

所以，很多时候你看到的品牌产品的摆放形状、包装设计等很可能已经申请过了外观专利，在这种情况下，你采用同样的包装或展示方式，很可能也在侵犯专利权。

（4）打马赛克也不行？

跨境电子商务平台上进行宣传总少不了图片，我们都知道，盗取别的品牌官网图片和使用显示别人商标的图片是绝对不行的。于是，一些人往往就想到了修图法宝"马赛克"，正所谓"马赛克一打，品牌没了、商标没了，我就能用了"。

但你可能聪明反被聪明误了，使用打了马赛克的图片，可能恰恰证明你明知侵权还故意为之，本来很可能只是你有侵权的客观行为，但是现在你打马赛克的行为更证明了你存在主观上故意侵权的可能性，可能将面临更严厉的惩罚。

（5）对于侵权行为，居然还有钓鱼执法？

现在全世界都很重视知识产权，据不完全统计，光美国就有610个律所帮助品牌商维权，其中有几个比较著名，专门涉及电子商务的就有GBC（GreerBurns & Crain）、SMG（STEPHEN M. GAFFIGAN, P. A.）、Keith A. Vogt 和 Epstein Drangel。这几个美国律所各为其主，分别代理不同的品牌。一些律师事务所直接把矛头指向中国卖家，导致部分跨境电子商务卖家账户资金被冻结，产品下架、收到警告邮件、被取消销售权限，严重的甚至直接封号、货款两空，落到最终关店的下场。

那么，就让我们了解这些所谓的钓鱼执法到底是怎么展开的。

首先，比较简单粗暴的方式是恶意地将我们之前提到的描述性词语直接注册成商标，查出你的平台资金账户，然后直接在电子商务平台上投诉你的产品名称、描述等侵权，让平台封你的账号、下架你的产品，冻结你账户的资金，在处理过程中采取拖延策略，逼着你出钱和解，才能使你的账号恢复运营、解冻你的资金。

其次，采取有技术含量和隐蔽一些的办法，就是检索到你的产品可能存在侵权，开始下套和你谈交易，让你发送一些可能侵权的图片或者交易可能侵权的产品，然后查到你的账户，投诉你的产品或销售侵权，封账号、冻结账户资金，逼着你接受罚款。

上述两种行为的基本目的相同，而不同的是，往往后一种方式成功率更高，对方钓鱼搜集的证据更充分，对你造成的损失更大。

（6）没销售也算侵权？

是不是只有销售了侵权产品构成侵权？没有实际发生交易，也没有在平台上误导买家就不算侵权呢？我们来看一个案例。

A公司与美国B公司取消了一笔关于毛巾的订单，这笔订单的货物已经生产了出来，毛巾上有B公司的刺绣商标。取消订单的时候，B公司明确说明，由于有自己的品牌商标，A公司不得对货物进行销售。随后，A公司向自己的其他客户询单，在询单的过程中发送了B公司产品的照片，但由于照片上显示有B公司的商标，所以并没有达成相关贸易。结果询单的事被B公司知晓，B公司便以A公司侵犯商标权要求赔偿。而A公司以未对货物进行销售，因此并没有实际侵犯 B 公司的商标权为由进行反驳。

结果是，在美国对簿公堂后，A 公司败诉，赔偿了 B 公司一笔损失费。

从这个案例可以看出，侵犯商标权并不是以实际发生销售行为为前提条件，而是以商标权是否归他人所有，是否非法使用了该商标，是否可能对商标所有人产生侵害为判断依据。

3. 跨境电子商务业务如何避免侵权？

（1）提升对侵权行为的认知，尽量不出事。

提升对侵权行为的认知就是知道可能会涉及侵权行为的事情就不要做。很多从国内电子商务平台转战到跨境电子商务的企业和个人对于侵权行为意识淡薄，还在用老一套国内的盗图、仿冒等方式营销，甚至还出现了在产品中夹杂返还现金夹页的行为，其结果只能是害了自己关账户、冻结资金，最终损失巨大。

另外，针对一心想做好产品和销售的跨境电子商务卖家们，那就务必要对自己主营产品的同类品牌的商标权、专利权等有所熟悉，避免出现侵权行为。一般情况下，在他国电子商务平台进行销售前，应在相关国家地区的专利机构进行查询，避免在自己不知情的情况下发生侵权行为。同时，本身已经具有一定价值的商标和拥有的专利技术，一定要及时在跨境电子商务平台所在销售的国家和地区尽快注册，避免因他人抢注等行为造成不必要的损失，避免出现"李逵"被"李鬼"干掉的情况。

（2）熟悉侵权法律法规，出事不怕事。

在进行跨境电子商务业务时，一定要做到两熟悉。

一方面，要熟悉所在跨境电子商务平台的管理规定，明确知道一旦出现侵权投诉时，平台的相关处理制度和规定，知道平台的处理流程，在第一时间根据平台的规定进行相应的下架和申诉工作。

另一方面，要熟悉当地对侵权行为的法律法规，做到心中有数。一旦出现被投诉侵权的情况，要根据当地法律规定和要求，及时展开抗辩的自救措施。

有很多跨境电子商务遇到侵权投诉的情况下，由于对平台管理制度和当地法律法规不了解，要么是不理不睬，导致最后损失惨重；要么是一顿瞎操作，导致原本可能并不构成侵权的行为，或者轻微的侵权行为由于乱操作而变成侵权行为或者严重侵权行为，使损失大幅度扩大。

所以，跨境电子商务从业者一定要多了解当地侵权法律知识，或者委托当地或国内具有专业侵权案件经验的人员进行处理，真正出事的时候不怕事。

习题演练

一、单选题

1. 亚马逊的产品主图必须占图片多高比例以上？（　　）
A. 50%　　　　　B. 60%　　　　　C. 70%　　　　　D. 85%

2. 速卖通产品主图要求大于（　　）。
A. 800 像素　　　B. 1 000 像素　　C. 500 像素　　　D. 1 600 像素

3. 不符合亚马逊产品图片要求的是（　　）。
A. 主图背景必须为纯白　　　　　B. 手表使用真人模特展示

C. 可以上传 8 张辅图　　　　　　　D. 图片上不能有任何 Logo、水印或文字

4. 适用于拍出背景虚化，突显产品效果的单反拍摄模式是（　　）。

A. P 挡　　　　　　　　　　　　　B. AV 或 A 挡

C. TV 或 S 挡　　　　　　　　　　D. B 挡

5. 跨境电子商务商业图片修饰常用技能不包括（　　）。

A. 抠图　　　　B. 调色　　　　C. 瑕疵修除　　　　D. 时间轴动画

二、多选题

1. 跨境电子商务视觉呈现主要方式有（　　）。

A. 店铺设计　　B. 产品展示设计　　C. 营销推广设计　　D. 店招设计

2. 产品展品设计的组成包括（　　）。

A. 产品主图　　B. 产品展示图　　C. 产品颜色图　　D. 产品详情页用图

3. 单反相机的拍摄模式包括（　　）。

A. 光圈优先　　B. 快门优先　　C. 手动模式　　D. 感光度优先

三、判断题

1. 跨境电子商务视觉设计不同于艺术创造，更注重的是通过视觉的方式将产品的卖点信息传递给消费者。（　　）

2. 亚马逊平台允许用户上传 12 张图片展示产品的不同角度和应用场景。（　　）

3. 速卖通平台要求主图背景为白色或纯色，风格统一，如果有标志，建议放置在左上角，不宜过大。（　　）

4. 俄罗斯和巴西的消费者偏好明黄的颜色，认为这样的色彩是时髦、华丽、高贵的。（　　）

5. 获得速卖通产品展示图的方式之一是到淘宝、亚马逊等平台的店铺中下载相同产品的展示图片。（　　）

四、简答题

1. 请简述跨境电子商务视觉营销的主要目标。
2. 请简述亚马逊平台产品用图的要求和限制规定。
3. 请简述速卖通平台产品用图的要求和限制规定。
4. 请简述商业拍摄的流程步骤。

五、实操题

1. 3C 数码配件品类是跨境电子商务出口的重要品类之一，近年来，不少国产 3C 数码配件品牌如 ANKER，Xiaomi 等得到国际市场上的广泛认可和购买。本题将以 3C 数码配件品牌科大讯飞（iFLYTEK）的翻译鼠标为案例进行分析，为其选择适合亚马逊平台的产品展示主图及辅图。

2. 一家开业 3 个月的速卖通商家发现主打的手机壳款式销量逐渐下降，运营专员小李决定配合部分手机新出的型号，调整主推的手机壳款式和图案。她从厂家取得样品，并和美工摄影团队沟通了对该产品的定位和营销方案，将于今天在摄影棚开展对产品的拍摄。

请说明操作步骤。

3. 杭州博衍贸易有限公司的跨境电子商务运营专员小李经营了一家速卖通球鞋店铺，她负责和美工设计部门共同完成对下季度新款鞋样的视觉营销策划，并组织拍摄了一组产品高清图片，以更好地呈现产品、展示产品的卖点信息。根据所得产品图片和运营卖点，

小李将和美工设计人员共同完成对产品相关图片的制作优化,为最终的产品图片上传和营销活动的展开做好准备。在利用Photoshop图像软件处理照片时,小李需要完成哪些环节的操作?

4. 进行跨境电子商务平台速卖通横幅广告(banner)制作与优化。

结合产品特点、目标人群和投放市场,我们在课程中学习了选品技巧和店铺开通流程,在实训中完成了主营产品的选择和店铺的建立。围绕自身店铺和产品完成了一份banner的制作,现请根据本章所介绍的banner视觉信息传递知识,对自己设计的banner进行图文排版上的优化,思考此次优化起到了【层级:突显核心信息】【刺激:促进点击转化】【秩序:阅读友好减轻信息负担】中的哪一点?运用了【靠拢】【留白】【对齐】【对比】【重复】中的哪一项技能达成这个优化目标?

要求产品在【配饰(项链)】【夏日服饰】【电子产品】三大类中选择,图片符合速卖通banner展示尺寸规格,能起到吸引买家注意,传递产品商业信息,提高点击转化率的功能。文件要求以JPG格式上传,而且单张图片大小不超过6 MB。

学习总结

1. _____

2. _____

3. _____

4. _____

5. _____

项目四 达通天下择物流

项目导入

王悦在了解了在速卖通上架产品的规定后,就打算上传产品信息。但是运营总监徐辉提醒她,跨境物流比国内物流复杂,在上传产品之前,必须先对跨境物流有较为全面的了解。

学习目标

一、知识目标
1. 掌握中国邮政小包的含义、资费、体积与重量限制、优势和劣势、适用范围等
2. 掌握e邮宝的含义、资费、体积与重量限制、优势和劣势、适用范围等
3. 掌握菜鸟大包专线的含义、资费、体积与重量限制、优势和劣势、适用范围等
4. 了解国际快递物流的含义、资费、体积与重量限制、优势和劣势、适用范围等
5. 了解海外仓的含义、优势和劣势、相关费用、操作流程
6. 掌握运费模板中的物流方式选择及运费设置
7. 掌握速卖通物流发货流程
8. 了解速卖通线上发货的优势

二、技能目标
1. 能够选择中国邮政挂号小包、中国邮政平常小包、e邮宝等国际邮政物流方式,并能计算物流运费
2. 能够选择FedEx、UPS、DHL、EMS等国际快递物流方式,并能够计算物流运费
3. 能够选择菜鸟大包专线物流方式,并能够计算物流运费
4. 能够选择海外仓物流,并能够计算物流运费
5. 能够创建和修改速卖通运费模板

6. 能够在运费模板中选择不同的物流方式，设置包邮与不包邮国家，并设置不发货国家
7. 能够使用速卖通线上发货方式完成发货
8. 能够使用速卖通线下发货方式完成发货

三、德育目标

1. 培养现代物流运输的革新理念
2. 培养管理方面的革新理念

重点呈现

任务一　速卖通平台物流方案调研

任务描述

为深入了解跨境物流，运营总监徐辉建议王悦可以通过当前正在运营的速卖通平台店铺了解跨境物流。王悦可以从哪些方面入手完成这项任务呢？

任务分析

步骤1　了解跨境物流服务
步骤2　计算国际邮政物流运费
步骤3　计算国际快递物流运费
步骤4　计算海外仓物流费用

知识储备1　了解跨境物流服务

跨境物流是指在两个或两个以上国家或地区之间进行的物流服务。由于跨境电子商务交易双方分属于不同国家或地区，产品需要卖家通过跨境物流的方式递送到买家手中。以速卖通上产生的一个订单为例，卖家要先通过国内物流将包裹送至国内海关进行报关，通过海关后再经由航空运输从国内机场送达目的国机场，然后经目的国海关清关后，最后通过目的国本地物流完成包裹派送。跨境物流空运流程如图4-1所示。如果包裹运输途中发生中转，还需要进行中转国海关的报关和清关手续，例如，如果使用新加坡邮政挂号小包

将包裹从中国发往巴西，包裹将在新加坡中转，然后再发往巴西。

图 4-1　跨境物流空运流程

　　与国内物流相比，跨境物流涉及两个或两个以上国家或地区的关境，需要经过报关和清关手续，涉及内容比较复杂，环节比较多。此外，全球有 230 多个国家及地区，没有哪家物流企业能依靠自身能力单独提供全部国家及地区之间的跨境物流服务。正因为如此，跨境物流才成为跨境电子商务的难点之一。

　　跨境物流的运输模式主要分为两大类：一类是直邮模式，即产品从卖家所在的国家或地区直接寄送到买家所在的国家或地区，国际邮政、国际专线、国际快递都属于这种模式；另一类是海外仓模式，即产品被提前寄送到买家所在的国家或地区，存储在仓库中，然后通过本地物流完成派送。目前，我国跨境电子商务零售所使用的跨境物流仍以直邮模式为主，对于海外仓模式的使用率较低，据不完全统计，我国跨境电子商务 70% 的包裹通过邮政系统投递，其中中国邮政占 50% 左右的份额。但是，随着跨境电子商务的快速发展，越来越多的企业开始布局海外仓，以提高产品在国际市场上的竞争力。

> **思考**
> 请讲一讲直邮模式和海外仓模式各自有哪些优缺点？

　　目前，跨境物流主要存在五大痛点。

1. 配送时间长

　　目前，跨境电子商务零售所使用的物流服务一般是国际邮政小包，买家下单后，可能要等 1~2 个月才能收到产品，如果再遇到恶劣天气或是罢工，妥投时间可能更长。如此长的配送时间，不仅极大限度地考验了海外买家的耐心，也严重阻碍了跨境电子商务的发展。

2. 包裹无法全程跟踪

　　随着物流的不断发展，国内电子商务物流的包裹已经基本实现了实时追踪，而在跨境物流中，除国际商业快递外，大部分包裹的物流跟踪信息在出境之后都存在更新慢和信息少的问题，有的国家和地区甚至不提供包裹跟踪信息。在一些物流行业比较发达的国家，由于人力成本较高，对于普通等级的物流服务提供的跟踪信息有限。而在物流发展相对滞后的国家，则由于受相关基础设施的限制而不能提供及时和完整的物流跟踪信息。缺少物流跟踪信息让卖家在处理未收到货的纠纷时无法判断包裹的状态，不能确定是丢失了还是延误了，因此要承担买家退款所带来的损失。

3. 关境障碍

　　跨境物流涉及两个或两个以上国家或地区的关境。对于中国的跨境电子商务卖家而言，只要不寄送违禁品，而且如实申报，一般都可以通过中国海关。即使不能通关，只要支付国内运费，就能拿回退件。而目的国清关则更加关键，因为世界各国的海关都有各自的进口贸易政策，一旦发生扣关，处理流程会更加复杂。如果包裹被直接没收或者退回，卖家将面临损失，还可能要支付额外的费用。如果卖家补交相关文件，则可能面临沟通困难或者派送延迟等问题，最终可能导致在承诺运达时间内包裹未妥投，买家投诉要求退款。有些国家的清关速度较慢，即使包裹能够顺利通关，也可能因为包裹太多、节假日、天气、罢工等因素造成清关时间过长，如巴西和阿根廷。

4. 包裹破损或丢失

在跨境物流中，包裹从揽收到最后妥投，可能会经过多次转运，容易出现包裹破损甚至丢失的情况，不仅严重影响买家的购物体验，而且由于取证困难等原因，卖家也很难获得物流服务商的赔偿，最终要自己承担相应的损失。

5. 不支持退换货

国内物流运费较便宜且时效较快，也不涉及关境，所以国内电子商务一般都提供退换货服务。但是在跨境电子商务中，由于物流运费较高、时效较慢，还涉及不同国家的关境，如果商品退回，物流运费一般高于卖家发货时所支付的运费，而且在通过中国关境时可能产生进口关税。因此，采用直邮模式销售的产品一般都不提供退换货服务，除非产品货值较高，像手机、平板电脑等。一旦买家有退换货要求，卖家一般会与买家协商部分退款而不退换货。只有通过海外仓模式销售的产品才适合提供退换货服务，但这类产品数量相对较少。

跨境物流中存在的痛点对跨境电子商务的发展造成了严重的影响。不过，随着跨境电子商务的发展，跨境物流已经由过去的单一邮政包裹转变为"邮政物流为主，其他物流并存"的多元化物流业态。国际快递虽然价格高，但是满足了有较高时效性要求以及货值价值高的商品的派送需求；国际专线虽然范围受限，但是有效平衡了时效性和物流成本之间的关系。近些年，海外建仓已经成为跨境电子商务的一大发展潮流，一些跨境电子商务企业与物流公司纷纷开始在海外建立仓储设施，提供仓储、分拣、包装及派送为一体的一站式服务，这使产品在当地的派送时间大幅减少，还可以为客户提供退换货服务，为消费者带来更好的体验。海外建立仓储设施还能直接以大宗货物运输取代分散的小规模运输，节约了运输成本，而这将会成为突破跨境物流瓶颈的关键；同时，其也是国内的跨境电子商务企业能够在海外市场立足的一大发展方向。跨境物流体系的逐渐完善也使跨境电子商务的产品向着更加多元化与多样化发展，一些体积更大的产品也开始逐渐走入跨境电子商务的经营范围。相信在未来，跨境物流将会有更加丰富的服务形态，从而有效地推动出口跨境电子商务的快速发展。

在速卖通中，店铺通过为商品分配运费模板，可以提供不同的物流服务供买家选择，包括国际邮政小包、国际商业快递以及海外仓等。不同的物流服务到不同的国家有不同的预计妥投时间与运费，有的物流服务不提供跟踪信息。卖家需要了解不同物流服务的特点和运费计算方法，并根据所售卖产品的特点提供可选的物流服务。

任务示范 1 认识速卖通平台的物流方案

速卖通的运费模板中包含以下四类物流方案。

（1）经济类：为国际邮政经济小包。物流运费成本低，但不提供目的国包裹妥投信息，仅适合货值低、重量轻的商品使用。由于服务质量低，速卖通限制部分国家及高金额订单使用经济类物流发货，详情见速卖通发货规则。

（2）简易类：为国际邮政简易挂号小包，可以查询包含买家签收信息在内的关键环节物流追踪信息，仅适合货值低、重量轻的产品使用。速卖通同样限制部分国家及高金额订单使用简易类物流发货，详情见速卖通发货规则。

（3）标准类：包含国际邮政挂号服务和专线类服务，运费成本适中，除个别国家外，能够全程追踪物流信息，大部分品类可以寄送。

（4）快速类：包含国际商业快递和邮政快递，运费成本较高、时效快，能够全程追踪物流信息，适合寄送高货值的产品。

表 4-1 为速卖通物流方案及主要物流服务。其中的阿里速卖通无忧物流服务和菜鸟物流服务由菜鸟网络提供。菜鸟网络通过与速卖通合作，重新规划了跨境物流线路，按照包裹的价格、重量，推出分层物流方案，陆续推出无忧物流、超级经济、特货专线、大包专线这四大解决方案，逐步打造出一张全球化的物流网络。在本质上，菜鸟物流所使用的是国际邮政、国际快递、国际专线和海外仓储四种物流方式的资源整合。

表 4-1 速卖通物流方案及主要物流服务

物流方案	主要物流服务
经济类	中国邮政平常小包（China Post Ordinary Small Packet Plus） 菜鸟超级经济全球（Cainiao Super Economy Global） 菜鸟特货专线-超级经济（Cainiao Super Economy for Special Goods）
简易类	阿里速卖通无忧物流-简易（AliExpress Saver Shipping） 菜鸟特货专线-简易（Cainiao Saver Shipping for Special Goods）
标准类	中国邮政挂号小包（China Post Registered Air Mail） 新加坡邮政挂号小包（Singapore Post） e 邮宝（ePacket） 阿里速卖通无忧物流-标准（AliExpress Standard Shipping） 顺丰国际挂号小包（SF eParcel） 菜鸟大包专线（Cainiao Heavy Parcel Line）
快速类	阿里速卖通无忧物流-优先（AliExpress Premium Shipping） UPS 全球速快（UPS Express Saver） UPS 全球快捷（UPS Expedited） FedEx 优先型服务（FedEx IP） FedEx 经济型服务（FedEx IE） DHL EMS

速卖通无忧物流

在速卖通平台中，每个在售产品页上都可以按国家选择递送物流服务，如速卖通平台某女装产品的物流服务选择如图4-2所示。

卖家通过为该产品分配的运费模板来为买家提供不同的物流服务。该女装产品就提供了7种物流服务递送包裹到西班牙，如图4-3所示。每一种物流服务的信息包括服务名称、预计妥投时间、运费，以及是否提供跟踪信息。例如，该女装产品使用阿里速卖通无忧物流标准递送至西班牙（包邮），如果当天购买，买家预计3天能收到包裹，该物流公司提供跟踪信息服务。假如使用UPS全球速快，买家预计4天能收到包裹，也会提供跟踪信息服务，但需要支付运费。

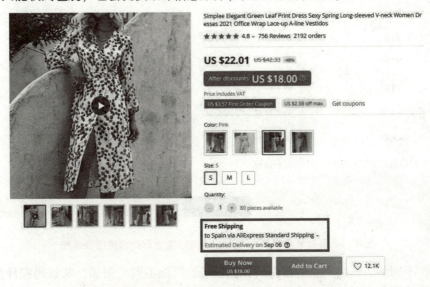

图4-2 速卖通平台某女装产品的物流服务选择

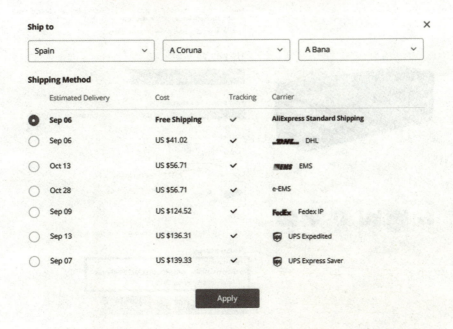

图4-3 速卖通平台某女装到西班牙的物流服务选择

不同国家的买家可以选择的物流服务和运费可能不同，例如，该女装产品使用中国邮政挂号小包递送至奥地利（包邮），买家如果当天购买，预计12天能收到包裹，且提供跟踪信息。其他物流服务则需要收费，预计妥投时间和运费也有所不同，如图4-4所示。

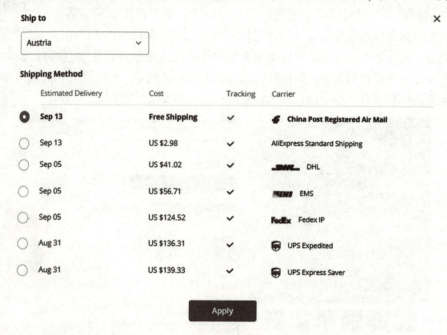

图4-4　速卖通平台某女装产品递送到奥地利的物流服务选择

此外，不同的店铺或产品所提供的物流服务也可能不同。例如，某数码配件提供从中国发货的物流服务或者从位于波兰的海外仓物流服务发货到西班牙，如图4-5所示。

图4-5　速卖通平台某数码配件的物流服务选择

一些低货值的产品提供的包邮服务不提供跟踪信息，如某卖家出售的饰品使用菜鸟超级经济全球递送至法国且包邮，如果买家希望随时查询物流跟踪信息，则可以选择其他付费物流服务，如图4-6所示。

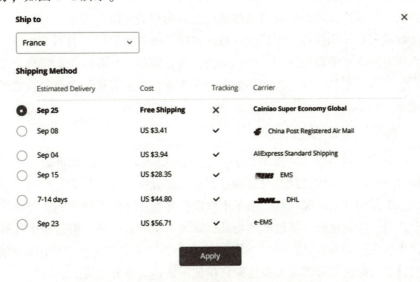

图4-6　速卖通平台某数码配件的物流服务

任务实施1 请在速卖通上调研你主营类目下的优秀商家提供了哪些物流服务，以及是否收取运费

知识储备2 认识国际邮政物流

（一）中国邮政挂号小包物流

中国邮政挂号小包简称"中邮挂号小包"，是指中国邮政针对2千克以内小件物品推出的空邮产品。速卖通平台线上发货系统支持中国邮政挂号小包，商家可以通过平台进行下单、揽收、支付、查询跟踪、理赔等，还能享受一定的运费折扣。中国邮政挂号小包可提供网上跟踪查询服务，能够提供国内段收寄、封发、交航以及目的国妥投等信息。中国邮政挂号小包适合寄送不超过2千克的、价格实惠、对时效要求不高的物品。

中国邮政挂号小包的重量和体积限制见表4-2。

表4-2　中国邮政挂号小包的重量和体积限制

包裹形状	重量限制	最大体积限制	最小体积限制
方形	小于等于2千克	长+宽+高小于等于90厘米，单边长度小于等于60厘米	至少一面的长度大于等于14厘米，宽度大于等于9厘米
圆柱形		直径的2倍与长度之和小于等于104厘米，单边长度小于等于90厘米	直径的2倍与长度之和大于等于17厘米，单边长度大于等于10厘米

中国邮政挂号小包具有以下优点：运费比较便宜，到部分国家妥投的时间不长，是性价比较高的物流方式；清关能力强，包裹以个人物品方式出关，不会产生关税或清关费用，在目的国进口时一般也不会产生进口关税，与商业快递相比，邮政包裹能最大限度地避免关税；线路覆盖广，可以发往万国邮政联盟的所有成员国。

中国邮政挂号小包也存在一些缺点，具体包括时效不太稳定，遇到节假日、天气等特殊情况，妥投时间会比平常长很多；丢包率高，并且跟踪信息有时会不完整，难以确认包裹的位置；包裹重量限制明显，最高不能超过2千克，否则需要分多个包裹寄送，不适合寄送大件或批量物品。

（二）中国邮政平常小包物流

中国邮政平常小包简称"中邮平常小包"，是中国邮政推出的经济型空邮产品。它与中国邮政挂号小包基本一致，只是没有挂号服务，仅提供国内段收寄、封发、计划交航等跟踪信息，不提供国外段跟踪信息。由于不收取挂号费，降低了包裹的运费成本，中邮平常小包适合寄送一些重量轻、货值低的物品，如饰品、手机壳等。但是缺少挂号服务的中国邮政平常小包无法查询包裹出国后的跟踪信息，丢包率也明显高于中国邮政挂号小包，因此，速卖通平台限制部分国家及高金额订单使用该物流服务发货。

（三）e邮宝物流

e邮宝（ePacket）是中国邮政速递物流为适应国际电子商务轻小件物品寄递市场需要推出的经济型国际速递业务，使用EMS网络作为主要发运渠道，出口至境外邮政后，通过目的国邮政轻小件网络投递邮件。截至2022年，e邮宝业务已通达俄罗斯、美国、巴西等38个国家和地区，提供收寄、出口封发、进口接收实时跟踪查询信息，不提供签收信息，只提供投递确认信息。e邮宝适合寄送轻小件、价格实惠的产品。

e邮宝包裹的重量和体积限制如表4-3所示。

表4-3　e邮宝包裹的重量和体积限制

包裹形状	重量限制	最大体积限制	最小体积限制
方形	小于等于2千克（俄罗斯为3千克，英国和以色列为5千克）	长+宽+高小于等于90厘米，单边长度小于等于60厘米	至少有一面的长度大于等于14厘米，宽度大于等于11厘米
圆柱形		直径的两倍与长度之和小于等于104厘米，单边长度小于等于90厘米	直径的两倍与长度之和大于等于17厘米，单边长度大于等于11厘米

e邮宝的优点是时效性好，通关能力强，性价比高。虽然费用略高于中国邮政挂号小包，但时效性更好，丢包率也较低。例如，中国邮政挂号小包送到美国的时效为15~30天，而e邮宝的时效只需7~10个工作日。

e邮宝的缺点是适用国家较少，目前仅在38个国家和地区开通了线路。

（四）菜鸟大包专线物流

菜鸟大包专线是菜鸟网络与目的国优质大包派送渠道联合推出的，针对俄罗斯（31千克及以下）和欧洲（20千克及以下）大包物流专线服务，时效稳定，性价比高，可寄送普货、带电、化妆品、特货等品类。菜鸟大包专线可以寄达26个国家，价格低廉、清关能力强，时效性要求不高，较重（超过2千克）且体积较大的包裹可选择使用该物流方式发货。菜鸟大包专线可提供国内揽收、交航、到达目的国和妥投等全程的追踪和查询服务。

菜鸟大包专线的重量和体积限制见表4-4。

表4-4 菜鸟大包专线重量和体积限制

国家	重量限制	体积限制
俄罗斯	小于等于31千克	长+宽+高小于330厘米，单边长小于180厘米
其他国家	小于等于20千克	长+宽+高小于300厘米，单边长小于150厘米

菜鸟大包专线拥有国际邮政的大部分优点，主要包括以下两点：

（1）成本低。价格较EMS稍低，且与EMS一样不计算体积和重量，没有偏远附加费，相对于其他运输方式（如EMS、DHL、UPS、FedEx等）来说，菜鸟大包专线服务有较好的价格优势。采用此种发货方式可最大限度地降低成本，提升价格竞争力。

（2）交寄相对方便，可以寄达欧洲大部分国家和地区，且清关能力强；运单简单，操作方便，提供包裹的追踪查询服务。

但菜鸟大包专线也存在一些缺点，例如，多数国家限重20千克，最高也不超过31千克；妥投速度慢；物流信息更新速度慢。

任务示范2 计算国际邮政物流运费

（一）计算中国邮政挂号小包物流运费

一位澳大利亚客户从一家运动户外店铺购买了两个相同款式跑步包，重量为230克/件，包裹包装物重量为20克，若选择中国邮政挂号小包一个包裹发出，运费是多少元？（速卖通线上发货到澳大利亚的中国邮政挂号小包价格见表4-5）

表4-5 速卖通线上中国邮政挂号小包发货到澳大利亚的价格

0~150克		151~300克		301~2 000克	
配送费 （按千克计费） 元/千克	挂号费 元/包裹	配送费 （按千克计费） 元/千克	挂号费 元/包裹	配送费 （按千克计费） 元/千克	挂号费 元/包裹
79.57元	1.65元	74.57元	1.65元	71.57元	16元

中国邮政挂号小包运费根据包裹重量按克计费，1克首重，每个包裹限重为20 000克以内，并且对每个包裹收取挂号服务费。部分国家的配送费和挂号费采用分区定价，对于0~150克、151~300克和301~2 000克有不同的配送费和挂号费，如澳大利亚。其他国家则采取固定价格。

总重量＝230×2+20=480（克）

由于该包裹总重量为480克，运费为：

480÷1 000×71.57+16.00≈50.35（元）

（二）计算中国邮政平常小包物流运费

一位加拿大客户在一家速卖通饰品店铺购买了一个发夹，包裹重量为40克，若选择用中国邮政平常小包发货，运费是多少元？（速卖通线上发货到加拿大的中国邮政平常小包价格见表4-6）

表4-6 速卖通线上发货中国邮政平常小包到加拿大的价格

0~30克	31~80克		80克以上	
首重价格（30克）元	首重价格（30克）元	超出30克的配送服务费（按千克计费）元/千克	首重价格（30克）元	超出30克的配送服务费（按千克计费）元/千克
9.83	9.83	114.73	9.83	90.1

所谓首重即包裹最低的计费重量。中国邮政平常小包30克及以下的按照30克计算运费，30克以上的按照实际重量计算运费，分为首重运费和超出部分配送服务费。由于该包裹重量为40克，超出首重10克，运费为：

9.83+10÷1 000×114.73≈10.98（元）

（三）计算e邮宝物流运费

一位美国客户从一家速卖通家居店铺购买了一个抱枕，包裹重量为350克，若选择用e邮宝发货，运费是多少元？（速卖通线上发货到美国的e邮宝价格见表4-7所示）

e邮宝运费根据包裹重量资费按克计费，包裹重量不超过首重的按首重重量计算资费，并且每件收取固定的操作处理费。不同国家或地区有不同的首重重量和限重重量，如寄到美国的首重为50克，每个包裹限重2千克。

表4-7 速卖通线上发e邮宝寄到美国的价格

首重/克	重量资费（按千克计费）元/千克	操作处理费 元/包裹	限重/千克
50	95	25	2

该包裹重350克，超过首重，所以运费为：

350÷1 000×95+25=58.25（元）

（四）计算菜鸟大包专线物流运费

一位法国客户从某速卖通箱包店铺购买了2个行李箱，包裹重量为5千克，若选择用菜鸟大包专线发货，运费是多少元？（速卖通线上发货到法国的菜鸟大包专线价格见表4-8）

表 4-8　速卖通线上发货菜鸟大包专线到法国的价格

首重/千克	配送费 （按 100 克续重） 元/千克	挂号费 元/包裹	限重/千克
2	33	93.7	20

该包裹重量为 5 千克，除首重 2 千克外，按 100 克续重，需要续 30 次，所以运费为：
2×33+100÷1 000×33×30+93.70＝258.7（元）

任务实施 2　计算国际邮政物流运费

（一）计算中国邮政挂号小包物流运费

一位澳大利亚客户如果购买了一个软水壶，产品重量为 80 克，而包裹包装物重量为 20 克，若选择用中国邮政挂号小包发出包裹，按照表 4-5 所示价格，运费是多少元？

（二）计算中国邮政平常小包物流运费

一位加拿大客户从一家速卖通饰品店铺购买了一个挂件，包裹重量为 30 克，若选择用中国邮政平常小包发货，按照表 4-6 所示价格，运费是多少元？

（三）计算 e 邮宝物流运费

一位美国客户从一家速卖通家居店铺购买了一个摆件，包裹重量为 200 克，若选择用 e 邮宝发货，按照表 4-7 中的价格计算，运费是多少元？

（四）计算菜鸟大包专线物流运费

一位法国客户从一家速卖通箱包店铺购买了 10 个背包，包裹重量为 9 千克，如果选择菜鸟大包专线发货，按照表 4-8 中的价格计算，运费是多少元？

知识储备 3　认识国际快递物流

国际快递是指在两个或两个以上国家（或地区）之间所进行的快递物流业务。全球性国际商业快递物流包括 DHL、UPS、FedEx 等。它们通过自建全球网络，使用 IT 系统以及遍布在全球各地的本地化服务，为全球用户提供良好的物流体验。例如，UPS 的包裹寄送到美国，可在 48 小时之内送达。

国内快递巨头包括"四通一达"[①]、顺丰和 EMS。在"四通一达"中，申通和圆通是布局跨境物流比较早的两家企业。申通于 2014 年 3 月上线，圆通于 2014 年 4 月开始与 CJ 大韩通运合作。相比起来，顺丰的国际化业务发展更为成熟，已经将业务范围拓展到了美国、加拿大、俄罗斯、澳大利亚、欧盟各国等，送达的一般时效为 4~12 个工作日。EMS 依托邮政网络，相比目前国内其他快递公司，拥有最完善的国际化业务。EMS 可直达全球 99 个国家和地区，价格也比国际四大快递便宜，送达亚洲国家的一般时效为 2~7 个工作日，而送至欧美国家的一般时效为 5~10 个工作日。

---

① 四通一达：申通快递、圆通快递、中通快递、百世汇通、韵达快递。

与国际邮政物流不同的是，国际快递在计算运费时所使用的计费重量是取货物实际重量和体积重量的较大者。这是由于运输工具（飞机、火车、轮船等）运载货物的货仓容积有限，如果货物的密度小而单位体积偏大，例如棉花、编织工艺品等，单一地按照实际重量计费将导致亏损。本书中所介绍的国际商业快递所采用的体积重量的计算公式为：

体积重量（千克）＝长（厘米）×宽（厘米）×高（厘米）÷5 000

例如，一个国际快递包裹的实际重量为25千克，长90厘米，宽70厘米，高60厘米，因此，体积重量为90×70×50÷5 000＝63千克。由于体积重量大于实际重量，计算运费时所使用的重量为体积重量，即63千克。

与国际商业快递一样，EMS运费也计算体积重量，不过所采用的计算公式为：

体积重量（千克）＝长（厘米）×宽（厘米）×高（厘米）÷6 000

此外，国际快递除重量运费外，一般还会收取燃油附加费、偏远地区附加费等费用。但EMS不收燃油附加费。

与国际邮政物流相比，国际快递物流能提供更加优质和快捷的服务，价格自然要昂贵许多。因此，跨境电子商务商家只有针对高货值的产品和满足其他对时效性的较高要求时才会选择国际快递物流。

FedEx（Federal Express）即联邦快递公司成立于1973年，总部位于美国田纳西州的孟菲斯。FedEx是全球最具规模的快递运输公司之一，致力于提供快捷可靠的速递服务，业务范围覆盖全球220多个国家及地区。

FedEx为客户提供两种快递服务，分别为FedEx优先型服务（FedEx International Priority/FedEx IP）和FedEx经济型服务（FedEx International Economy/FedEx IE），表4-9列出了FedEx两种快递服务的区别。

表4-9 FedEx提供的两种快递服务的区别

类型	FedEx IP	FedEx IE
区别	（1）为全球200多个国家和地区提供快捷、可靠的快递服务； （2）送达时效为2~5个工作日； （3）清关能力强	（1）为全球90多个国家和地区提供快捷、可靠的快递服务，FedEx IP和FedEx IE使用同样的派送网络，只有很少部分国家的运输路线不同； （2）价格比FedEx IP更加优惠，更有优势； （3）送达时效一般为4~6个工作日，通常时效比FedEx IP慢1~3个工作日； （4）清关能力强，FedEx IP和FedEx IE使用相同的团队进行清关处理

FedEx服务要求单件包裹实际重量不超过68千克，单边最长不能超过270厘米，围长（围长＝长+宽×2+高×2）不能超过330厘米。

速卖通平台线上发货系统支持FedEx IP和FedEx IE，商家可以通过平台进行下单、支付、查询跟踪等，还能享受一定的运费折扣。

任务示范3 计算FedEx物流运费

例如，一位美国客户从一家速卖通手机店铺购买了一部华为P50，包裹重量为750克，包裹尺寸为20厘米×12厘米×10厘米。如果使用FedEx IE发货，运费是多少元？（速卖通线上用FedEx IE发货到美国的运费见表4-10，当月燃油费率为18.00%）

该包裹的体积重量为20×12×10÷5 000＝0.48（千克），小于包裹实际重量，所以计费重按实际重量0.75千克计算。FedEx IE包裹30千克以下按每0.5千克报价，0.75千克应按1千克价格计费，即165.73元。此外还需要加上燃油附加费。因此，该包裹运费为：

$$165.73+161×（1+18.00\%）= 355.71（元）$$

表4-10　速卖通线上用FedExIE发货到美国的运费

0.5千克运费/元	1千克运费/元	燃油附加费
144.85	165.73	计费重46千克以下，按161元×（1+当月燃油费率）； 计费重46千克以上，按3.5元/千克×计费重×（1+当月燃油费率）

任务实施3　计算FedEx物流运费

一位美国客户从一家速卖通手机店铺购买了一部华为Mate 11，包裹重量为1 050克，包裹大小为30厘米×15厘米×10厘米。如果选择FedEx IE发货，运费是多少元？（当月燃油费率为18.00%，速卖通线上发货FedEx IE到美国的价格见表4-10）

知识储备4　认识海外仓

（一）海外仓概述

海外仓为商家在销售目的地进行货物仓储、分拣、包装和配送的一站式控制与管理服务。使用海外仓既是解决跨境电子商务物流痛点的一个有效方案，也是跨境电子商务企业扩大海外市场的必然选择。国内现在已经有很多的物流服务商提供海外仓储服务，如出口易、递四方、万邑通、大龙网等。速卖通和菜鸟网络联合海外优势仓储资源及本地配送资源推出了菜鸟官方海外仓服务，服务速卖通商家。

海外仓包括头程运输、仓储管理、本地配送三部分。

（1）头程运输：商家通过海运、空运、陆运或者联运的方式将产品运送至海外仓。

（2）仓储管理：商家通过物流信息系统远程操作海外仓货物，实时管理库存。

（3）本地配送：当目的国客户下单后，海外仓储中心根据订单信息，通过当地快递公司将产品配送给客户。

（二）海外仓的优点

（1）帮助拓展销售品类，有些品类的体积偏长和重量偏高，如家具、汽车零配件等，受物流方式限制，又或是航空禁运的产品，例如含锂电池的电子类产品等，可以通过海外仓进行销售。

（2）跨境电子商务平台对于使用海外仓储的产品一般会有曝光和流量倾斜，能带来更高的转化率和销量。

（3）由于头程运输可以使用海运或陆运，物流运费成本会比较低，而且由于货物运输一般使用传统贸易方式，报关和清关会容易一些。

（4）由于货物提前运达目的地国家或地区，使用海外仓储服务可以使运输时效大大提高，特别是在销售旺季，能有效降低物流纠纷，也缩短商家的回款周期。

（5）方便商家提供退货、换货、重发等售后服务，从而提升客户体验感，让海外客户能够放心购物。

（6）能够利用更加专业的仓储管理经验，帮助商家把主要精力放在产品和服务上。

（三）海外仓的缺点

（1）投入成本较高，需要提前备货，将产品批量运输至海外的仓库，并支付相应的仓储费用。一旦由于销售不畅而造成库存积压，将面临较大的资金压力。如果选择将产品运回中国，将成为产品的进口活动，除回程的货运费用外，商家还需要缴纳各类进口费用。即使商家选择在海外销毁产品，也需要支付相应的费用。

（2）商家对货物的管理受到限制，货物发到海外仓后，将按照服务商的规定进行管理，例如，退回来的产品可能无法再次销售，或是需要支付额外的检查费和包装费。

（3）海外仓储也会面临所在地的政治、法律、社会等风险。

（四）适合使用海外仓的产品

对于选择哪些产品使用海外仓，商家可以根据自己公司的实际情况和具体产品来衡量。以下是一些适合使用海外仓的产品。

（1）体积大和重量高的产品。例如，家居园艺、汽车零配件、运动器械等，选择海外仓储，能突破产品的规格限制和降低物流费用。

（2）单价和毛利润高的产品。例如，电子产品、首饰、手表、玻璃制品等，选择海外仓，可以控制破损率和丢件率，为销售高价值产品的商家降低风险。

（3）周转率高的产品。例如，时尚衣物、快速消费品等畅销品，商家可以通过海外仓更快速地处理订单，回笼资金。

（4）有明显淡旺季区别的产品。例如，旺季符合欧美节日主题的产品，适合使用海外仓，因为对于这些节日消费品，客户更加注重时效。

（5）已经形成一定销售规模的产品和一些航空禁运的产品，如利润较高的液体类产品或带锂电池的产品。

任务示范4　计算海外仓国际海运头程物流费用

要使用海外仓，跨境电子商务卖家需要先把商品批量运到海外仓库，可以通过海运、空运、陆运或者联运的方式。菜鸟官方头程物流提供空运、海运和铁路陆运服务，既可以整柜运输，也可以拼柜。和国际快递物流一样，头程运输计费重也是取货物实际重量和体积重量的较大者。体积重量计算公式为：

$$体积重量(千克) = 长(厘米) \times 宽(厘米) \times 高(厘米) \div 6\,000$$

某速卖通玩具店铺计划将1 500个毛绒玩具海运到菜鸟波兰官方仓。每个毛绒玩具重0.2千克，产品包装尺寸为20厘米×12厘米×8厘米，请问运费是多少元？（菜鸟官方头程海运到波兰的价格见表4-11）

表4-11 菜鸟官方头程海运到波兰的价格

进出口清关费 （元/票）	运费 （元/CBM）	最低起运量
938	2 833	1CBM=167千克

$$货物实际重量=0.2×1\,500=300（千克）$$
$$货物体积重量=20×12×8×1\,500÷6\,000=480（千克）$$

由于体积重量大于实际重量，按照体积重量计算运费。由于运费按每167千克计算，480千克货物按3个CBM计算，所以运费为：

$$2\,833×3+938=9\,437（元）$$

将运费平均分配到1 500个毛绒玩具上，每个玩具的运费约为6.29元。如果使用AliExpress无忧物流-标准从中国发一个这样的玩具到波兰需要的运费约为25元。

任务实施4 计算海外仓国际海运头程物流费用

一家速卖通美容健康店铺计划将2 000套护肤工具送到菜鸟波兰官方仓。每套护肤工具重0.1千克，产品包装尺寸为14厘米×10厘米×5厘米，请问运费为多少元？（菜鸟官方头程海运到波兰的价格见表4-11）

任务总结

本任务要求学生了解主要的跨境物流服务，并能掌握其运费计算方法，结合店铺主营类目产品的特点，为客户提供合适的物流服务，从而减少物流成本，实现利润最大化。

任务二　速卖通运费模板设置

任务描述

王悦在完成物流方案调研后，开始学习如何在速卖通后台创建和修改运费模板。商品是否对所有国家都发货，是否包邮，不包邮的运费如何计算，王悦不知应该如何选择。运营总监徐辉建议她根据商品重量与特性创建不同的运费模板，并根据不同国家的市场情况及运费进行设置。

任务分析

步骤1　认识新手运费模板
步骤2　创建运费模板
步骤3　自定义运费的国家及地区的选择与运费计算

知识储备1　新手运费模板

速卖通商家在发布商品之前，必须先设置好商品上架时所使用的运费模板。如果不想自定义，则可以选择平台预先设置的"新手运费模板"，如图4-7所示。

图 4-7　商品运费模板选择

运费模板的设置位置为"速卖通卖家后台→商品→模板→物流模板"。进入后，单击名称为"Shipping Cost Template for New Sellers"的模板后，就可以查看"新手运费模板"了，如图 4-8 所示。

图 4-8　新手运费模板

所有运费模板都包含选择的物流渠道，每种物流渠道可运送的国家、运费计算规则及承诺运达时间。"新手运费模板"中可以设置的物流渠道包括 AliExpress 无忧物流简易服务、AliExpress 无忧物流标准服务、AliExpress 无忧物流优先服务、中国邮政挂号小包、EMS 和 e 邮宝。如图 4-9 所示，在"新手运费模板"中，中国邮政挂号小包只将商品运送至速卖通主要的买家国家，运费为标准运费（标准运费是各物流渠道在中国大陆地区的公布价格）。至于不给其余国家不发货，有两种可能，一是这些国家不通邮或者邮路不够理想，二是这些国家有更好的物流渠道可选。

图 4-9 "新手运费模板"中的中国邮政挂号小包运费组合

承诺运达时间是商家发货后,买家可以确认收货的默认时间。一旦包裹在承诺运达时间内未妥投,买家可以申请退款。"新手运费模板"中的中国邮政挂号小包的承诺运达时间为 60~75 天。

任务示范 1 创建运费模板

"新手运费模板"可以满足平台新商家的要求,但是,大部分商家都需要进行运费模板的自定义设置。这时,商家可以单击"新建运费模板"按钮,如图 4-10 所示。

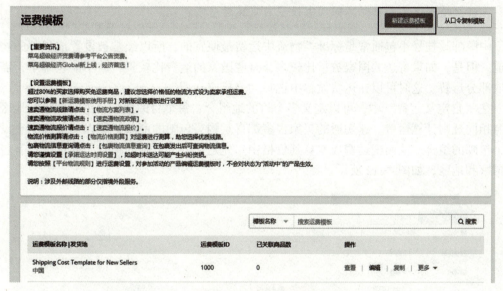

图 4-10 新建运费模板

运费模板设置按速卖通的四类物流方案显示,"其他物流"则是商家自定义的非线上发货的物流渠道。设置的内容包含两个方面:一方面是勾选使用的物流渠道;另一方面是设置运费计费规则。标准类物流设置界面如图 4-11 所示,在运费设置中,可以选择标准运费的折扣、卖家承担运费,或者针对不同国家进行自定义运费设置。

完成设置后,单击"保存并返回"按钮来保存运费模板。

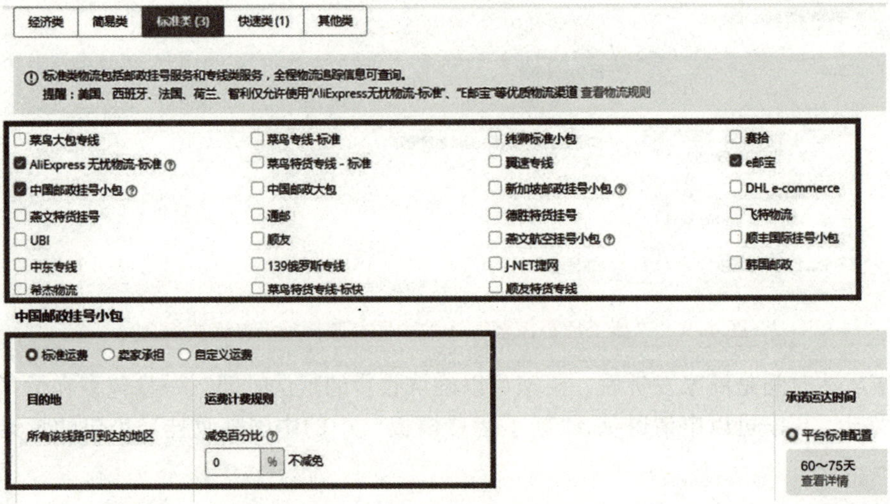

图 4-11 标准类物流设置界面

> 💡 **思考**
> 什么情况下需要针对不同国家设置自定义运费呢？

中国邮政挂号小包通常是标准类物流中运费最便宜的，所以经常被设置成包邮的物流渠道。但是，如果寄送的国家数量比较多，有些国家的运费比较贵，就不能包邮了，需要收取部分运费。这时可以在运费设置中选择"自定义运费"。

在"自定义运费"中，可以定义多个目的地组合，每个目的地组合中的国家和地区都按照相同规则计算运费。速卖通的买家很多都喜欢购买包邮的商品，所以一般商家会设置一个包邮的组合，从而把运费成本算到价格中。先定义一个包邮的组合，即选择所有包邮的国家和地区，如图 4-12 所示。

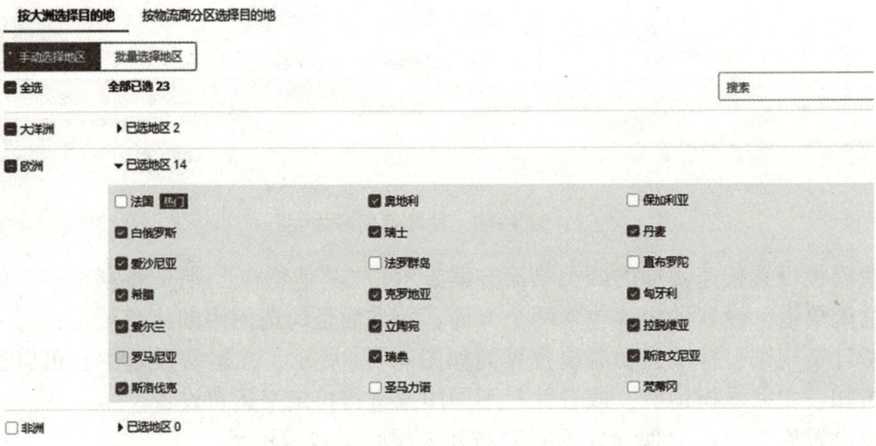

图 4-12 选择目的地组合中的国家和地区

然后，在"运费计算方式"中选择"卖家承担"，并单击"保存并返回"按钮，这样，一个包邮的组合就创建好了，如图 4-13 所示。

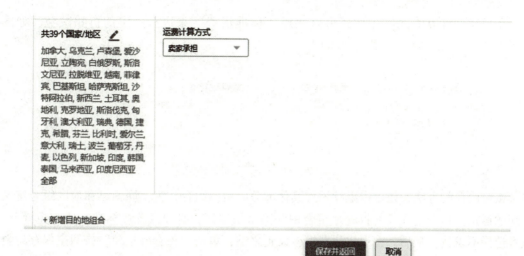

图 4-13 目的地组合设置免运费

> **思考**
>
> 把运费成本算到商品价格中，然后对所有国家包邮，想一想，这样的设置存在什么问题？

再单击"新增目的地组合"，创建一个收取部分运费的组合。在新的目的地组合中勾选国家。然后，在"运费计算方式"中选择"自定义运费"和"按照重量计费"，输入首重、首重运费、续重范围、续重和续重运费（图 4-14），这样，一个按重量收取部分运费的组合就创建好了。

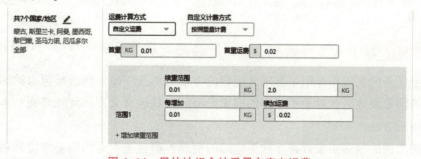

图 4-14 目的地组合按重量自定义运费

还可以在"自定义计费方式"中按照数量设置运费，这种方法适用于商品重量基本相同的情况，如图 4-15 所示。

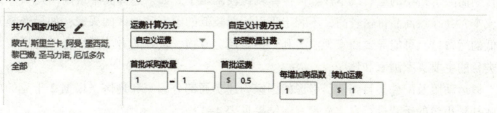

图 4-15 目的地组合按数量自定义运费

在"运费计算方式"中，还可以选择"标准运费"来进行一定的折扣减免，如图 4-16 所示。

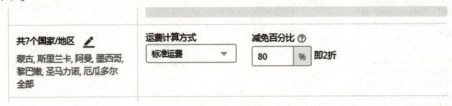

图 4-16 目的地组合按标准运费计费

按照同样的方法，还可以继续添加其他部分收费的组合，为不同国家和地区组合定义不同的运费。对于不在任何目的地组合中的国家及地区，必须设置按标准运费减免计费，或者选择不发货。最后，在退出运费模板设置之前，单击"保存并返回"按钮来保存运费模板。设置不发货组合如图 4-17 所示。

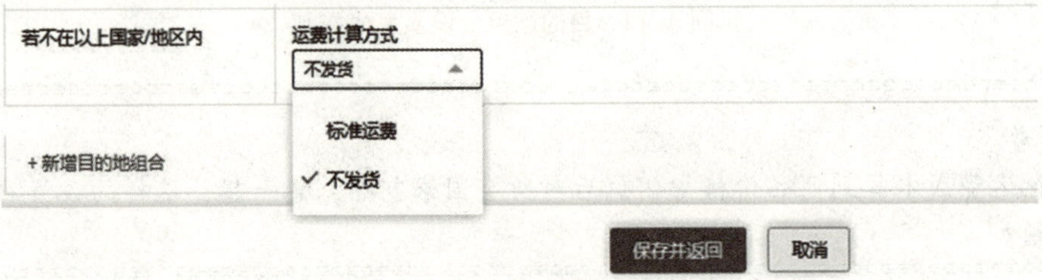

图 4-17 设置不发货组合

任务实施 1 为店铺创建一个运费模板，选择店铺希望支持的物流服务并设置运费计算方式

任务示范 2 自定义运费国家及地区的选择与运费计算

上一个任务的实施中介绍了自定义运费的方法。那么应该如何选择包邮的国家和地区和不包邮的国家及地区，对于不包邮的国家及地区，其运费又该如何计算呢？本节将介绍一种较实用的方法。

由于速卖通的很多买家都喜欢购买包邮的商品，而且速卖通的商品浏览列表中也有包邮的过滤条件，一般商家会设置一个包邮的运费组合，而把运费成本算到商品价格中。速卖通上的商品价格不能针对每个国家或地区设置，如果将所有的国家及地区设置为包邮，包含到商品价格中的运费成本该如何计算就比较困难了。如果选择其中最高的运费作为运费成本，会导致商品价格较高，不利于吸引运费较低的国家和地区的买家；如果选择其中最低的运费，又可能导致商家无法盈利，甚至还会亏损。较好的方法是综合考虑运费与主营类目的主要买家国家和地区。

以运动服及配件类目为例，考虑的国家为速卖通部分国家和地区，根据 2 千克的中国邮政挂号小包的运费进行自定义设置，结果见表 4-12。

表 4-12　中国邮政挂号小包自定义运费设置实例

目的地组合	运费/元（2 千克）	国家/地区	运费计算
1	140	美国、俄罗斯、加拿大、西班牙、法国、荷兰、英国、新西兰、澳大利亚、奥地利、土耳其、瑞典、挪威、德国、波兰、比利时、爱尔兰、意大利、瑞士、丹麦、白俄罗斯、斯洛伐克、捷克、爱沙尼亚、芬兰、希腊、匈牙利、卢森堡、拉脱维亚、立陶宛、葡萄牙、斯洛文尼亚、以色列、新加坡、韩国、泰国、马来西亚、日本、哈萨克斯坦、巴基斯坦、越南	包邮
2	163~170	墨西哥、黎巴嫩、克罗地亚、智利	首重：0.01 千克 首重运费：0.02 美元 续重：0.01 千克 续重运费：0.02 美元
3	194	罗马尼亚	首重：0.01 千克 首重运费：0.04 美元 续重：0.01 千克 续重运费：0.04 美元
4	215~220	哥伦比亚、卡塔尔	首重：0.01 千克 首重运费：0.06 美元 续重：0.01 千克 续重运费：0.06 美元
5	256	阿联酋	首重：0.01 千克 首重运费：0.09 美元 续重：0.01 千克 续重运费：0.09 美元

首先，将这些国家及地区的运费进行排序，结合该类目的主要买家国家和地区，定义目的地组合 1，包邮。其中，到芬兰的运费最高，为 140 元，作为包邮运费。同时，在计算商品的运费成本时，可以使用到芬兰的运费作为成本。

然后，将运费为 163~170 元的国家和地区定义为目的地组合 2，收取部分运费。其中，到黎巴嫩的运费最高，为 170 元，以此来计算部分运费。由于包邮的运费为 140 元，目的地组合 2 中的国家和地区只需要支付 30 元。此外，之前计算的运费是 2 千克的包裹，但是使用该运费模板的商品可能有不同的重量，如 0.2 千克或者 1.5 千克，那如何计算得出买家为这些不同重量的商品所需支付的运费呢？需要说明的是，由于运费模板设置涉及多个国家、多种运费价格以及多种重量的商品，很难计算出每种商品的精确运费，但是却能得到比较准确的结果。

对于 2 千克的包裹，目的地组合 2 中的国家和地区只需要支付 30 元运费。现在可以将这 30 元平均到较小的重量（如 10 克），这样每 10 克需要支付的运费为：

$$10 \times 30 \div 2\,000 \div 6.8 \approx 0.02 \text{（美元）}$$

其中 6.8 是美元兑人民币汇率。因此，可以将首重定为 0.01 千克，首重运费定为 0.02 美元，续重为 0.01 千克，续重运费为 0.02 美元。也可以选择其他重量，但是不宜过小或者过大。如果过小，计算出来的首重和续重的运费太小，四舍五入后为零；如果过大，首重和续重的重量也变大，计算出的运费与实际运费的偏差也变大。具体的重量，可以根据店铺商品的实际情况进行选择。

其他目的地组合也按照相同的方法定义。而对于其他物流渠道，也可以使用相同的方法自定义运费组合，如果运费低于中国邮政挂号小包的包邮运费，可以设置为包邮；如果运费高于中国邮政挂号小包的包邮运费，则扣减包邮运费后部分收取。

任务实施 2 修改任务实施 1 中创建的运费模板，使用自定义运费

任务总结

本任务要求学生学习设置运费模板，还要掌握根据店铺销售产品的重量与特性创建不同运费模板的方法，然后根据不同国家的市场情况进行运费设置。

任务三　速卖通物流发货流程

任务描述

王悦的速卖通店铺陆续收到一些订单，她准备进行发货。她听说速卖通订单支持线上发货和线下发货两种方式，但她不了解这两种发货方式的基本流程。运营总监徐辉建议她将两种发货方式都学习一下，然后再决定采用哪种方式发货。

任务分析

步骤 1　学习速卖通线上发货流程
步骤 2　学习速卖通线下发货流程

知识储备 1　速卖通线上发货

速卖通订单有两种发货方式，一种是线上发货，另一种是线下发货。速卖通线上发货是由速卖通与菜鸟网络联合多家优质第三方物流商打造的物流服务体系，其流程如图 4-18 所示。使用速卖通线上发货的商家，可以直接在速卖通后台在线选择物流商并创建物流订单。在指定城市，物流商提供免费的上门揽收服务，而对于其他城市，商家需要将包裹自行寄至物流商仓库。在物流商发货之后，商家可以在线支付运费，而对于后续发生的物流纠纷，也可以在线发起投诉。速卖通作为第三方，将全程监督物流商服务质量，保障商家权益。

图 4-18　速卖通线上发货流程

与线下发货相比，线上发货主要有以下几个优点：

（1）渠道稳定，时效快。

线上发货所引入的物流渠道都是经过平台认可的，比线下物流渠道更加稳定。商家使用线上发货后，速卖通平台可以全程跟踪物流信息，从包裹进入物流商仓库起便可跟踪物流信息，其妥投时效也优于线下物流渠道。由于物流商在承诺时效内未投妥而引起的纠纷，由物流商负责。

（2）服务有保障。

对于指定物流渠道的包裹，一旦出现丢包、破损、运费争议等情况，可以在线发起投诉申请赔偿。一旦无法与物流商达成一致，菜鸟物流的客服人员会介入，依据投诉赔付条款进行判责和赔款退还处理。

（3）价格有市场竞争力。

商家可以享受速卖通专属合约运费，对于发货量不太大的中小商家，线上发货的运费价格低于市场价，只发一件也可以打折。

（4）资金周转更灵活。

线上发货产生的运费可以通过商家的速卖通收款账户结算，商家收到的美元也可以直接用来支付运费。

任务示范1 速卖通线上发货操作流程

当出现新的订单等待发货时，商家可以在订单信息界面单击"线上发货"按钮进行发货操作，如图4-19所示。

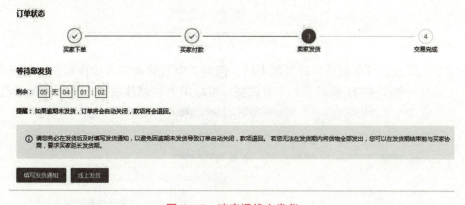

图4-19　速卖通线上发货

1. 选择物流渠道

商家选择线上发货（图4-20）后，系统会根据订单的目的地、支付金额以及产品总重量列出可选的物流渠道、参考运输时效和试算运费。如果要寄送的是电子产品，可以选择"带电"选项来查看可选的物流渠道、参考运输时效和试算运费。系统会默认使用买家下单时所选的物流渠道，卖家在两种情况下可以改选其他物流渠道：第一，经过协商，买家同意更改发货的物流渠道；第二，买家所选物流渠道的承诺运达时间大于或等于速卖通无忧简易或无忧标准服务的承诺运达时间，卖家可以改用速卖通无忧简易或无忧标准服务发货。例如，一位俄罗斯买家支付了金额为20美元的一笔订单，所选物流渠道为e邮宝，承诺运达时间为75天，由于速卖通无忧标准服务到俄罗斯的承诺运达时间为60天，因此卖家可以改用速卖通无忧标准服务发货，不需要经过买家同意。除这两种情况外，卖家如果擅自更改发货的物流渠道，一旦引起纠纷，相应的损失将由卖家承担。

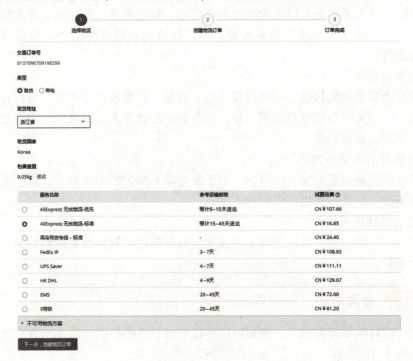

图4-20　选择线上发货

2. 创建物流订单

不同物流渠道的订单创建界面可能不同，但需要填写的内容大致相同。系统将自动导入收件人信息，如图4-21所示。如果有需要，可以单击"修改收件信息"进行修改。

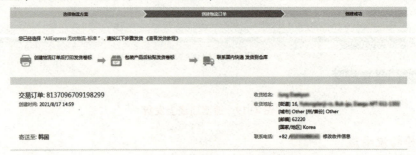

图4-21　线上发货物流订单的收件人信息

系统也会自动导入订单产品的海关申报信息，包括产品名称的中英文描述、重量、产品体积、申报金额及产品数量，其中申报金额和产品数量来自订单信息，其他信息来自商品的上架信息，如图4-22所示，申报信息可以单击"编辑"进行修改。主要目的地国家的免税额见表4-13。对于特殊产品需要申报说明，包括是否含电池、是否含非液体化妆品，以及是否含特货（液体、粉末、干电池以及带磁产品）。

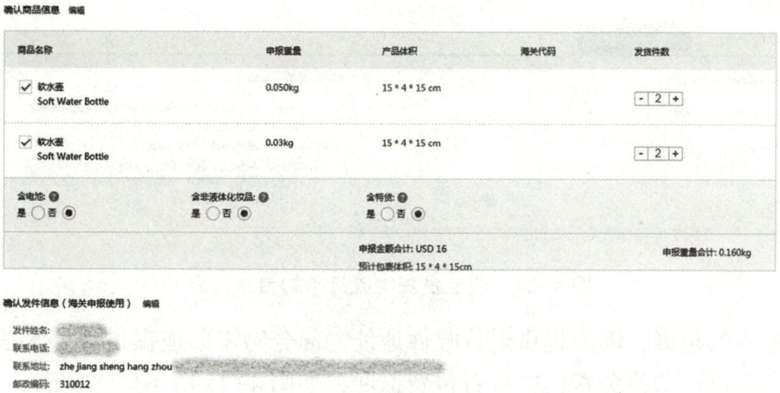

图 4-22　线上发货物流订单产品的海关申报信息

表 4-13　主要目的地国家的免税额

目的国	免税额	说明
美国	800 美元	
欧盟	22 欧元	成员国包括德国、法国、奥地利、比利时、保加利亚、塞浦路斯、克罗地亚、捷克、丹麦、爱沙尼亚、芬兰、希腊、匈牙利、爱尔兰、意大利、拉脱维亚、立陶宛、卢森堡、马耳他、荷兰、波兰、葡萄牙、罗马尼亚、斯洛伐克、斯洛文尼亚、西班牙、瑞典
英国	18 英镑	—
澳大利亚	1 000 澳元	
俄罗斯	500 欧元	每月累计,且总重量不超过 31 千克
加拿大	20 加元	—
印度尼西亚	100 美元	
新加坡	400 新加坡元	—
巴西	50 美元	寄件人和收件人必须为个人,且应如实申报

在指定城市,线上发货的包裹可以申请免费上门揽收,需要提供揽收地址,如图 4-23 所示。

图 4-23　线上发货物流订单的上门揽收信息

卖家也可以自送或通过快递公司将包裹送至所选定的物流中转仓库。通过快递公司寄送包裹时,需要填写快递单号,如图 4-24 所示。

图 4-24　线上发货物流订单的自送信息

对于被退回的包裹,需要提供退货收件地址。部分物流渠道提供海外无法投递的包裹退回服务,商家可以选择免费销毁或者付费退回,如图 4-25 所示。

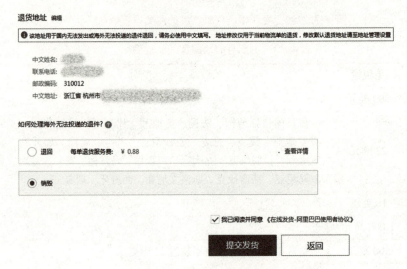

图 4-25　线上发货物流订单的退货地址

物流订单创建成功后,可以单击"打印发货标签"按钮生成发货标签,如图 4-26 所示。如果需要重新创建物流订单,单击"申请取消"按钮取消当前物流订单,然后重新创建物流订单。

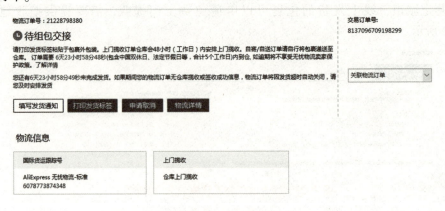

图 4-26　线上发货物流订单操作

将打印出来的发货标签粘贴在包裹上，这就是物流中转仓库使用的发货标签，如图 4-27 所示。仓库在收到包裹后，将打印并粘贴正式面单。

图 4-27　线上发货的发货标签

线上发货的包裹需要在规定时间内送到物流中转仓库，否则物流订单将自动关闭。送出包裹后，商家可以在物流订单操作界面单击"填写发货通知"按钮，将国际物流单号填好，将发货状态选为"全部发货"并单击"提交"按钮，便可完成发货流程，如图 4-28 所示。如果一个订单分成多个包裹发出，在送出包裹时，发货状态都要选择"部分发货"，只有当最后一个包裹送出后，发货状态才可以更改为"全部发货"。

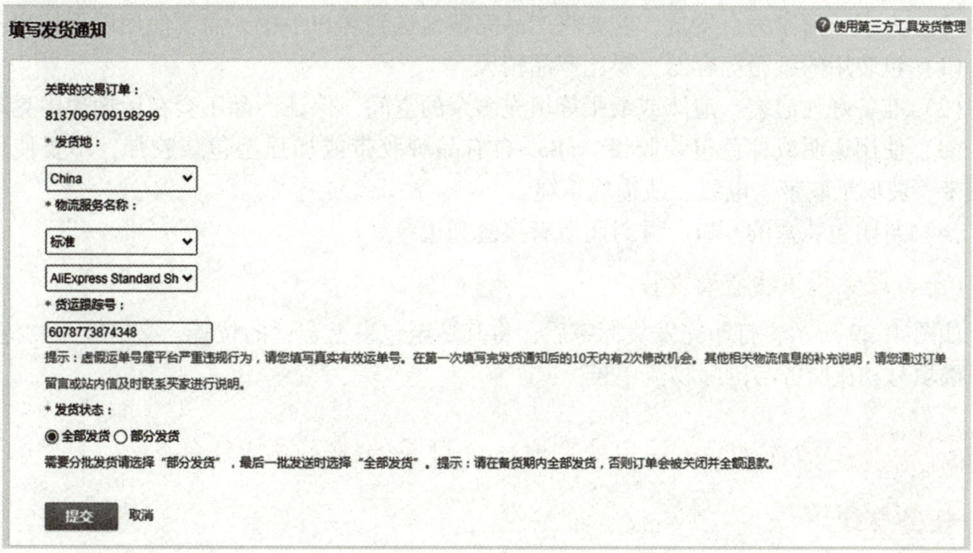

图 4-28　填写发货通知

任务实施 1 请在速卖通中完成一个订单的线上发货任务

知识储备 2 速卖通线下发货流程

如果选择线下发货，物流订单的创建在线下物流商系统中完成，商家只需要在订单信息界面单击"填写发货通知"按钮，如图 4-29 所示，然后填写正确的物流服务、国际物流单号以及发货状态并提交，便可完成发货流程。

图 4-29 发货标签

任务示范 2 eBay 平台线下发货

（一）购买货源

根据自己上架的产品找到合适的货源，如淘宝、拼多多等平台，通过国内电子商务的方式在线上采购客户想要的产品。

（二）重新打包

eBay 大多数商家为自发货，若要将产品完整地送到客户手中，需要使用以下技巧：

（1）包装用的纸箱等容器，要比产品稍大。

（2）准备好气泡袋、泡沫或纸张等填充多余的空间，保证产品不会在运输途中晃动。

（3）使用透明或棕色包装胶带、eBay 自有品牌胶带或加强型包装胶带，不要使用遮蔽胶带、玻璃纸胶带、电线、线绳或草绳。

（4）封闭包装盒的开口，并封闭所有接缝和边缘。

（三）联系线下物流商发货

如图 4-29 所示，打印完发货标签后，将其贴至包裹上合适的位置，交给线下物流商，并正确填写物流服务与国际物流单号。

任务实施 2 请在 eBay 平台中完成一个订单的线下发货任务

任务总结

本任务要求学生了解线上与线下两种发货方式，掌握线上发货与线下发货的操作流程，并能够顺利完成店铺订单的发货。

项目小结

在跨境电子商务的交易过程中,物流是一个非常关键的环节,它对运营成本和客户体验都有着重要的影响。目前,市场上有多种物流方案,王悦要想从其中选出最合适的,需要熟悉主要的跨境物流方式并掌握其运费计算规则,包括国际邮政物流、国际快递物流以及海外仓。在设置运费模板时,王悦需要根据产品重量与特性创建不同的运费模板,并根据不同国家的市场情况及运费进行设置。对于店铺所收到的订单,王悦可以通过线上与线下两种方式发货。线上发货有渠道稳定、时效快、有保障、资金周转灵活等优势,即使发货量不大,也可以享受一定比例的运费折扣。如果发货量较大,选择线下发货可以获得更多的运费折扣。

思政目标拓展任务

请同学们将本项目的学习与任务实操结合起来,总结在跨境物流工作的哪些方面体现了绿色发展、"双碳"目标、诚信服务与安全意识。

拓展阅读

中欧班列助力跨境电子商务蓬勃发展

2021年5月16日,一辆满载着来自珠三角和长三角经济带的电子商务包裹的专列从阿拉山口铁路换装库鸣笛出发,这列运载着日用百货、服装、美食等品类的班列由49个集装箱组成,最终目的地为德国、波兰等欧洲国家。

互联网的飞速发展使电子商务快速崛起,给各国生产企业带来了机遇。具备高品质和高性价比特性的中国产品享誉全球,近年来,欧洲民众也对我国产品赞赏有加,而跨境电子商务使得欧洲民众足不出户,在家动动手指头就可以享用来自中国的产品。大量订单让中国企业给更多劳动人口提供了就业岗位,从而盘活了企业经济。

跨境电子商务蓬勃发展,依托新疆铁路谋发展。中欧班列常态化组织开行为跨境电子商务包裹实现"随到随走"提供了实体依托和保障,这得益于铁路部门的大力支持,阿拉山口站出口班列采用"网上受理、远程办公、提前通关"运营模式,为出口货物的运输搭建"绿色通道"。铁路部门提前和外方沟通信息,打通出境运输渠道,对跨境电子商务包裹运输实施"优先装车、优先制票、优先挂运"等措施,帮助跨境货物第一时间办理通关手续,确保货物即到、即查、即放,节省了时间成本和物流成本。

跨境电子商务蓬勃发展,助力口岸站打开对外开放新格局。阿拉山口是全国重要的西出物流枢纽节点,是连接亚欧大陆的重要通道,在中欧班列的开行中具有无可比拟的地域优势。依托国家政策和铁路部门的支持,口岸站作为亚欧铁路运输大动脉,本身就具有良好的铁路过货条件和贸易集结的优势,再紧抓"一带一路"建设机遇,发挥得天独厚的优势,便可以打造东西开放互济的新格局。

根据从铁路部门了解到的信息,截至2021年5月15日,阿拉山口跨境电子商务零售出口包裹突破1 748.43万件，货值3 644.14万元。可以预见，中欧班列的常态化开行将为跨境电子商务业务提供更为广阔的发展载体，在我国构建人类命运共同体的呼吁下，将会有更多的国家和企业加入跨境业务的合作。阿拉山口站作为全国出境货物在新疆的收揽集散地，会更好地融入国家双循环战略。跨境电子商务业务的飞速发展，将会为新疆作为丝绸之路经济带核心区的建设贡献不容小觑的力量。

习题演练

一、单选题

1. 中国邮政挂号小包的包裹重量不能超过（　　）。
   A. 1千克　　　　　　　　　　　　B. 2千克
   C. 3千克　　　　　　　　　　　　D. 5千克
2. 中国邮政挂号小包方形包裹的长、宽、高之和不能超过（　　），单边长度不能超过（　　）。
   A. 90厘米，60厘米　　　　　　　　B. 100厘米，50厘米
   C. 90厘米，50厘米　　　　　　　　D. 100厘米，60厘米
3. 以下资费价格最高的物流服务是（　　）。
   A. 中国邮政挂号小包　　　　　　　B. EMS
   C. e邮宝　　　　　　　　　　　　D. DHL
4. 速卖通运费模板中不包含的物流方案是（　　）。
   A. 经济类　　B. 标准类　　C. 专线类　　D. 快速类
5. 速卖通运费模板中不包含的运费计费规则是（　　）。
   A. 标准运费　　B. 卖家承担　　C. 自定义运费　　D. 批发运费

二、多选题

1. 速卖通的运费模板中包含以下哪几种物流方案？（　　）
   A. 经济类　　B. 简易类　　C. 标准类　　D. 快速类
2. 海外仓包括哪几个部分？（　　）
   A. 头程运输　　B. 仓储管理　　C. 中途运输　　D. 本地配送
3. 海外仓储的优点有哪些？（　　）
   A. 帮助拓展销售品类　　　　　　B. 能带来更高的转化率和销量
   C. 物流运费成本会比较低　　　　D. 优化跨境电子商务的用户体验

三、判断题

1. 跨境物流指两个或两个以上国家或地区之间进行的物流服务。（　　）
2. 国际商业快递时效快且可查询全程物流信息，是跨境电子商务提供的最主要的物流服务。（　　）
3. 跨境物流的运输模式主要包括直邮模式和海外仓模式。（　　）
4. 国际商业快递按货物的实际重量收费。（　　）
5. 速卖通店铺可以通过运费模板来设置客户可以选择的物流服务及需要支付的运费。（　　）

四、简答题

1. 请简述目前跨境物流主要存在哪些痛点。
2. 请简述中国邮政挂号小包的优缺点。
3. 请简述速卖通店铺应如何选择物流服务。

五、实操题

1. 一家新开业的速卖通店铺在准备上架产品，店铺销售的产品包括帐篷、背包、户外工具、运动服饰等，售价为5~200美元不等。店主深知跨境物流对跨境电子商务的重要性，希望为客户提供满意的物流服务，但面对众多的物流服务却不知如何选择。请问，该店主如何选择物流服务呢？

2. 一家开业3个月的速卖通店铺决定调整运费模板。该店铺主营女装，在售产品数为460，产品价格为11~62美元不等。近30天客户的购物金额为4 354美元，低于60%的同行业卖家。该店铺目前只对20几个主要目的地发货，并且物流服务评分只有4.5，低于平台物流服务评分均值1.41%。请问，该店铺应该如何调整运费模板？

3. 一家速卖通男鞋店铺已经运营了半年多，店铺订单量从最开始的两三天才有一单，增加到每天200单左右。店铺之前使用的物流方案包括标准类和快速类两种，其中使用标准类物流的订单占比超过99%。店铺所提供的包邮物流服务按照商品售价和目的国有所不同，主要是中国邮政挂号小包和e邮宝，分别占到订单量的约43%和20%。该店铺一直使用速卖通线上发货，由于发出的订单量大也没有额外优惠，因此考虑使用线下发货，从而获得更多的运费优惠。请问，该店铺应该如何选择线上发货和线下发货？

学习总结

1. _____
2. _____
3. _____
4. _____
5. _____

项目五 字斟句酌定描述

项目导入

王悦完成了前期的选品工作,挑选出十款产品,准备放在速卖通平台上销售,她现在的主要工作就是上传产品信息并发布产品,其中涉及以下几项工作:设计产品标题、写出产品描述、发布产品。

学习目标

一、知识目标
1. 熟悉产品标题制作中关键词的选择及应用
2. 掌握产品详情描述的撰写
3. 熟悉跨境电子商务平台的产品发布流程

二、技能目标
1. 能够正确选择产品描述关键词,写出符合平台规定的产品描述
2. 能够正确描述产品基本信息、产品销售相关信息等
3. 能够按照正确步骤发布产品

三、思政目标
1. 引导学生树立正确的价值观,让他们能够正确引导买家适度消费
2. 培养学生养成知法、守法意识,使他们明白产权和肖像权的重要性

重点呈现

任务一　产品标题制作

任务描述

王悦在学习完注册店铺的方法后，已经完成了选品工作。在发布产品前，她决定先深入学习产品标题制作。

任务分析

步骤1　掌握产品标题的搜索排序规则和构成
步骤2　掌握选择关键词的方法
步骤3　制作符合平台规定的产品标题

知识储备1　产品标题制作

产品标题制作是产品发布的第一步，好的标题不仅可以提高产品浏览量，还能提升产品排名。产品标题一般包括产品名称、尺寸、品牌、型号、款式、材质、颜色、图案等信息。最基础的产品标题由核心词、属性词及流量词组成。

（一）标题的搜索排序规则

制作标题前，要先了解不同平台的搜索排序规则。以速卖通平台为例，搜索功能是为帮助买家快速匹配想要购买的产品而设置的；而搜索排名则是要将优质卖家和更受欢迎的产品推荐给买家，哪个卖家能带给买家更好的购物体验，哪个卖家的产品排序就会靠前。

1. 相关性得分

（1）当关键词中的所有单词均可以出现在产品的标题和系统提供的标准属性中时，产品名称就会进入搜索结果。
（2）系统会结合以下两点计算出相关性得分。
①判断产品所在类目与搜索词的关系远近。
②判断产品的标题与搜索词语义上的相关性高低。

2. 商业得分

（1）商业得分会参考以下三个方面：
①可成交性：系统会结合产品和卖家等多方面信息预测产品未来的可成交性。

②服务能力：平台对产品和卖家在服务类指标上的表现有硬性要求。

③反作弊：平台会对作弊的卖家做出较大力度的处罚。

（2）三者的重要性。

①可成交性：交易模型是基础，得分越高，排名越高。

②服务能力：交易情况不好的卖家出售的产品，服务再好也无法提升排名；而服务不好的卖家出售的产品，交易情况再好，排名也会下降。

③反作弊：作弊对产品和对卖家的影响很大，特别是出现重复铺货、类目错放等严重问题的产品，会被直接降到排序的最后，甚至被屏蔽，对整个店铺的排序也会产生影响。

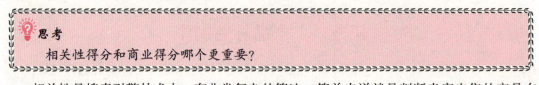

思考

相关性得分和商业得分哪个更重要？

相关性是搜索引擎技术中一套非常复杂的算法，简单来说就是判断卖家出售的产品在买家输入关键词搜索与浏览类目时，与实际需求的相关程度，因为相关性越高的产品，排名越靠前。

相关性的五重匹配包括类目、属性、标题、关键词、详情页描述。一般情况下，商业得分比相关性得分重要，这并不是说可以不优化相关性得分，因为相关性得分是基础，若没有相关性得分，商业得分再高也没用。但是在相关性得分差距不大的基础上，商业得分的影响力更大，在商业得分中，转化率是重中之重，转化率对电子商务来说可能是最重要的数据。

（二）标题构成

1. 标题制作"三段法"

标题制作"三段法"是指标题由核心词（提升相关性）+属性词（影响排名和精准流量）+流量词（引流）三大类关键词组成。

2. 标题制作参考公式

标题制作参考公式为：核心词1（精准）+属性词+核心词2（相似）+属性词+核心词（热门）+属性词/流量词

（三）标题的组成内容

关键词一般包括核心词、属性词、流量词。

（1）核心词。

核心词即产品的类别关键词，回答的是"是什么"的问题。以男士外套为例，Coat（外套）/Men Coat（男士外套）/Greatcoat（厚外套）等都回答了这个产品"是什么"，即标题核心词。这些词有的是产品的类别归属（如Coat），有的是产品的名称。

核心词一般是行业热门词，其对排序和点击率会产生较大的影响。核心词并不会真正影响流量，其主要影响的是系统在进行判定时的相关性得分。如果不使用核心词，相关性得分相对于其他卖家就会较低。但在购物时，买家通常都是看前几个单词，所以要把核心词放在前面，以吸引买家。在设置标题时，要先了解搜索排序规律，再将核心词与产品结合起来，如应设置成Wedding Dress，而不能是Dress Wedding。

(2)属性词。

属性词一般是指用来描述产品长度、颜色、材质、功能等参数的词,回答"产品是什么样"的问题。属性词与排行和点击率密切相关,可使用的属性词包括产品的材质、款式、形状、尺寸、颜色、型号、质量、工艺、风格或流行元素、用途或功能、产品特性、目标群体、使用方式、使用时间和使用效果等。我们可以利用"数据纵横—选品专家"来分析产品的热销程度和热搜属性,选择那些符合产品本身特性并且流量大的属性词并将其加入产品标题。

(3)流量词与精准词。

流量词是指一些搜索量较大的流行词、泛词,较为抽象,是可以套用和替换的,如"2022""Brand""New Arrival"等都是流量词。而精准词是具体、准确描述产品的关键词,搜索量小,但可精准定位有该产品需求的人群,如"Petite"等,可以利用"数据纵横—搜索词分析"工具来设置精准词。

流量词和精准词主要是配合搜索引擎的算法。当标题呈现在买家面前时,前置的几个关键词会决定买家是否点击进入链接查看。所以在做产品标题关键词排序时,要把买家最关注的词放第一位,把次关注的词放在第二位,把最不重要的词放在最后。因为对于搜索引擎算法来说,词语的排序不会影响什么,只要匹配到买家的搜索词,标题就会有呈现的机会,所以用前置词快速吸引买家非常重要。

如果卖家有特色服务,比如定制、设计等,可以将其写在标题里,这样有助于扩大目标受众的范围。建议多用形容词描述产品,可以引入长尾词流量。长尾关键词的特征是比较长,往往由2~3个词组成,甚至是短语,一般情况下搜索量少且不稳定。但长尾关键词带来的客户转化率非常高,因为使用长尾关键词搜索的客户目的性更强。

任务示范 1

分析图 5-1 所示的产品标题中包含了哪些信息,其中的核心词、属性词、流量词分别是什么?

图 5-1 Woman Short-sleeve T-shirt

产品标题：2021 Lovers Summer Women Short-sleeve 100% Cotton Plus Size Cartoon T-shirt Lovers Short Red Loose Design

上述产品标题包含了产品的上市时间、季节、适用人群、品名、面料、图案样式、款式等基本信息。

核心词：T-shirt

属性词：100% Cotton Women Red Short-sleeve

流量词：2021 Lovers Summer Plus Size Loose Design

任务实施1 分析图5-2所示的产品标题中包含的信息

图5-2 多功能果汁机

产品标题：Portable Electric Juicer Blender Multifunction Juice Maker Machine

知识储备2 正确选择关键词

下面介绍选择关键词的几种方式。

（一）选词专家

选词专家位于速卖通卖家后台生意参谋模块的市场选项下，如图5-3所示。其使用逻辑是通过各个关键词的搜索人气、搜索指数、点击率、成交转化率以及竞争指数来选择合适的关键词。

（1）搜索人气。

搜索人气指的是搜索人次，搜索人次的高低能在一定程度上体现关键词热度，但该数据可能会出现人为干扰，如某个客户搜索了同一个关键词3次，则搜索人次加3。

（2）搜索指数。

搜索指数是指搜索次数，是衡量产品热度的重要指标。其形成也并非完全只是按照产品被搜索的次数来进行设置的，而是根据一定的搜索比例分析产生的。搜索指数可以直接反映出某款产品的热度和竞争程度的变化。

图 5-3 选词专家界面

(3) 点击率。

点击率是点击的次数与展示次数的比例，简单来说，就是有多少人看了这个界面，又有多少人点击了这个界面。通常我们用点击率来体现内容的吸引力。

(4) 成交转化率。

成交转化率是产生购买行为的其他人数与进入店铺其他人数的比例。成交转化率是体现流量效果转化最有力的数据。

(5) 竞争指数。

竞争指数是综合体现产品或服务现在以及将来的整体竞争实力的指数，它是通过对多个指标检测后进行综合分析而得的数据，竞争指数越高的词搜索度越高。

(二) 搜索分析

搜索分析也位于生意参谋中的市场选项下，如图 5-4 所示。可以通过查看产品来观察将要发布的产品是否是飙升产品或者是高曝光产品，这样有助于在日后更好地打造爆品。除此之外，还可以选择确定的市场国家和产品品类，从而进一步缩小搜索分析的范围，以利于更好地确定关键词和产品。

图 5-4 搜索分析界面

如图 5-5 所示，可在框内选择目标市场所处的国家，查看该国家的热搜词、飙升词和零少词。

图 5-5　搜索分析国家选择

（1）热搜词。

热搜词是买家搜索流量较高的关键词，代表相关市场买家的需求量大。最多能够展示 100 个，默认搜索次数从高到低排序。

（2）飙升词。

飙升词是搜索热度飙升的关键词，代表短时间内买家需求突然扩大。默认搜索次数从高到低排序。飙升词指标有搜索指数飙升幅度、曝光产品数增长幅度、曝光卖家增幅。

①搜索指数飙升幅度：搜索该关键词在所选时间段内累计搜索指数同比上一个时间段内累计搜索指数的增长幅度。

②曝光产品数增长幅度：搜索该关键词在所选时间段内每天平均曝光产品数同比上一个时间段内每天平均曝光产品数的增长幅度。

③曝光卖家增幅：搜索该关键词在所选时间段内每天平均曝光卖家数同比上一个时间段内每天平均曝光卖家数的增长幅度。

搜索分析品类选择如图 5-6 所示。

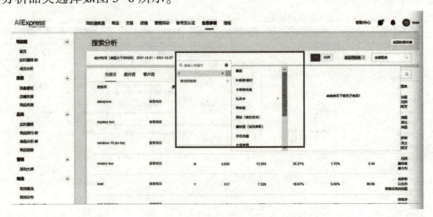

图 5-6　搜索分析品类选择

（3）零少词。

零少词是指搜索热度比较高，但商家发布的产品较少、搜索结果比较少的关键词，其潜在商机比较大。默认搜索次数从高到低排序。

零少词指标包括是否品牌词、曝光产品数增长幅度、搜索指数和搜索人气。

（三）买家首页搜索下拉框

在速卖通主页搜索想要上架的产品，可见到与该产品相关的一些关键词，这些关键词也往往是搜索量较高的词。比如输入"dress"后，下拉框中会出现"dress for women 2022""dress for women""dresses""dress for party for women""dress kids girl"等高搜索量词，卖家可做参考，如图 5-7 所示。

图 5-7　搜索下拉框

（四）直通车

直通车工具位于营销活动界面，如图 5-8 所示，在该框中输入产品品类，可以直观显示出与该品类相关的关键词，还带着各个关键词的搜索热度和行业竞争度等数据，因此，同样可以帮助卖家进行关键词的选取。

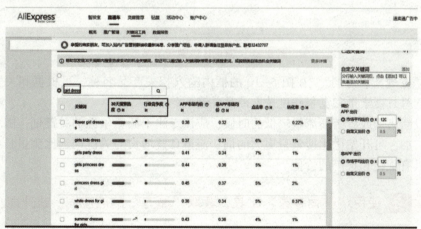

图 5-8　直通车工具

（五）产品页面下方关键词

在速卖通平台上选择产品，然后下拉至最后，可见图 5-9 中所示的与该品类相关的关键词。卖家在发布新产品前，可以找到一款销售较好的竞品，下拉至最后，选取相关关键词。

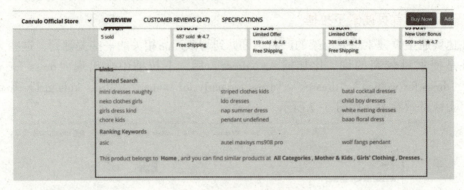

图 5-9　产品页面下方关键词

（六）Google 关键词工具

Google 关键词工具网址为 https://adwords.google.com/ko/KeywordPlanner/Home，界面如图 5-10 所示。

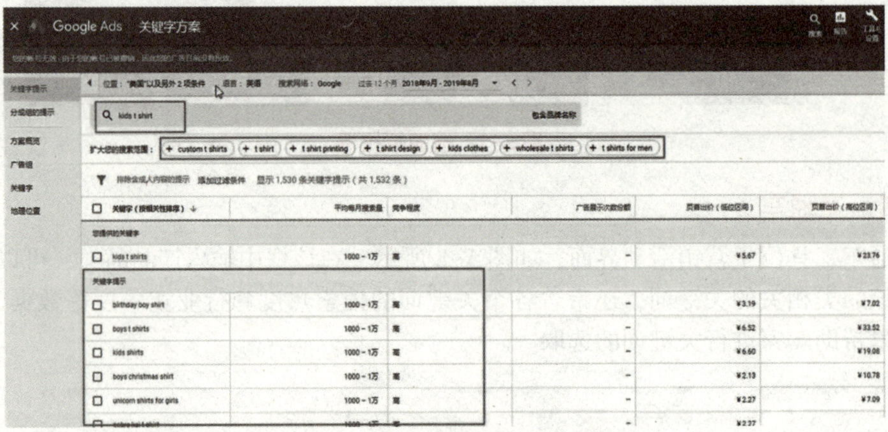

图 5-10　Google 关键词工具

单击"发现新关键词"，在图 5-10 的框内输入相关产品名称，可根据相关关键词所显示的平均每月搜索量和竞争程度选取商品关键词。

在开设新店铺或者店铺流量较低的时候，应该专注于低竞争性的关键词；随着店铺流量和订单增加，可开始优化搜索量更大的词。流量日益增长的关键词远比流量日益降低的关键词更具有优化和推广的价值。

任务示范2 使用"选词专家"工具，获取"魔方"的热搜词、飙升词、零少词

下面以在选词专家中选择"魔方"产品为例，介绍使用"选词专家"工具获取相关数据。

如图 5-11 所示，从热搜词界面中可以看到，搜索人气与搜索指数居高不下的有"fidget toys""cubo rubik""cubo magico"等。

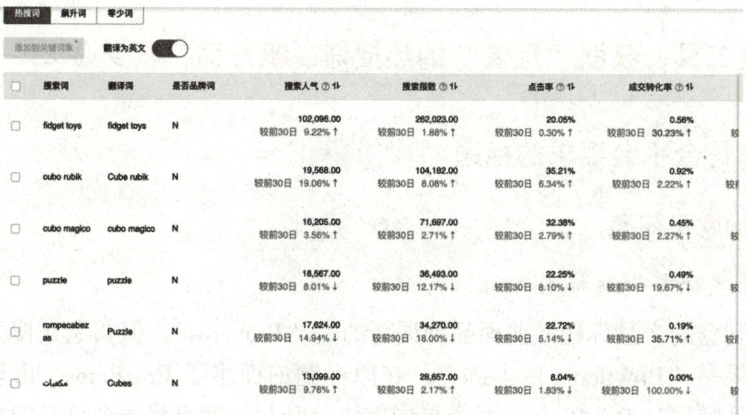

亚马逊平台产品详情页
标题撰写要求

图 5-11 热搜词界面

如图 5-12 所示，从飙升词界面可以看出，魔方产品的关键词里，近 30 天并没有飙升词，之前排名靠前的是"emoji cube"。

图 5-12 飙升词界面

如图 5-13 所示，从零少词界面可以看到，当前搜索人气与搜索指数较前 30 天有所上升的关键词主要是"fidget toys""cubo rubik"等。

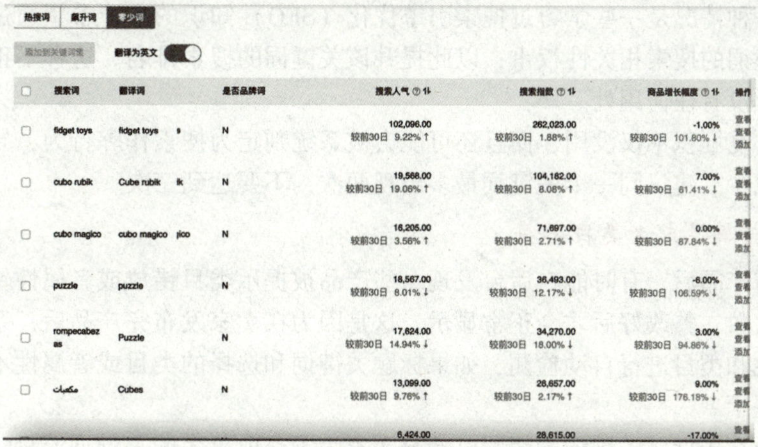

图 5-13 零少词界面

任务实施2 使用工具，获取"玩偶"的热搜词、飙升词、零少词

知识储备3 制作符合平台要求的标题

（一）标题撰写的常见问题

1. 标题中无商标名称或者商标名称填写有误

例如，卖家实际刊登的产品标题最前面品牌词写的是"Proberos"，但买家在搜索结果页面展示的品牌词结果是"Pro Beros Proberos"，在原标题前面多了 Pro Beros。出现这种情况的原因是正确的品牌词是 Pro Beros，两个单词应该分开写。卖家将两个分开的单词连在一起写，系统就无法检测到标题中添加了这个品牌词，为了标题的规范性和买家的体验，系统自动在标题的最前面加上了品牌词，所以就出现了两个重复的品牌词。

速卖通平台规范的写法是将品牌词放在标题的最前面。另外，要注意商标词的填写务必与平台认证通过的商标词完全一致，大小写均可。

2. 标题中添加了与产品无关的营销词

例如，卖家在标题最前面加了"Free Shipping"这个词，这个词跟产品没有关系，主要是因为有些买家会搜索这个词，卖家希望通过这个词为产品带来流量和点击率，是出于营销目的的考虑。

但是在最终呈现的搜索页面中，"Free Shipping"这个与产品无关的营销词被系统自动隐藏了，这样就浪费了标题字符位数。

类似的词还有"Hot Sale""New""High Quality"等，这类营销词并非完全没有价值，只是因为与产品相关性不高，所以在整个标题中的权重会很低。系统会对标题的关键词权重进行计算，与产品相关性高的有价值的词，系统会将其优先展示出来，而相关性低的和体验差的一些营销词往往靠后展示甚至不展示。

3. 关键词重复堆积超过三次

一种情况是因为可能会有多种修饰词搭配主关键词对产品进行描述，导致主关键词多次重复；另一种情况是一些学习过搜索引擎优化（SEO）知识的人，希望通过堆积关键词来提升某关键词的搜索相关性权重，以此提升该关键词的搜索排名。这种不正当的手法早已过时，而且没有任何用处。

关键词重复堆积不仅没用，而且还可能会被系统判定为搜索作弊行为，导致产品权重降低，曝光减少。建议同一个关键词最多出现两次，不要达到三次。

4. 标题与属性或者类目不符

卖家发布产品后，有时能在后台发现一些产品被提示类目错放或者属性错选，会被系统限制曝光次数，整改好后才会正常显示。这是因为在卖家发布完产品后，系统会对产品的标题、属性和类目进行自动检测，如果标题关键词和选择的类目或者属性不匹配，就会出现相应的提示。

这个问题在于标题关键词的编写。部分卖家为了获取更多的关键词流量，往往在标题中加了一些与产品实际情况不符但搜索量大的关键词，比如耳机的佩戴方式分为耳挂式、

入耳式、后挂式等，如果卖家选择的属性是入耳式，但在标题中却加了后挂式的关键词，那么就会被系统判定为属性错选。当出现属性错选或者类目不符的提示时，卖家应检查标题中是否含有一些与属性和类目不符的关键词，重新编辑产品将这些错误的关键词修改或者删除再提交即可。注意，系统不会马上判定修改后的产品通过审核，通常1~2个工作日才会更新状态。搜索作弊行为类型及其处罚措施见表5-1。

表5-1 搜索作弊行为类型及其处罚措施

违规行为类型	处罚措施
类目错放	1. 给予违规产品搜索排名靠后的处罚 2. 根据卖家搜索作弊行为累计次数的严重程度对整体店铺给予搜索排名靠后或屏蔽的处罚；情节特别严重的，平台将给予冻结账户或关闭账户的处罚 注：对于更换产品的违规行为，平台将增加清除该违规产品所有销量记录的处罚
属性错选	
标题堆砌	
黑五类商品错放	
重复铺货	
广告产品	
描述不符	
计量单位作弊	
商品超低价	
商品超高价	
运费不符	
SKU作弊	
更换商品	
标题类目不符	

> **思考**
> 很多企业会尽可能多地在跨境电子商务平台上注册店铺，以增加产品的销售渠道。请问，这些店铺是否可以使用同一套标题？

（二）标题制作注意事项（以速卖通为例）

（1）核心词、热搜属性词、产品亮点放置在标题前半部分。

（2）同质化产品的标题设置以长尾关键词为主。

（3）个性化产品的标题设置以核心词为主。

（4）美工单词的首字母要大写，整体长度不要超过128个字符。

（5）数量应尽量用阿拉伯数字，如尽量使用"3"而不是"Three"。

（6）单位用单词表达，而不是符号，如表达英寸时请用"inches"而不是"""。

（7）只写与产品有关的信息，避免写无用信息。

（8）促销信息、产品库存量等与产品本身无关的信息应尽量排除。

（9）避免浪费字符位放置无搜索热度的营销词，如"Free Shipping""New Arrival""Sale""Best Seller""Great Deal""Hot Item"等。

（三）如何进行标题优化

1. 何时需要优化标题

（1）档期内滞销。

如果产品流量在两周或一个月内的访客数量过少或距预期相差较远时，可以着手对标题进行优化。

（2）在同款产品竞争中处于劣势。

同类商品，如果价格相差不大而销量明显少于其他店铺时，需要对标题进行优化。

（3）曝光量低或跳出率高。

原因可能是标题未准确表达产品的属性及卖点，需要充分了解产品特点或买家需求后对标题做出相应调整。

2. 标题优化技巧

（1）确定优先部分。

如果是平台店铺，要了解平台标题的展示规则，如某平台允许标题有128个字符，但在搜索中只展示前45个字符，那么这45个字符就是需要着重优化的部分，要保证最重要的信息都能在这45个字符里呈现。

（2）了解排布方式对标题的影响。

与独立站不同的是，如果同一个关键词在平台的标题内出现多次，会被平台降权。所以卖家要了解不同的优化方法在不同平台里的适用性，避免踩坑。另外，还有词序问题，词在标题中的位置不同，其搜索权重也是不同的，调整一个关键词的次序后，不仅自身权重发生改变，其他关键词的位置也发生了变化，整体搜索权重也因此改变。一般正常的顺序为核心词+属性词+促销或品牌及流量词，如"White Wedding Dress Same as Avril"。

（3）借助关键词优化工具。

使用SEMrush、Ahrefs、Monster Insights、Answer The Public、Google Search Console等工具进行数据研究与关键词优化。

（4）其他标题优化技巧。

① 用足标题字符数。

② 去掉不必要的连词。

③ 多用流量高的词。

④ 注意局部展现和整体展现效果。

任务示范3 为"魔方"产品设计一个符合速卖通要求的标题

根据前文选词专家获取的热搜词、飙升词与零少词，结合速卖通首页下拉框搜索热词，可以将标题设计为"Puzzle Cube Durable Exquisite Decompression Toy Infinity Magic Cube For Adults Kids Fidget Toys Antistress Anxiety Desk Toy"。

如何撰写符合自己产品特色的标题

任务实施3 根据上述内容，选择"玩偶"产品，制作一个符合要求的标题

任务总结

本任务要求学生了解标题关键词分类，掌握产品标题结构，能够使用相关工具选择关键词来组成产品标题，还要了解产品标题的优化方法。

任务二　产品刊登及发布

任务描述

王悦在前期拍摄好产品图片、拟定好产品标题后，需要进一步完善产品详情页内容制作，以完成产品刊登与发布工作。

任务分析

步骤1　制作产品详情页
步骤2　发布产品

知识储备1　产品详情页

（一）产品详情页作用及组成

产品详情页是跨境电子商务买家通过点击产品链接进入商家的第一个页面，这个页面呈现出的内容的优劣是决定买家浏览深度、转化率及产品销量高低的关键因素。低转化率会使中小卖家有流量、没销量，会使大卖家流量越多越赔钱。高转化率的详情页能激发买家兴趣，刺激潜在需求，赢得买家信任，从而引导其下单。因此，优化产品详情页非常重要。

详情页由文字、图片、视频组成，主要向买家介绍产品属性、使用方法等详细情况。其最主要的作用就是促成下单、实现转化。产品详情页的图片设计要求在项目三中已经进行说明，此处不再赘述。本项目主要就详情页呈现的内容进行介绍。

（二）产品详情页后台录入界面

在后台刊登产品时，应填写产品基本属性（如品牌、特征、产地、型号等，以及价格与库存、物流模板、详细介绍等），这些内容最终会在详情页中呈现，如图5-14所示。

图5-14　产品详情页后台录入界面

图 5-14 产品详情页后台录入界面（续）

图 5-14　产品详情页后台录入界面（续）

（三）产品的基础信息要求

1. 完整：属性填写完整

完整度不得低于 20%，重点属性必须填写。比如鞋靴类，买家非常关注的季节性、帮高、跟高、尺码、跟的形状等几个重要属性，就必须填写。

2. 正确：避免信息冲突

有些产品的标题中写有 "Free shipping"，但是运费模板上只对部分地区、部分运输方式包邮，这属于信息冲突。标题与属性的冲突等，会影响推广商品与推广关键词的匹配，同时也会影响商品的自然排名。

任务示范 1　为"无人机"产品准备详情页展示信息

（一）产品基本属性

刊登产品时，须按平台要求完整填写其基本属性信息。

（二）详细描述部分补充信息

1. 设置问候语

卖家可以设置问候语来欢迎买家的到来并表达感谢之情，还要预祝买家购物愉快，然后以图片形式将其置顶，如图 5-15 和图 5-16 所示。

图 5-15　问候语 1

图 5-16　问候语 2

2. 介绍常用物流

告知买家各国快递运送速度，以及到达所需的大致时间（图5-17）。让买家对收货时间有基本的认知，这在一定程度上可以避免他们由于跨境物流时长而给出差评。

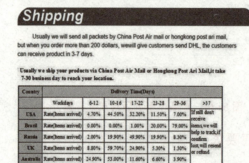

图5-17 物流信息介绍

3. 展示产品配置与特色

可以使用文字加图片的方式把产品的配置与特色展示出来。

图5-18所示的文字强调了产品材质、产品及包装尺寸、电池参数、续航时间等。

图5-19所示的文字描述了产品特色，翻译成中文就是"集合当前先进飞行技术，配备强大的动力及飞行悬停系统，4K电影级像素摄像头实现创作自由"。

```
Product name: JC-801
Product material: special resistant material
Product size: 33*33*10CM
Packing size: 30*7*20CM
Battery parameters: 3.7V/1100MAH
lithium battery Charging time: 40-60
minutes Flight time: 15 minutes
Remote control distance: 100-150 meters
Remote control technology: 2.4G,
signal remote control Product channel: 4-channel
flight Gyro: 6-axis rudder
Remote control: 4 AAA batteries (not included)
Product Features: Ascent/descent, forward/backward, left/right, throwable, rollable/headless mode/fast/slow gear switch/one-key return/fast rotation/one-key take-off/one-key landing
Product configuration: Aircraft body*1 Remote control*1 USB cable*1 Rechargeable battery*1 Manual *1 Manual screwdriver*1
```

图5-18 产品配置描述

图5-19 产品特色描述

4. 增加卖家承诺

以目标客户习惯的语言方式，做出服务时间、发货时间、产品质量等方面的承诺，并以此来提升买家的信任感，如图 5-20 所示。

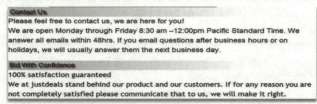

图 5-20　卖家承诺

5. 引导买家理性评价

引导买家在购物时理性面对各种问题，如对产品或服务不满，请先与卖家沟通，不要直接启动纠纷解决流程。这部分提醒内容应尽量醒目，要给买家遇到问题先找卖家沟通解决的心理暗示，如图 5-21 所示。

图 5-21　引导买家理性评价界面

6. 提升买家忠诚度

卖家可在产品详情描述中添加这样一行字，邀请买家成为店铺 VIP 会员，只需要收藏店铺，就能获得折扣券或小礼品，买家通常会愿意成为店铺 VIP 会员，如图 5-22 所示。

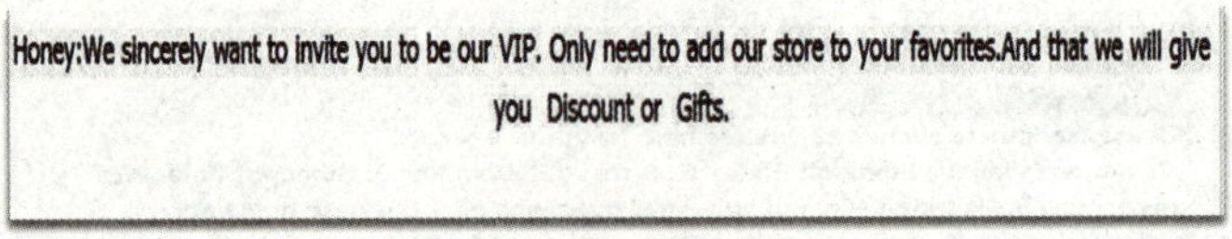

> Honey:We sincerely want to invite you to be our VIP. Only need to add our store to your favorites.And that we will give you Discount or Gifts.

图 5-22　邀请买家成为店铺 VIP 会员

7. 特别提醒

对于一些特殊产品，需要标注相关安全警告与免责说明，如图 5-23 所示。

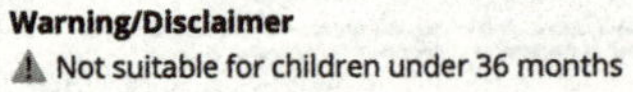

> **Warning/Disclaimer**
> ⚠ Not suitable for children under 36 months

图 5-23　安全警告与免责声明

任务实施 1　为任务一中选择的"玩偶"产品制作详情页内容

知识储备 2　其他设置内容——支付设置

（一）跨境支付的概念

跨境支付是指两个或者两个以上国家或者地区之间因国际贸易、国际投资等方面所发生的国际间债权债务，并借助一定的结算工具和支付系统实现资金跨国和跨地区转移的行为。

跨境支付主要涉及一国消费者在网上购买他国商家产品时，由于各国使用货币的币种不同，需要通过结算工具和支付系统实现两个国家或地区之间的资金转换，最终完成交易。

（二）跨境支付服务

1. 国际支付宝

（1）概述。

国际支付宝（Escrow）是由阿里巴巴与蚂蚁金融服务共同开发的，用来保护国际在线交易中买卖双方交易安全的一种服务，它是一种第三方支付担保服务。

2007 年，支付宝（Alipay）成为首家获批开展跨境支付业务的第三方支付机构，形成了"全球收全球付"的能力，可以为全球 200 多个国家和地区的用户提供服务，支持使用 18 种货币结算，包括美元、英镑、欧元、日元等。

全球速卖通平台通过对买家的调研，发现买家群体更加喜欢和信赖"Escrow"一词，认为它可以保护买家的交易安全。因此，速卖通平台在买家端将国内支付宝改名为国际支付宝。而在卖家端，只要卖家有国内支付宝账号，则不需要申请国际支付宝账户。

（2）对卖家的保障。

国际支付宝的风险控制体系可以保护卖家在交易中免受信用卡盗卡的风险，而且只有当且仅当国际支付宝收到了货款，才会通知卖家发货，这样可以避免买家在交易过程中使用其他支付方式隐藏的交易欺诈风险。

（3）对买家的保障。

在交易过程中，买家先将货款打到第三方担保平台的国际支付宝账户中，然后第三方担保平台通知卖家发货，当确认买家收到货物后，第三方担保平台再将货款转账给卖家。至此，一笔网络交易就完成了。第三方担保平台会根据卖家店铺的纠纷、仲裁、退款、评价和拒付等各方面指标，计算出卖家提前放款额度，并冻结一定比例的保证金，用来支付订单后期可能产生的退款或赔偿，以及应对其他可能对买家、速卖通或第三方造成的损失。

（4）支持的支付方式。

买家可通过国际支付宝使用多种方式支付货款，其支付界面如图5-24所示。

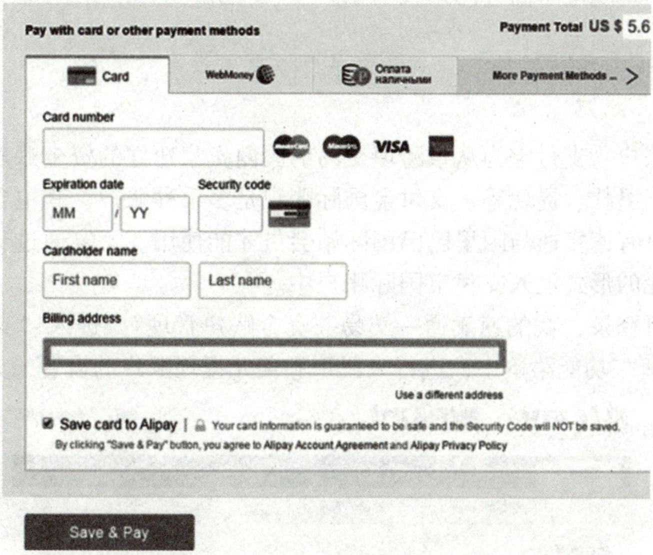

图5-24 买家支付界面

①信用卡/借记卡。

买家通过人民币通道收到的货款，在放款后直接进入支付宝国际账户的人民币账户中；通过美元通道收到的货款，在放款后直接进入支付宝国际账户的美元账户中。

②西联汇款和电汇。

西联汇款（Western Union）和电汇（Telegraphic Transfer，T/T）都是国际贸易的主流支付方式，常用于大额交易。如果买家使用这些方式支付，在订单完成后，第三方担保平台会直接将美元支付给卖家，但银行会收取一定比例的汇款手续费和提现费用。

2. PayPal

PayPal是美国eBay公司的下属全资子公司。PayPal的业务范围覆盖在全球190个国家和地区，支持使用26种货币交易，在全球拥有超过1.6亿用户，它支持即时支付、即时到账，集信用卡、借记卡、电子支票等支付方式于一身。PayPal可以免费注册账户，使用电子邮件来标识用户身份，还支持用户之间转移资金。在跨国交易中，超过90%的卖家和超过85%的买家认可并正在使用PayPal。

3. Moneybookers

Moneybookers是世界上第一家被政府官方认可的电子银行。用户可以通过电子邮件地址以及带照片的身份标识（如身份证、护照、驾照等）完成认证。其优势在于不需要使用信用卡激活，没有支付手续费，而且收款手续费较低，还不需要申请美元支票，与其合作的多个国际中介公司可以为用户提供兑换人民币的服务，也可以直接把美元和欧元转账到用户国内的外币存折或卡上。

4. Payoneer

Payoneer 是一家总部位于纽约的在线支付公司，其优点是注册方式便捷，使用中国身份证即可完成在线注册，还能自动绑定用户在美国和欧洲的银行账户，Payoneer 的费用低廉，电汇设置单笔封顶价，人民币结汇手续费最多不超过 2%，适用于单笔资金额度小但是客户群分布广的跨境电子商务网站或卖家。

（三）收款与提现服务

1. 支付宝国际账户

支付宝国际账户是支付宝为从事跨境交易的国内卖家建立的资金账户管理平台，其主要功能包括收款、退款、提现等。支付宝国际账户是多币种账户，其中含有美元账户和人民币账户。目前只有速卖通与阿里巴巴国际站会员才能使用。卖家通过交易获得的订单款项以人民币或美元的形式汇入支付宝国际账户中。

速卖通会员可登录"我的速卖通—交易—资金账户管理"，进入"支付宝国际账户"，在"提现账户管理"功能菜单中，进行人民币和美元提现账户的设置，如图 5-25 所示。

图 5-25　人民币和美元提现账户的设置

2. 速卖通账户

（1）速卖通账户简介。

速卖通账户是基于速卖通平台业务发展需要新增加的支付渠道，部分支付渠道的资金会直接结算到卖家的速卖通账户中，如图 5-26 所示。

图 5-26　速卖通账户

（2）速卖通账户与支付宝国际账户的关系。

速卖通账户与支付宝国际账户的功能基本一致，都是为资金的查询、管理和提现服务的。

系统会根据买家支付渠道等信息决定结算到支付宝国际账户还是速卖通账户。目前不支持两个账户之间的资金转移。

用户提现方式分为人民币提现和美元提现两种。用户可在"我的账户"中查询到可提现的、已冻结的人民币和美元金额，以及账户的人民币和美元总额。

人民币提现款项将被转入支付宝国内账户中，美元提现则款项将被转入用户设置的美元提现银行账户中。

任务示范 2　选择中国跨境电子商务主要目标市场，分析当地主流支付方式及其特点

下面以俄罗斯为例，分析其主流支付方式及特点。

Webmoney、Yandex. Money、QIWI Wallet 是俄罗斯的三大主流支付方式。

（1）WebMoney 是 WebMoney Transfer Techology 公司开发的在线电子商务支付系统，目前被包括中国在内的全球 70 个国家使用，支持美元、欧元等多币种收付，与很多国际性网站都展开了合作。WebMoney 的优势在于使用人数较多，适用范围较广。

在速卖通平台上，WebMoney 的消费额度是 0.01～5 000 美元。同时，WebMoney 还会根据买家的会员级别设置不同的支付限额。

（2）Yandex. Money 是俄罗斯领先的网络平台及搜索引擎 Yandex 旗下的电子支付工具，拥有约 1 800 万活跃用户。Yandex. Money 的优势在于充值方便，可通过支付终端、电子货币、预付卡和银行转账（银行卡）等方式向钱包内充值，实时到账，且无拒付风险，适用范围广。

（3）QIWI Wallet 是俄罗斯 mail. ru 公司旗下类似中国支付宝的产品，是俄罗斯最大的第三方支付工具之一，拥有较完善的风险保障机制，不存在拒付风险。如果买家通过 QIWI Wallet 钱包支付货款，通过资金审核（审核周期一般在 24 小时内）便可到账。俄罗斯人对 QIWI Wallet 非常信任，因此俄罗斯买家可以先给 QIWI Wallet 充值，再到对应的商户网站购买产品。

任务实施 2　选择中国跨境电子商务主要目标市场（俄罗斯除外），分析当地主流支付方式及其特点

知识储备 3　在速卖通刊登和发布产品的流程

在速卖通上进行产品刊登与发布前需要准备好产品标题、产品图片、产品属性信息、产品详情描述等资料，并用产品型号或产品编码命名文件夹，对其进行管理。

在速卖通发布产品的常规流程是：确定类目、设置标题、填写重要属性、放置主图、设置 SKU 和价格、放置详情页内容、设置包裹信息和设置运费模板。

任务示范 3　在速卖通发布产品

（1）登录速卖通后，单击"发布产品"，如图 5-27 所示。

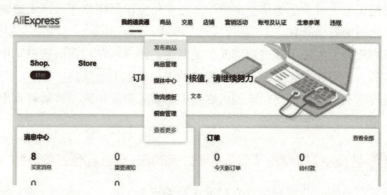

图 5-27　发布产品

（2）填写产品标题并选择合适的类目，如图 5-28 所示。
①根据市场需要选择发布语系，一般以英文为主。
②将准备好的产品标题输入标题框。
③选择产品类目。
a. 在类目列表手动选择。
b. 输入类目名称/拼音首字母进行搜索。
c. 输入英文产品关键词，如 UAV。

图 5-28　标题和类目

（3）上传产品图片，如图 5-29 所示。

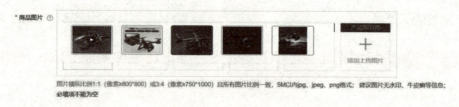

图 5-29　上传产品图片

（4）填写产品属性，如图 5-30 所示。

产品属性是买家购物的重要依据，特别是带有"！"标识的关键属性。请详细、准确地填写系统推荐属性和自定义属性，提高曝光机会。目前，很多属性甚至是关键属性都没有设置成必填项，因此很多卖家忽略了对这些产品属性的筛选，导致买家体验感差。因此，卖家应选择正确的产品属性并完善其现有属性。

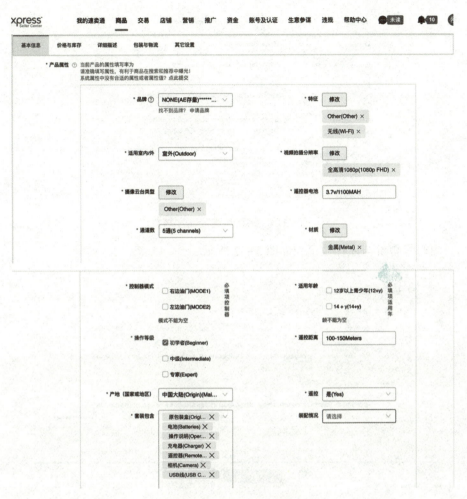

图 5-30　填写产品属性

（5）强调关键属性。

除前文说明的可将问候语、卖家承诺、关键问题解说、产品特色展示等信息放置在详细描述框外，还可以强调产品的关键属性（图 5-31），以强化买家的认知。

图 5-31　强调关键属性

name	4K HD aerial photography drone
colour	Gray, red, white
Flight performance	Flight time is about 25 minutes
Lens parameters	4K HD camera 120° wide angle support 30° adjustment
Use battery	Body battery: removable lithium battery Remote control battery: AA battery *4
way to control	Handle remote control, mobile phone remote control (aerial version only)
Charging time	About 4 hours
Remote control distance	About 150 meters

图 5-31　强调关键属性（续）

（6）填写零售价与库存数量，如图 5-32 所示。

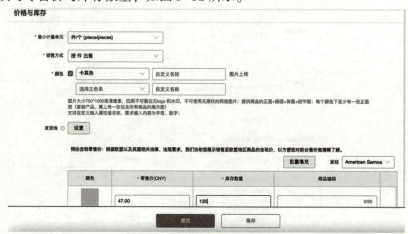

图 5-32　填写零售价与库存数量

常用的库存计量单位见表 5-2。

表 5-2　常见的库存计量单位

中文名称	英文名称	中文名称	英文名称
袋	Bag	桶	Barrel
箱	Case	厘米	Centimeter
立方米	Cubic Meter	打	Dozen
英尺	Feet	克	Gram
英寸	Inch	千克	Kilogram
米	Meter	包	Pack
双	Pair	件/个	Piece
磅	Pound	套	Set
吨	Ton	平方米	Square Meter

以"按××出售"来显示的销售方式是零售模式，以"打包出售"来显示的销售方式

则通常为批发。

（7）填写包装与物流信息，如图 5-33 所示。

一般来说，速卖通的发货期为 3 天，发货时间从买家下单付款成功且支付信息审核完成后开始计时。若未在发货期内填写发货信息，系统将关闭该订单，并将货款全额退还给买家。因此，建议卖家及时填写发货信息，避免出现货款两失的情况。

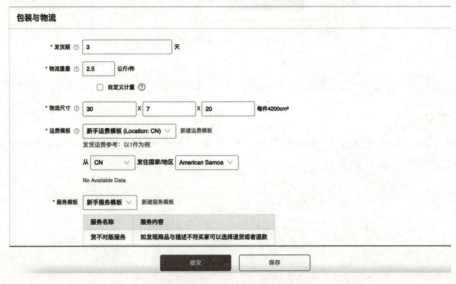

图 5-33　填写包装与物流信息

（8）其他设置如图 5-34 所示。

图 5-34　其他设置

（9）保存和提交。

在填写产品发布信息时可随时单击"保存"按钮。已保存的该条产品信息可以在产品管理—草稿箱中查看和操作编辑、删除。信息全部填写完毕后可单击"提交"按钮，如图 5-35 所示。

如果单击"提交"按钮时漏填任何必填属性未填写,页面左侧便会出现"必填项不能为空"的提示,每个未填写的必填属性下方也会出现"必填项不能为空"的提示。此时单击某条提示便可定位到对应版块。提交完成后请等待审核。

图 5-35　保存和提交

任务实施 3　制作一套完整的"玩偶"产品详情页信息

任务总结

本任务要求学生充分了解产品发布流程、掌握详情页的制作内容要点,能够根据平台规定制作完整的产品详情页信息。

任务三　跨境电子商务铺店铺装修

任务描述

王悦发布了几个产品后,发现产品流量不如其他店铺的同类产品,运营总监徐辉提醒其关注竞争对手的店铺首页。经过对比后,王悦发现竞争对手的店铺首页风格突出,与产品与品牌形象相匹配,能够给用户较好的浏览体验,王悦决定开始学习如何装修店铺。

任务分析

步骤1　了解店铺装修的重要性及原则
步骤2　掌握店铺装修流程

知识储备 1　店铺装修的重要性及原则

(一)店铺装修的重要性

店铺装修包括电脑端首页、移动端首页、产品详情页三部分。这三部分内容是否优质,关系到能否提升买家对店铺的认知、品牌的认可、产品的信任。好的店铺装修能将店铺内的流量进行二次分配以及转化,让流量不会再浪费和跳失。提炼出产品及品牌的核心卖点,以强化的风格、统一的样式直接展现促销活动,增强产品转化,将普通用户转化为种子用户。

(二)店铺装修的原则

速卖通店铺的视觉形象设计色调要统一,Logo 简单易懂,这样有助于店铺品牌信息的迅速传达,并加深买家对店铺的记忆,提高二次转化率和用户黏性。

(1)应有统一风格、舒适的色彩搭配,排版自然流畅;

（2）目标人群定位清晰；

（3）突显目标群体的年龄、爱好特点，店铺装修设计做到更加迎合目标群体；

（4）展示其他想要的信息；

（5）视频：时长不要超过 2 分钟，尽量控制在 1 分钟内、节奏要快、店铺/品牌 Logo 要露出；

（6）链接能快速响应其他请求；

（7）优势卖点置顶：款式卖点、功能卖点、图感卖点、细节卖点，尽量用"图说"（非字说），一目了然，吸引眼球。

任务示范1 请分析速卖通某店铺首页布局是否合理（图 5-36）

图 5-36　速卖通某店铺首页

不合理，其原因在于品牌 Logo 没有重点突出，排版过于简单，展现的内容较少，只有产品的分类，没有展示产品的爆款及店铺活动等，而且色彩不够丰富。

任务实施1 到速卖通平台搜索优秀的店铺首页并对其进行分享

知识储备2 如何进行店铺装修——以速卖通为例

（一）速卖通店铺装修要素

一个完整的店铺装修大体分为店铺首页装修和产品详情页制作，由于前面已介绍过产品详情页的制作，本部分主要介绍店铺首页装修。店铺首页的装修要素包括店招、导航、海报、优惠券、语言栏、橱窗产品、页脚信息等。

在装修店铺时一定要注意店铺内容排版需要注意风格整齐干净，整体色调不要超过 4 个色系；产品图片和海报图片不要太夸张，以浅色为主；在首页设置相关链接模块。最后，还要分别导入热销产品、新品、折扣产品等，根据店铺的装修需求分类。

(二)速卖通店铺装修

1. 确定模板

首先,进入卖家后台,单击"店铺—店铺装修"命令,登录店铺装修页面,如图5-37所示。

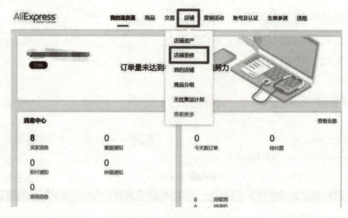

图5-37 店铺装修页面

进入页面后,在页面的左侧可以查看电脑端和移动端的店铺页面预览,如图5-38所示。

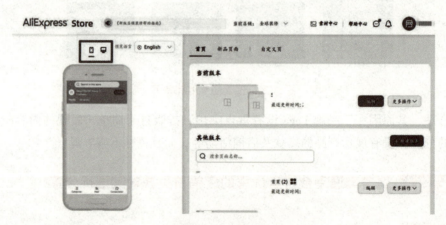

图5-38 预览页面

操作页面的顶部为切换器,卖家可选择店铺内的页面构成,每个页面都有各自的版本管理,版本管理分为当前版本和其他版本,当前版本即为线上版本。卖家可以对多个版本进行管理并随时发布为线上版本,一个版本内包括电脑和移动两端,支持同步装修。单击"首页",再单击"编辑",可以对店铺当前版本的页面进行编辑,单击"新建版本"便可以重新设置一个页面。

单击"其他版本"右上角的"新建版本"可选择模板进行装修或进行系统一键装修,选择一个合适的模板,可单击"预览"查看,确认后单击"选择",在"当前板块"中单击"编辑"便可进入编辑页面,如图5-39所示。

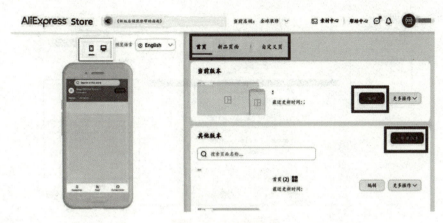

图 5-39 装修管理页面

进入编辑页面后便可以开始设计店铺页面，左侧为待添加模块，将其拖曳至中间预览区域可直接进行装修。右侧为已选模块，可进行拖曳排序，若有红框提示区域表示需要补充配置内容。

上方可以切换移动端和电脑端的预览页面，装修过程中可单击右上方的"更换模板"对模板进行更换，可选择对单个端生效，勾选"PC 和无线同步"，也可以共同设计移动端和电脑端。

2. 装修模块

（1）图文类。

文本：纯文字输入。

单列图文：单列的图片+文字输入。

双列图文：双列的图片+文字输入。

轮播图：上传图片，支持加入 URL 链接。

热区图文：主要支持在图片上设置超链，双击可新增热区模块，热区模块也支持任意拉大、缩小的操作。

（2）营销类。

满件折：模块不可编辑，需提前完成营销工具的设置。

粉丝专项优惠券：需提前完成粉丝优惠券的设置，且该模块只针对粉丝显示。

粉丝专项折扣产品：需提前完成粉丝价产品的设置，且该模块只针对粉丝显示。

邀请活动：需提前设置老带新活动。

店铺签到有礼：需安排店铺金币或优惠券，可在装修时直接操作。

（3）产品类。

产品列表：选择自己想要推荐的产品。

排行榜：不支持自主编辑，展示店铺排名前 3 名的热卖产品。

猜你喜欢：不支持自主编辑，按买家特性系统自动推荐。

新品：不支持编辑新发布的产品推荐。

智能分组：不支持编辑。

在左侧的待添加模块可以添加，右侧可以调整每个模块的顺序，每个模块的下方均有个数限制，卖家可以根据店铺情况进行自定义设置，要充分利用此处的内容展示店铺特色，如图 5-40 所示。

图 5-40　自定义模块

3. 店招

在首页装修页面中最上面的就是店招，店招是店铺的招牌，也是展示店铺形象的一个模块，它的重要性不言而喻。

店招模块自动生成，不可以删除。点击店招区域，在右侧就会出现对店招部分进行编辑的操作面板，下方有对店招图片的要求，在设计时要注意，可以在店招中放上店铺名称、店铺 Logo 等，设计完毕后，单击"保存"按钮，如图 5-41 所示。

图 5-41　编辑店招

4. 轮播图

轮播图模块是一个非常重要的产品展示模块，属于主区内板块，它以滚动轮播的方式将多张广告图片进行动态展示，可以更直观、更形象地展示商品和活动。可以添加最多 6 个图片轮播板块，且位置可以上下调整，从而与其他板块相互呼应，相互搭配。在首页，最多可以添加 20 个轮播图，每个轮播图中最多可以添加 5 张图片。

模块高度应为 100~600 像素，宽度为 960 像素，图片限定在 2MB 以内，可以从本地上传图片，最多可以支持 5 张图片轮播，每张图片可添加一个相应的链接，作为首面最中心位置的图片轮播板块，可以设置店铺活动海报、新品发布海报以及节日海报等。

在左侧待添加模块，把轮播图模块拖拽到放置区域，在右侧可以添加图片。在设计图片时要注意，每组图片的高度、宽度必须完全一致，设计好后，单击"保存"按钮，如图 5-42 所示。

项目五 字斟句酌定描述

图 5-42 轮播图

任务示范 2 请分析下列店铺首页分别存在什么问题

（一）店铺一（图 5-43）

图 5-43 店铺首页一

分析：店招设计过于简单，无品牌说明，无轮播图，缺少产品链接等。

（二）店铺二（图 5-44）

图 5-44 店铺首页二

分析：店招过于简单，轮播图未显示主推产品，所售产品主体不清晰，未设置产品链接，未展示优惠活动。

(三) 店铺三（图5-45）

图5-45　店铺首页三

店招品牌Logo清晰，但其余内容字体及颜色过杂，未放置轮播图。

(四) 店铺四（图5-46）

图5-46　店铺首页四

轮播图设计得美观大方，重点内容突出、折扣信息明确，"BUY NOW"作为链接入口，可以引导买家点击进入。

任务实施2　在速卖通平台上搜索优质店铺首页并对其进行分析

任务总结

本任务要求学生了解跨境电子商务平台店铺装修的重要性和原则，掌握速卖通店铺装修的步骤与方法，能够完成基础店铺的装修工作。

项目小结

买家会通过产品标题、详情页、店铺首页呈现的文字与图片信息形成对商家的第一印象。产品标题关键词的选取尽管是以引流为重要目的，仍需做到真实准确，杜绝夸大；产品详情页，应尽可能包含需向买家说明的关于产品、服务及品牌的所有问题。对于关键信息可以做出特别提示处理；店铺首页应有格调，各模块应功能明确，以优化买家购物体验为主要目的。

思政目标拓展任务

请结合本项目的学习要求和任务实操，分析在产品标题、详情页制作及店铺装修工作中应如何避免知识产权侵权问题。

拓展阅读

速卖通标题规则

1. 忌关键词堆积

关键词堆积是速卖通严格禁止出现的一种情况，一旦被发现，会因违规被处罚。关键词堆积，如把"mp3""mp3player""musicmp3player"全都写上，不仅不能帮助店铺产品提升曝光量，还可能会因为违规导致被搜索降权处罚。

2. 忌虚假描述

产品标题必须是产品如实的描述，比如卖家销售的产品不是某品牌手机，但为了获取更多的曝光量，在标题中填写了某品牌的描述信息，针对这种情况，平台可以提供相应的算法监测此类作弊产品。

3. 忌有错别字

除了要真实准确地描述产品外，还要确保标题中没有错别字（因为有错别字是不容易被买家搜索到的），而且还要符合海外买家的语法习惯，不要有语法错误，一定要认真检查清楚相关信息再提交。

4. 忌千篇一律

千万不能照抄竞品的标题，抄袭也是速卖通禁止的一种行为，而且系统也不会给予展现。自己店铺的产品标题，也不要千篇一律，买家也有审美疲劳，最好按照不同的模板去操作以提升曝光和转化的可能性。卖家可以借鉴一些表现比较好的竞品标题，然后结合自己的产品去调整，最后总结出属于自己的方法，才更有优势。

亚马逊产品上传时必须了解的注意事项

卖家想在亚马逊上销售产品，首先要学会的就是怎样上传产品，相关注意事项如下：

1. 侵权问题

上传产品的时候要注意避免侵权，包括外观侵权、专利侵权、图片侵权、品牌侵权等。没有取得品牌授权、销售许可证明的情况下，不能销售（或跟卖）其他品牌的产品；未取得相关版权的情况下,不能使用名人肖像,不能出现卡通形象、品牌 Logo 或文字等。

2. 产品质量

亚马逊是一个注重产品质量的平台,为买家提供高质量的产品有利于减少差评、退货等售后问题。

3. 产品图片

亚马逊对于产品图片规格等有明确的要求,卖家需要根据要求上传对应图片。图片要清晰,无论放大缩小都要清晰,图片上的文字采用英文,主图背景为白底,主图只能有一个产品存在,不允许存在多个产品,产品图片无水印、无 Logo。

4. 产品分类

上传新品时分类不能错(分错将影响日后促销活动的正常提报)。

5. UPC 和 EAN 码

UPC、EAN 码必须在正规渠道上购买。

6. 产品标题不可堆积

产品标题冗长将无法通过审核,被退回重新修改会耽误上线时间,且会影响日后促销活动的提报与 FBA 正常入库。

跨境支付的现状:机遇与挑战并存

跨境支付是跨境电子商务行业最具变数的市场之一。一方面,跨境电子商务市场规模不断扩大,跨境支付行业作为刚需自然也跟着壮大;另一方面,巨大的市场吸引了各类企业的加入,企业数量的迅速增加也导致了恶性竞争。

除了第三方跨境支付公司不断发展,各大电子商务平台也逐渐推出了自己全新的支付收款方案,不过第三方支付公司并不会因为官方平台推出自己的支付手段而受到很大的影响,这主要是由跨境电子商务卖家的三个需求层面的性质决定的。

1. 卖家需求的多样性

虽然亚马逊等跨境电子商务平台推出了官方收款服务,但仍有不少卖家使用第三方跨境支付公司的收款服务,因为跨境电子商务卖家的需求是多样化的。

2. 卖家需求的动态性

跨境电子商务卖家对支付的需求是动态发展的。早期的跨境卖家可能主要依靠平台开店,但现在的销售渠道越发丰富,不仅限于电子商务平台,不少独立站也可以成为卖家发展个人品牌的渠道。不同平台需要不同的支付手段,这就要求跨境支付企业提供相应的收付款解决方案。

3. 卖家需求的多场景性

跨境电子商务卖家需要给国内外供应商付款,还需要给各类跨境服务商付款,有的款项是在国内支付,有的款项是在海外支付,这个时候需要跨境支付公司能实现收付的一体化。跨境电子商务行业的市场非常大,并非某家公司就能占据整个市场,因此良性竞争对行业是有利的。

一家优秀的跨境支付公司,其核心竞争力就在于合规与产品能力。

(1)合规。对以中国跨境电子商务企业为主要服务对象的支付公司来说,资金的最终结算环节大多在国内,所以必须拥有中国的支付金融牌照。如果卖家接洽的支付公司是无牌机构,资金安全将受到威胁。

（2）产品能力。支付公司如何围绕客户的需求提供合力的解决方案的能力很重要。例如，Onlypay 作为一家拥有跨境支付服务资格的第三方支付公司，持有齐全的境内外支付牌照肯定是必须的。随着跨境电子商务企业需求的不断升级，实现多平台一站式收款服务，实现收付一体化，提供更深入的产品和服务，是 Onlypay 创造核心价值的根本路径。通过与客户沟通，接收反馈意见，再加上内部的团队协作与组织支撑，Onlypay 拥有足够的能力迅速响应客户的需求。

另外，跨境支付公司的风险管理水平对商家来说也很重要。跨境平台 B2C 模式不再是跨境电子商务生态的全貌，独立站 B2C 销售以及小额跨境 B2B 等渐渐成为跨境电子商务的重要组成部分。Onlypay 掌握了丰富的智能风控能力。通过自主研发的反洗钱反欺诈双引擎系统，有效控制洗钱、欺诈等行为的发生，并能够给卖家提供更高效、安全的服务。

随着跨境电子商务行业的持续发展，包括跨境支付企业在内的整个电子商务产业都面临着机遇与挑战并存的现状。

习题演练

一、单选题

1. 一个完整的标题需要包含下列哪些内容？（　　）
   A. 产品材质　　B. 物流优势　　C. 服务　　D. 产品名称
2. 以下哪个词语是核心词？（　　）
   A. 短袖　　B. 夏季　　C. 白色　　D. 短款
3. 在跨境电子商务中，"箱"的英文名称是什么？（　　）
   A. Barrel　　B. Dozen　　C. Case　　D. Gram
4. 在速卖通平台，买家不能使用下列哪种支付方式？（　　）
   A. Master　　B. PayPal　　C. QIWI Wallet　　D. Western Union
5. 卖家可以在速卖通后台"交易—资金账户管理"板块进行放款查询，订单的支付币种不包括（　　）。
   A. 欧元　　B. 美元　　C. 卢布　　D. 人民币

二、多选题

1. 标题的搜索排序规则是指（　　）。
   A. 相关性得分　　B. 商业性得分　　C. 标题得分　　D. 详情得分
2. 标题的"三段法"是指（　　）。
   A. 核心词　　B. 属性词　　C. 流量词　　D. 形容词

三、判断题

1. 在搜索框中输入想要搜索的关键词，会出现下拉框，里面是买家经常会搜索的关键词，右边还有一些可以进行长尾组合的关键词。（　　）
2. 标题制作是产品发布工作的第一步，是非常重要的，不仅可以提高店铺的浏览量，还会提高产品排名。（　　）
3. 在发布产品前需要准备好产品图片、产品属性信息、产品详情描述以及关键词。整理这些资料并且放到一个文件夹，命名上产品型号和关键词。（　　）

4. 阿里巴巴旗下的一达通是一家跨境电子商务第三方外贸服务平台企业。（　　）
5. 速卖通是垂直型跨境电子商务平台。（　　）

四、简答题

1. 什么是速卖通直通车？
2. 请解释阿里巴巴国际站热搜词、零少词。
3. 国际支付宝支持的支付方式有哪些？

五、实操题

为指定产品制作一套完整的标题、属性及详细描述信息。

学习总结

1. _____
2. _____
3. _____
4. _____
5. _____

项目六　不拘一格行推广

项目导入

王悦在速卖通平台上经营一个主营围巾、帽子等服装配饰类产品的店铺。在上传了几十款产品一段时间之后，王悦发现产品曝光量、浏览量等指标不佳。王悦打算学习推广产品链接的方法，提高产品的曝光量和浏览量。

学习目标

一、知识目标
1. 掌握速卖通站内免费推广方式及推广流程
2. 了解速卖通站内收费推广方式
3. 掌握速卖通直通车推广方式
4. 掌握速卖通联盟推广方式
5. 熟悉站外社交媒体推广渠道及推广流程

二、技能目标
1. 能够选择合适的站内免费推广方式进行营销推广
2. 能根据店铺和产品表现情况调整站内免费推广计划
3. 能够进行速卖通直通车的设置及推广
4. 能够利用联盟营销进行营销推广
5. 能根据店铺和产品情况调整直通车推广计划
6. 能够选择合适的社交媒体进行海外营销推广
7. 能够完成站外社交媒体推广方案的制定及优化

三、德育目标
1. 培养正确的价值观及大局意识
2. 培养诚信、正当竞争的经营理念

重点呈现

任务一　站内免费推广

任务描述

在初步了解跨境电子商务推广分为平台站内推广和站外推广后，王悦便以速卖通平台店铺为研究对象，又发现速卖通站内推广又分为站内免费推广和站内收费推广。她应该从哪些方面入手来掌握速卖通站内免费推广流程呢？

任务分析

步骤1　了解并掌握速卖通单品折扣活动规则及设置
步骤2　了解并掌握速卖通满立减活动规则及设置
步骤3　了解并掌握速卖通优惠券活动规则及设置

知识储备1　速卖通单品折扣活动

一、了解单品折扣活动

站内免费推广是速卖通卖家的自主营销活动。店铺自主营销是指在店铺内通过自己组织活动、打折优惠等行为来促销，主要包括单品折扣、满减活动、店铺优惠券、店铺优惠码等活动。速卖通平台自主营销界面如图6-1所示。

速卖通单品折扣活动结合了速卖通全店铺打折与速卖通店铺限时限量功能，用于店铺的自主营销。单品的打折信息将在搜索、详情、购物车等买家路径中展示，这样可以提高购买转化率。

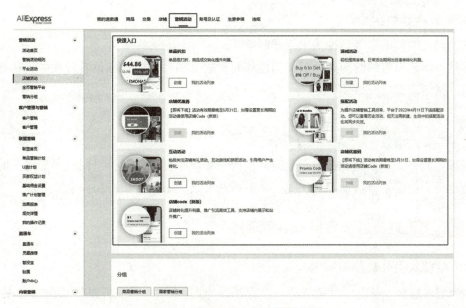

图 6-1　速卖通平台自主营销界面

二、单品折扣活动注意事项

1. 不限时长与次数

取消每月限制的活动时长和活动次数，单场活动时长最多可设置为 180 天。

2. 活动进行时可暂停

允许进行中的活动暂停。

3. 产品所有信息均可编辑

取消锁定产品编辑以及运费模板，编辑后可实时同步到买家前台（仅针对用单品折扣活动的商品生效）；活动进行中允许进行新增/退出产品操作（不用暂停活动即可操作），以及编辑折扣，且实时生效。

4. 不能进行活动复制

取消了活动复制功能，卖家可通过 Excel 表格批量上传。

5. 关于产品数量

单场活动支持最大设置 10 万个产品。

6. 支持同一活动中不同产品的个性化设置

支持单个产品设置粉丝/新人专享价，参与某一次单品折扣的所有产品，均可按产品营销的需要个性化设置。

以上场景均适用于日常活动，大促场景下的单品折扣活动不允许暂停活动，不允许新增/退出产品，不允许编辑产品以及运费模板。

三、单品折扣活动设置要点

1. 设置名称

活动名称最长不超过 32 个字符，仅供卖家查看，不在买家端展示。

2. 设置活动起止时间

活动起止时间的参考标准为太平洋时间。

注意：活动设置的时间开始后，活动即时生效（请注意，如在设置过程中到达活动展示时间，则活动即时开始）。

3. 生效时间

设置后即时生效。

提醒：同一个产品只能参与同个时间段内一场单品折扣活动；可同时参加同一时间段的平台活动，由于平台活动等级优先于单品折扣等级，平台活动折扣会生效。

任务示范1 速卖通单品折扣活动设置

（一）设置单品折扣活动入口

商家登录后台，单击"营销活动—店铺活动—快速入口—单品折扣"，如图6-2所示。

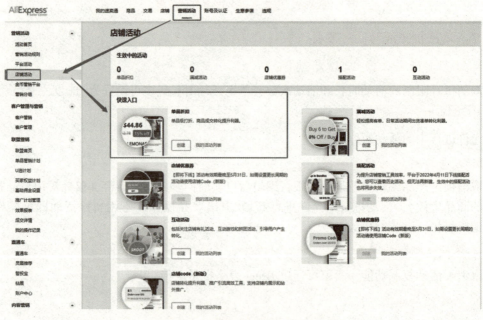

图6-2 设置单品折扣活动入口

（二）活动基本信息设置

（1）单击"创建活动"进入活动基本信息设置页面。

（2）单击"提交"后进入设置优惠信息页面。

（三）活动优惠信息设置

1. 产品的选择

可筛选全部已选产品和未设置优惠产品，支持产品ID搜索，如图6-3所示。

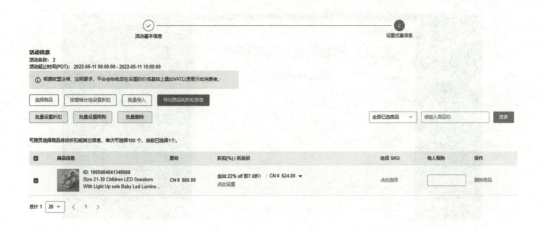

图 6-3　产品选择界面

2. 相关设置

支持批量设置。

（1）支持批量设置折扣、批量设置限购、批量删除（默认所有 SKU 都参加活动），如图 6-4 所示。

图 6-4　批量设置折扣界面

（2）支持按照营销分组设置折扣，会将分组内的产品导入活动中。

特别注意：目前设置移动端折扣不具备引流功能，因此营销分组设置折扣处取消了设置移动端折扣的功能。如需设置移动端折扣，需要回到单品选择页面设置。

温馨提示：如只设置全站折扣，则电脑端和移动端均展示同样的折扣，如图 6-5 所示。

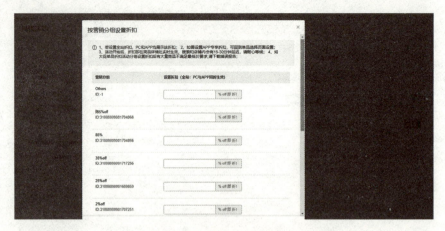

图 6-5　按营销分组设置折扣

（3）支持通过表格形式批量导入产品信息，如图 6-6 所示。

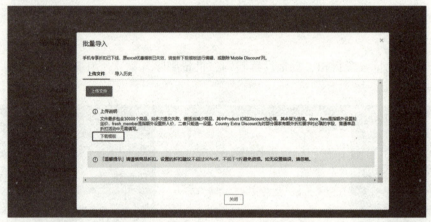

图 6-6　通过表格形式批量导入产品信息

表格中的各项目如下：

①Product ID：必填项，可以在产品管理处获取。

②Product Title：非必填项，可以复制产品的标题。

③Discount：必填项，填写产品折扣率，如果希望设置 10% 的折扣，填写 10 即可。

④Mobile Discount：非必填项，填写移动端折扣率，如不设置，默认移动端和电脑端折扣率一致。

⑤Target People：非必填项，填写 store_fans 或者 fresh_member，store_fans 是指额外设置粉丝价，fresh_member 是指额外设置新人价，二者只能选一项设置。

⑥Extra Discount：非必填项，定向人群额外折扣，如想要针对新人设置额外折扣 1%，那么可以在此处填写 1，在第五列填写 fresh_member。

⑦Limit Buy Per Customer：非必填项，每个买家限购数量，如果希望设置每个买家限购 2 件，输入 2 即可。

注意：文件最多包含 30 000 个产品，如多次提交失败，请适当减少产品数量，且注意表格中不能存在空格，也不要随意调整表格的格式。

可在导入历史处查看错误报告，如图 6-7 所示。

图 6-7　在导入历史中查看错误报告

（4）不支持部分 SKU 参加活动，对于不参加活动的 SKU，请修改产品普通库存数为 0，如图 6-8 所示。

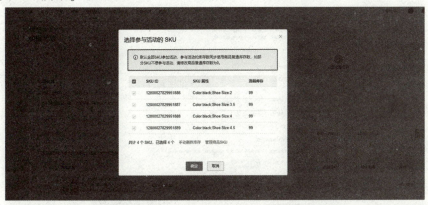

图 6-8　参与活动 SKU 选择

（5）单击"保存并返回"按钮即创建完成活动，待活动开始后即时生效。

 请根据自己的店铺选择合适的产品并创建单品折扣活动

单品折扣活动设置
常见问题与答案

知识储备 2　速卖通满立减活动

一、了解满立减活动

（一）概念

速卖通满立减活动是由卖家在自身客单价基础上设置订单满多少元系统就自动减多少元的促销规则，以刺激买家多买，从而提升客单价的店铺营销工具。可以针对部分产品进行设置，只需要选择指定产品即可设置好针对部分产品的满立减活动，定向产品的满立减活动将可以实现关联销售、搭配减价、提升其他订单金额等效果。

注意：同一个时段内（活动开始时间到活动结束时间）只能设置一个满立减活动

（含全店铺满立减、产品满立减）。

（二）用途

（1）通过设置满立减活动，能够促进买家消费，提高客单价。
（2）通过设置满立减活动，提升买家购买欲望，提高关联产品转化率。

（三）特点

（1）每月可设置 10 个，总时长为 720 小时。
（2）满立减活动设置完成 24 小时后生效。
（3）卖家可以根据店铺内产品的不同价格，设置多阶梯度递增的满立减活动。
（4）可以针对部分和所有产品来设置活动范围。

二、满立减设置促销规则

待产品添加成功之后，就要设置促销规则。速卖通平台满立减促销规则界面如图 6-9 所示。

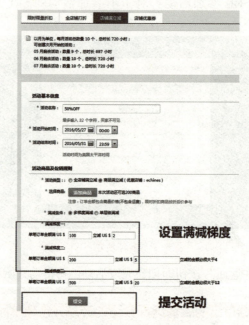

图 6-9　速卖通平台满立减促销规则界面

设置"满减条件"：目前的满减条件支持"单层级满减"和"多梯度满减"两种类型。

单层级满减：同一优惠比例的满减活动，可以支持优惠累加功能。

选择"单层级满减"，需要设置单笔订单金额条件以及立减条件，该类型的满减可以支持优惠可累加的功能。

多梯度满减：不同优惠比例的阶段性满减活动，即设置时需要满足以下两个要求：后一梯度的订单金额必须大于前一梯度的订单金额；优惠力度也必须大于前一梯度。

选择"多梯度满减"时，需要至少设置两个梯度的满立减优惠条件，最多可以设置三个梯度的满立减优惠条件。

不同满减条件下的举例如下：

（1）单层级满减。当促销规则为满 100 减 10 时，则满 200 减 20，满 300 减 30，依此类推，上不封顶。

（2）多梯度满减。将满减梯度 1 设置为满 100 美元立减 10 美元（即 9 折），则满减梯度 2 设置的单笔订单金额必须高于 100 美元，假设为 200 美元，则设置对应的立减金额必须大于等于 21 美元（即最高为 8.95 折）。

任务示范 2 速卖通满立减活动设置

满立减活动分为商品满立减和全店铺满立减。下面以商品满立减为例，介绍创建满立减步骤。

1. 创建部分商品满减活动

登录"我的速卖通"，单击"营销活动"，在"店铺活动"中选择"满减活动"，单击"创建"按钮以创建满立减界面，如图 6-10 所示。

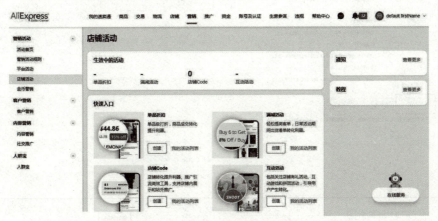

图 6-10 速卖通平台创建满立减活动界面

2. 填写满立减活动基本信息

速卖通平台满立减基本信息界面如图 6-11 所示。

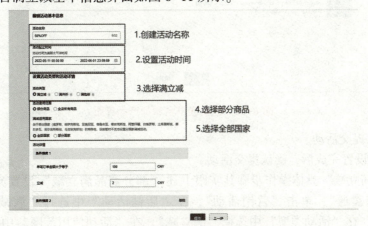

图 6-11 速卖通平台满立减基本信息界面

(1)在"活动名称"一栏内填写对应的活动名称,买家不可见。

(2)在"活动起止时间"内设置活动对应的开始时间以及活动结束时间。

(3)设置活动类型和活动详情:选择"满立减",选择"部分商品",选择"全部国家",即设置了活动的部分商品的满立减活动。订单金额包含商品价格(不包含运费),限时折扣商品按折后价参与。

(4)设置"选择商品"。

针对"部分商品满立减"活动需要添加商品,每次活动最多可以选择100件商品;速卖通平台添加商品界面如图6-12所示。

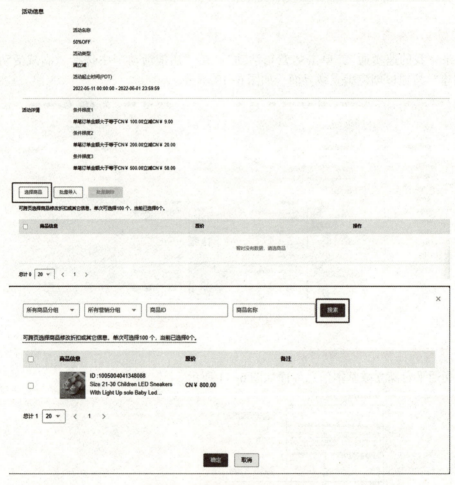

图6-12 速卖通平台添加产品界面

(5)确认提交活动。

上述步骤设置完成后,确认提交活动。

"全店铺满立减"具体操作步骤其实跟上述"部分商品满立减"设置流程基本相同:登录"我的速卖通",单击"营销活动",在"店铺活动"中选择"满减活动",单击"创建"按钮,在"活动类型"中选择"满立减",在"活动使用范围"中选择全店所有商品,设置满减金额后,单击"提交"按钮。

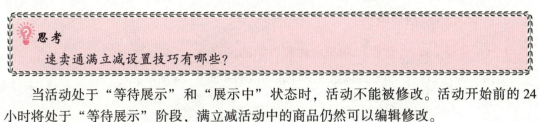

当活动处于"等待展示"和"展示中"状态时,活动不能被修改。活动开始前的24小时将处于"等待展示"阶段,满立减活动中的商品仍然可以编辑修改。

任务实施 2 请根据自己产品的售价创建部分商品或全店铺满立减活动

知识储备 3 速卖通店铺 code 活动

一、了解店铺 code

自 2022 年 5 月 31 日起,为降低同质化工具数量,减少商家工作量并贴近海外用户习惯,速卖通原店铺优惠券和店铺优惠码(即 code)将合二为一,升级为店铺 code(新版)。

(一)店铺 code 特点

1. 简化营销,提升工具效率

商家仅需要设置一种工具,便可既满足原优惠券店铺端展示需求,又满足店铺优惠码的站外传播需求,消费者获得的优惠更加清晰。

2. 优化工具链路

店铺 code(新版)除了保持原有的店铺优惠券和店铺优惠码的共同优势外,还对原有链路进行简化和升级,如使活动生效周期更快、操作界面更加简洁等。

(二)消费者端展示

(1)消费者端逐步升级成店铺 code(新版)展示,但俄语区国家仍展示旧版优惠券状态。

(2)如消费者已升级至店铺 code(新版)状态,则展示新的 code 样式;如消费者未升级至店铺 code(新版)状态,则店铺 code(新版)仍是原优惠券样式,不展示 code 样式,如图 6-13 所示。

(a) (b)

图 6-13 店铺 code 状态

(a)消费者已升级至店铺 code(新版)状态;(b)消费者未升级至店铺 code(新版)状态

二、店铺 code 活动说明

(一) 店铺 code (新版) 和平台优惠展示的区别

店铺 code (新版) 和平台优惠展示样式的区别如图 6-14 所示。

图 6-14 店铺 code (新版) 和平台优惠展示样式区别

(二) 优惠扣减规则

优惠扣减顺序如下：单品折扣>平台补贴>合单满减>跨店满减>店铺满件折>店铺满包邮>店铺满立减>店铺 code (新版) >金币抵扣>平台 coupon>店铺优惠码>平台 code>支付满减。

其中优惠类型包括平台出资、店铺出资、支付渠道出资。

①平台出资：平台补贴、合单满减、平台 coupon、平台 code。

②店铺出资：单品折扣、跨店满减、跨店满包邮、店铺满件折、店铺满包邮、店铺满立减、店铺 code (新版)、金币抵扣、店铺优惠码。

③支付渠道出资：支付满减。

注意：

(1) 每种类型的优惠券均可与其他类型叠加计算，每种类型不可与自己叠加，计算方式为递减计算。

(2) 所有的优惠都不包含运费。

(3) 每个订单只能使用一张店铺 code (新版) 的优惠券，如买家拥有某个店铺里多面额的店铺 code 的优惠券，在一个订单里也只能使用一张；

（4）若买家既有店铺 code（新版）的优惠券，又有平台 code（新版）优惠券，则每个订单可以用一张店铺优惠券和一张平台优惠券。

任务示范3　速卖通店铺 code 活动设置

1. 创建入口

商家登录后台，单击“营销活动—店铺活动”，便可找到设置入口。单击“创建”按钮可以进入创建活动页面，如图 6-15 所示。

图 6-15　店铺 code 创建入口

2. 优惠及投放设置

店铺 code 优惠投放分为可传播和不可传播两种类型，两种类型的投放设置如图 6-16 所示。

	可传播	不可传播
定义	买家领取前code可见，且可将code分享给他人使用	买家领取前code不可见，领取后code仅可被该买家使用
适用场景	code可以被分享，其他用户获得code码也可以使用，因此适用于店铺主页和商品详情相关展示，也可通过IM、场景营销等触达方式发送给批量消费者使用	code不可以被分享，单一用户获得使用后即失效，被分享者无法使用；因此适用于通过IM、场景营销等触达方式发送给指定消费者使用
优惠code	支持自定义，由6~12位数字与英文字母组成 无法重复，建议随机生成 Code类型 可传播　不可传播 * 优惠Code 由6-12位数字与英文字母 0/12	由系统生成，在未领取状态下不透传code码 消费者领取后code随机生成 Code类型 可传播　不可传播
预览样式	$5 Orders over $5.01 PT 05/05/2022-05/31/2022 7VIFEH9M8TDQ Collect	$5 Orders over $5.01 PT 05/05/2022-05/31/2022 Collect

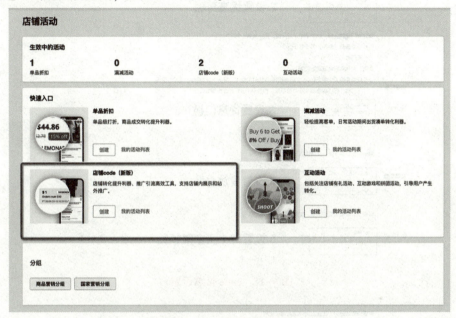

图 6-16　code 可传播和不可传播类型

接下来，在优惠设置页面进行活动信息设置。速卖通平台优惠活动信息界面如图 6-17~图 6-20 所示。

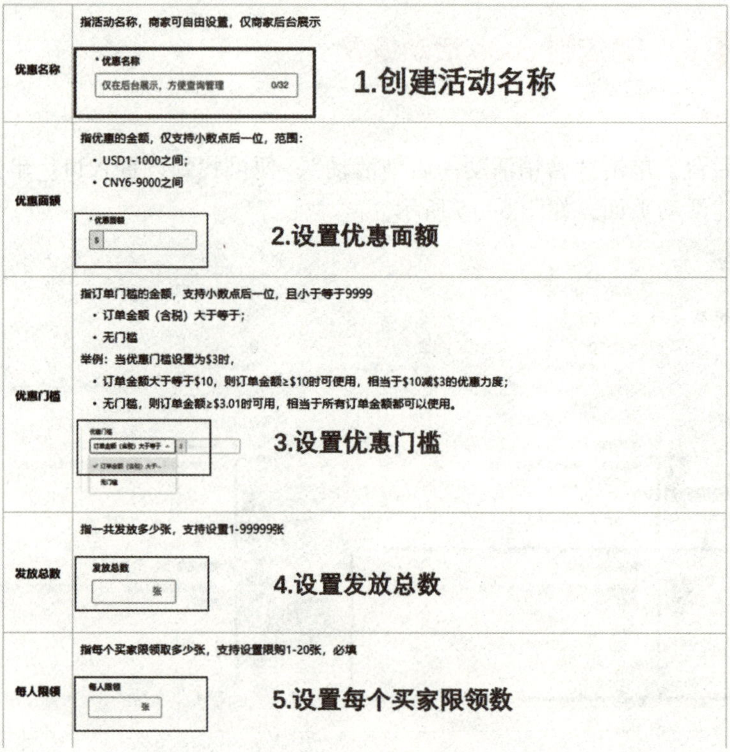

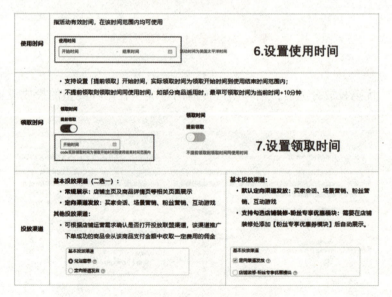

图 6-17　code 优惠设置

图 6-18　code 优惠使用投放设置

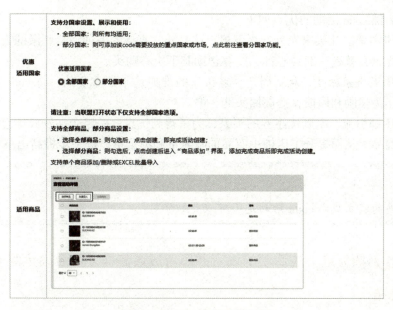

图 6-19　code 商品选择设置

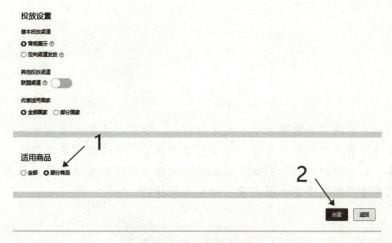

图 6-20　code 创建设置

3. 活动管理

单击"我的活动列表"即可进入活动管理界面。

（1）在活动列表页可对已创建的活动进行管理，支持根据"发放渠道"与"活动状态"进行筛选。

（2）支持根据活动名称快速查询。

（3）支持查看活动时间、发放渠道、code 名称、面额和门槛、领取数量/发放数量、状态。

（4）支持根据不同的活动状态，对活动进行不同操作。

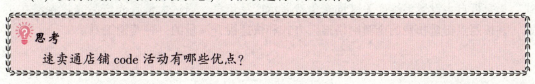

思考

速卖通店铺 code 活动有哪些优点？

速卖通店铺code活动的优点如下：

（1）促进消费。让买家先领券再下单，这是非常直接的一种消费刺激的方式。对于新买家来说，优惠券就是一剂强心针，能够帮助其下决心购买。

（2）巩固老买家黏度。众所周知，老买家的维护是非常重要的，将code活动信息发给老买家，作为奖励和回馈，提高回头购买率。

（3）为店铺引流。拿到优惠券的买家，为了得到优惠，一定会在发放优惠券的店铺中寻找合适的商品，从而提升了店铺中商品的曝光量和浏览量，进一步提高出单概率。

> **思考**
> 速卖通的满立减和code活动是否可以叠加使用？

任务实施3 请完成上述活动的设置并思考应该怎样才能合理运用code活动

任务总结

本任务让学生充分了解速卖通站内推广方式，然后在此基础上选出最适合的推广方案，从而提高店铺商品的销量。

任务二　站内收费推广

任务描述

王悦先利用速卖通站内免费营销方式进行推广，推广之后发现曝光量、浏览量有了一定的提升，但还没有达到预期的目标。运营总监徐辉在了解过店铺及产品情况后，建议王悦开通直通车，对店铺进行推广引流。王悦现在开始学习研究直通车推广方式，希望通过开通直通车来提升店铺及产品的曝光量、浏览量等指标。

任务分析

步骤1　了解和学会建立速卖通直通车
步骤2　利用速卖通直通车数据分析功能
步骤3　了解速卖通直通车推广评分及扣费规则
步骤4　了解速卖通联盟营销展示及付费规则

知识储备1　速卖通直通车

速卖通直通车（Pay for Performance）简称"直通车"，是一种按效果付费的广告模式，卖家可自主设置多维度关键词来免费展示产品信息，通过大量曝光产品来挖掘潜在买家，并按照点击量扣费的全新网络推广方式和快速提升流量的一种营销工具。

(一) 速卖通直通车开通

通过速卖通直通车推广，商品主要展示在两个区域。

(1) 右侧推广区：在买家进行搜索或是类目浏览时，每一页的结果列表的右侧区域可同时展示最多 5 条直通车商品。中国好卖家：优词可竞价速卖通搜索页第一页第 12、第 20、第 28、第 36 位；其他竞价卖家：优词可竞价速卖通搜索页第二页及以后页的第 8、第 16、第 24、第 32、第 40 位。

(2) 底部推广区：在买家进行搜索或是类目浏览时，每一页结果列表的下方区域可同时展示最多 4 条直通车商品。每一页底部的 4 个推广位，任何性质的卖家都可参与竞价（良词）。

直通车的展示位如图 6-21 所示（推广位与自然位并排）。

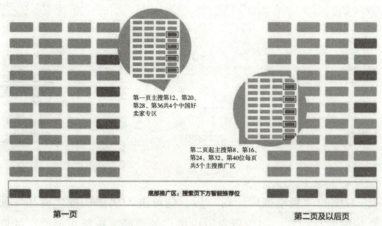

图 6-21 直通车的展示位

任务示范 1 建立速卖通直通车

进入后台，单击"推广"，在左侧"站内推广"菜单下单击"直通车"就可进入速卖通直通车首页。速卖通平台站内推广"直通车"入口界面如图 6-22 所示。

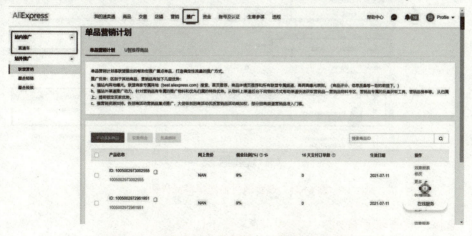

图 6-22 速卖通平台站内推广"直通车"入口界面

直通车推广方式分为"智能推广""重点推广""快捷推广"三种。新建推广信息主要包括选商品、选方式、选词、出价四大步骤。

下面以"快捷推广计划"为例来介绍建立直通车的步骤。

1. 添加推广商品

单击"新增推广计划"便可开始建立新的推广计划。速卖通平台新建推广界面如图 6-23 所示。

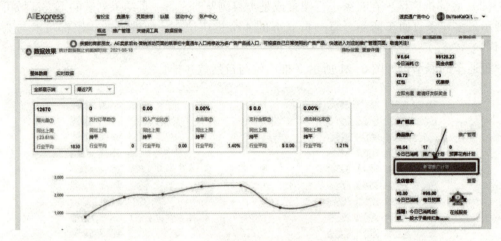

图 6-23　速卖通平台新建推广界面

单击图 6-23 右侧的"新增推广计划"后，便可进入"添加推广商品"页面。在这个页面中，系统会按照商品标签，列出所有可以推广的商品。选择想要推广的商品（快捷计划中每个计划可以选择 100 个商品进行推广，而重点推广则每个单元只允许添加一个商品），单击"下一步"按钮便可完成需要推广的商品的添加，如图 6-24 所示。

图 6-24　速卖通平台选择商品界面

2. 选择"快捷推广计划"

进入"设置推广详情"页面，选择"快捷推广"，填写计划推广名称和每日预算，单击"提交,开始推广"按钮,如图 6-25 所示。

图 6-25　速卖通平台快捷推广计划界面

3. 添加关键词

速卖通平台系统推荐关键词界面如图 6-26 所示。在卖家选择与商品相匹配的优质关键词时,可使用系统推荐关键词。根据前面步骤添加推广商品页面中所添加的商品后,系统会在添加关键词页面中自动推荐推广关键词,并把词的搜索热度、竞争度、点击率、转化率 4 个指标作为挑选关键词的依据。目前的速卖通平台主要通过商品信息来判断并推荐关键词,因此,为了获得更丰富的推荐关键词,就需要尽量将商品信息填写完整,让商品信息更全面和细致。

速卖通平台搜索关键词界面如图 6-27 所示,可通过手动添加词来搜索关键词。这个功能需要先输入某一关键词并单击"查询",系统便会自动根据输入的关键词列出与之相关的关键词及搜索热度、竞争度等信息。

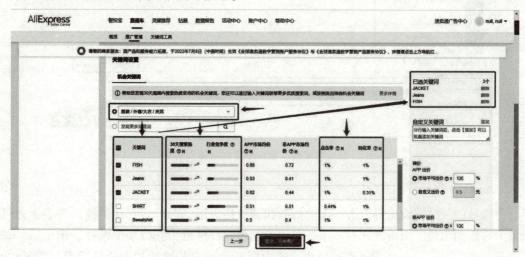

图 6-26　速卖通平台系统推荐关键词界面

图 6-27　速卖通平台搜索关键词界面

速卖通平台批量添加关键词界面如图 6-28 所示。使用批量添加关键词功能可以快速添加已经整理好的商品关键词，只需要输入要添加的关键词（关键词之间用"Enter"键分隔），添加成功后，单击"下一步"按钮便可出价。

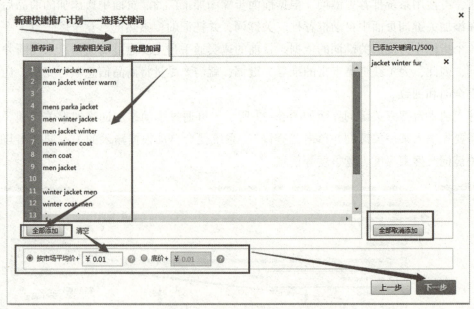

图 6-28　速卖通平台批量添加关键词界面

4. 设定扣费价格

为选择的关键词设定每点击一次的最高扣费价格上限，选词后，在关键词列表下方可批量为这些词出价，出价方式有按市场平均价加价和以底价为基础加价两种。出价后，单击"下一步"按钮，便完成了新建推广。速卖通平台设定关键词扣费价格界面如图 6-29 所示。

项目六 不拘一格行推广

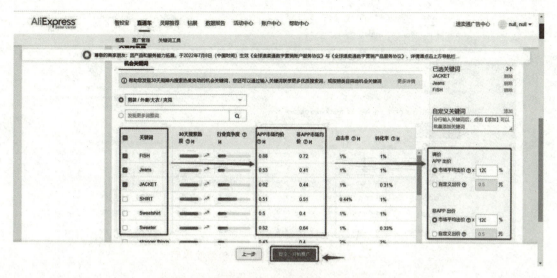

图 6-29 速卖通平台设定关键词扣费价格界面

5. 修改关键词出价

新建推广成功后，建议卖家每周关注推广计划的各项数据两次，以便及时调整关键词和出价。速卖通平台关键词扣费价格界面如图 6-30 所示。

图 6-30 速卖通平台关键词扣费价格界面

如果与产品相关性很高的词系统评分为"良"或者没有评分，则说明产品的标题关键词没有突出这个词，卖家可以考虑优化关键词、标题和详细描述。

修改关键词出价：逐个审视关键词的相关性，进行逐个出价。若相关度高，要敢于出价；若相关度低，则要谨慎出价或删除。速卖通平台关键词出价修改界面如图 6-31 所示。

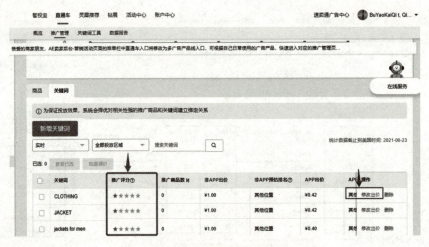

图 6-31　速卖通平台关键词出价修改界面

任务实施1　请尝试建立速卖通直通车并利用直通车推广商品

知识储备2　了解速卖通后台数据

学会看数据，分析数据，这是卖家必备的技能。做速卖通直通车数据分析有利于了解自己店铺的情况，在新手阶段，建议掌握这些数据的分析和运用，更有利于后续的调整和优化。例如，某卖家发现最近店铺流量突然飙升，想找到流量激增的原因，应该如何进行数据分析？

速卖通直通车后台一共有3种类型的数据报表：账户报告、商品报告、关键词报表。

任务示范2

1. 查看账户报告

查看账户报告，分析账户近一月的点击量和费用支出情况，导出的数据以时间为维度。速卖通平台账户报告界面如图6-32所示，找到激增的时间点（图示为4月7日），速卖通平台账户报告激增时间点界面如图6-33所示。

图 6-32　速卖通平台账户报告界面

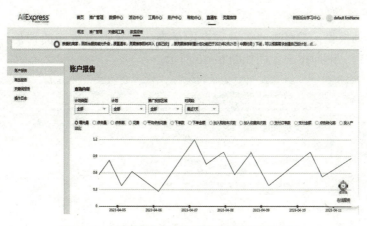

图 6-33 速卖通平台账户报告激增时间点界面

2. 查看商品报告

查看商品报告，进行推广商品的横向比较，观察哪些商品的点击量最多、支出费用情况如何等，导出的数据以商品为维度。排序找到点击量占比高的商品名称，看一下这款商品是否为主推产品，再根据情况做出相应的调整。速卖通平台商品报告界面如图 6-34 所示。速卖通平台商品数据界面如图 6-35 所示。

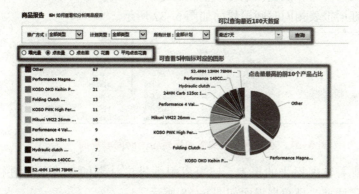

图 6-34 直通车商品报告界面

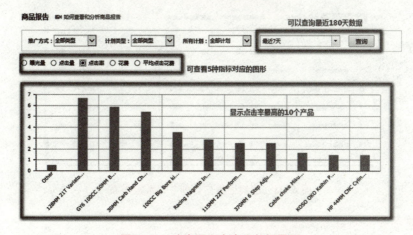

图 6-35 速卖通平台商品数据界面

3. 查看关键词报表

查看关键词报表，观察哪些关键词点击量高，以及点击量高的词是否与商品强相关等。速卖通平台关键词报表界面如图6-36所示。

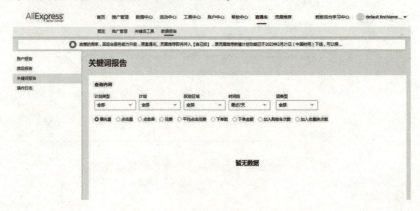

图6-36 速卖通平台关键词报告界面

选择关键词报表的相同时间段，然后查看主要流量来自哪些关键词，是否为商品的主要关键词，以及匹配度情况和平均点击花费是否超出行业水平或自身承受水平，再根据这些情况以及转化情况对商品和关键词进行调整和优化。

速卖通平台关键词报表相同时间段界面如图6-37所示。

关键词	曝光量	点击量	点击率	花费	平均点击花费
line	40614	140	0.34%	¥2112.96	¥15.09
led	7724	34	0.44%	¥113.62	¥3.34
curtains	5345	32	0.6%	¥23.81	¥0.73
led light	5759	28	0.49%	¥141.96	¥5.07
led strip	6005	14	0.23%	¥38.68	¥2.76
light	4699	13	0.28%	¥64	¥4.92
star	2408	10	0.42%	¥83.88	¥8.34

图6-37 速卖通平台关键词报表相同时间段界面

卖家不仅可以查看数据报告的报表，还可以根据推广计划的7日数据进行查看和分析。速卖通平台推广计划7日数据界面如图6-38所示。

图6-38 速卖通推广计划7日数据界面

4. 关键词和计划监控功能

卖家可以将重点关注的计划和关键词放入首页"我的监控"中，根据排名和获得的效果随时调整，节省管理时间。速卖通平台我的监控界面如图 6-39 所示。

关键词	所属推广计划	七日曝光量	七日点击量	七日点击率	当前出价	预估排名	操作
car gps	NT001	1826	15	0.82%	¥1.41	第二页主搜	取消
car gps trackers	NT001	325	2	0.62%	¥0.10	其他位置	取消
car gps holder	NT001	524	2	0.38%	¥0.20	其他位置	取消
car gps tracking system	NT001	326	3	0.92%	¥0.31	其他位置	取消
car gps locator	NT001	491	3	0.61%	¥0.25	其他位置	取消
car gps jammer	2	195	2	1.03%	¥1.30	第二页主搜	取消

图 6-39　我的监控界面

5. 查看商品推荐投放数据

关键词是买家搜索商品时使用的各种组合的单词，是买家购买需求的直接体现，也是卖家引导流量的重要渠道。卖家可以通过商品推荐投放数据来查询直通车推广效果。速卖通平台商品推荐投放界面如图 6-40 所示。

图 6-40　速卖通平台商品推荐投放界面

任务实施 2　根据上述步骤选择适合自己店铺商品的报告进行直通车数据分析

知识储备 3　速卖通直通车推广评分及扣费规则

一、直通车推广评分

速卖通直通车推广评分是指关键词与产品的相关程度，以及商品的信息质量，是影响产品展现区域以及排名的重要因素之一。

其中，推广评分为 5 星、4 星、3 星的关键词，表示推广信息有资格进入主搜索结果页面。其中，4 星、5 星代表该关键词点击率较好，而 3 星则表示应该进一步提升点击率。

推广评分为 2 星、1 星的关键词，表示需要通过更换关键词或者优化产品信息等方法来提升推广评分星级，使其有资格进入主搜索结果页面。

若关键词推广评分的 5 颗星星全部为灰色，则表示该推广信息无法参与正常投放，需要为其添加相关的产品，或者进行删除操作。

二、直通车扣费规则

直通车推广按点击次数付费，每次点击费用取决于为关键词设定的出价、关键词推广评分和排名情况。买家不点击则不扣费，且仅海外买家点击才收费，因此卖家可以获得海量的免费展示机会。直通车扣费的计算过程主要分为两种情况：

（1）当商品排在竞争该关键词的最后一名，或是这个关键词下唯一的推广商品时，若单击价格等于该关键词的底价，底价在关键词出价页面会显示出来。

（2）在其他情况下，单击价格=［（下一名卖家的出价×下一名卖家的推广评分）/自身的推广评分］+0.01元。

从推广评分的定义和点击扣费公式可以看到，推广评分不仅决定关键词下匹配的商品是否有资格进入搜索页前几名，而且很大程度决定了最终的扣费结果，所以卖家必须不断优化提升关键词的推广评分，从而提升直通车的性价比。

> 💡 思考
> 卖家应如何设置直通车关键词，增强直通车投放的精准度？

> 💡 思考
> 卖家应如何提高速卖通直通车的转化率？

使用直通车时，卖家通常会遇到几个问题：用了直通车但还是没有曝光量；商品推广出去了，有了曝光量，但没有人点击商品去看；曝光量、点击量都有，但转化率还是不够。

三、影响直通车转化率的几大因素

（1）选品：有优势的商品才会受到买家的青睐。

（2）商品图片：清晰、美观的图片能让买家一眼就看清楚卖家正在出售的商品，从而产生购买的兴趣。

（3）商品标题：标题要体现出要卖什么商品及商品特色，用最简洁的语言打动买家。

（4）商品定价：用直通车来推广的商品如何定价，要根据自己的推广策略来安排。

任务示范 3 直通车选词方法

关键词不仅是买家搜索商品时使用的各种组合的单词，也是买家购买需求的直接体现，还是卖家引导流量的重要渠道。能否找到足够多合适的关键词是直通车推广效果好坏的关键，所以关键词一定要"多"。

1. 系统推荐词

系统推荐词是一种最简单、最方便、使用率最高的选词方法，可根据系统推荐结果（图6-41）的相关度、搜索量和市场平均出价三个指标挑选适合的关键词。

很多新手卖家直接将系统推荐的关键词全都加上，其实系统推荐关键词并非全部适合推广，应该挑选后使用。

图 6-41　系统推荐词

注意：这些关键词比较宽泛，虽然不排斥直接加入，但最好评估市场均价以及自己的账户预算后再决定，推荐组合使用。

2. 关键词工具

专为速卖通直通车用户设计的找词工具使用率达 70% 以上，除了提供按计划找词、按行业找词、自主输入关键词搜索相关词等，还提供搜索热度、竞争度、市场价等以供参考。

3. 生意参谋

速卖通生意参谋中的"搜索分析"整合全网资源，每日给出各个行业类目下的搜索词、飙升词和零少词，让卖家无论是在选择关键词时还是在选择商品推广时都可以参考。

4. 词表组合法

将商品的近义词、类目词、特性词、用途词、意图词、通用型号、标准词或专用词等提取出来，再通过 Excel 批量组合关键词。

5. 搜索结果提示

在速卖通搜索框中的下拉条搜索提示中出现的词通常是比较热门的关键词，流量相对较大，但是词量较少，打造爆款时可以使用，如图 6-42 所示（图中画框的部分）。

图 6-42　搜索框下的较热门的关键词

6. 其他网站工具

为了获取更多买家常用词和搜索习惯，卖家通常也会去 Google、亚马逊、eBay 等网站挖掘关键词。

任务实施 3 进入速卖通后台进行直通车推广评分并寻找直通车曝光率低的原因

导致直通车曝光率低的原因有很多种，可以依照下述原因查看分析。

1. 关键词过少

买家数量庞大，搜索商品时使用的关键词各不相同，如果卖家只设置了几个关键词，就会导致使用其他词汇搜索的买家看不到商品。所以，为了提高曝光率，关键词不能过少。

2. 词流量低

这类情况不常见，主要原因是卖家将买家并不经常使用的搜索词组合起来使用，导致虽然设置了很多关键词，却没有什么搜索量的情况出现。

图 6-43 中的商品是相机包，卖家将型号加上相机包（如 s95 bag）这样的词设置成关键词。但一般情况下，买家不会用这些关键词来搜索。

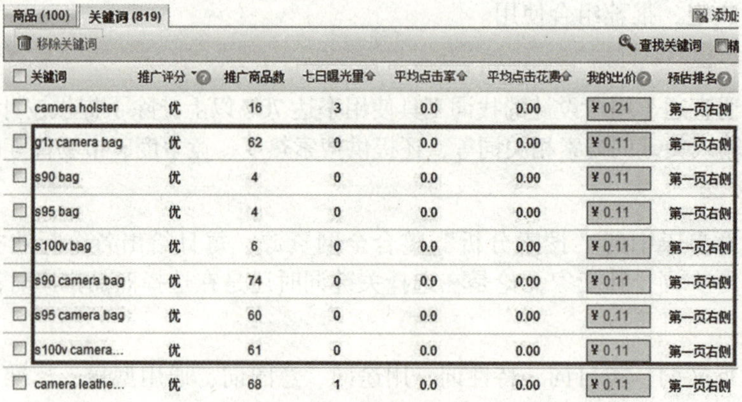
商品 (100)　关键词 (819)　添加
移除关键词　查找关键词

关键词	推广评分	推广商品数	七日曝光量	平均点击率	平均点击花费	我的出价	预估排名
camera holster	优	16	3	0.0	0.00	¥ 0.21	第一页右侧
g1x camera bag	优	62	0	0.0	0.00	¥ 0.11	第一页右侧
s90 bag	优	4	0	0.0	0.00	¥ 0.11	第一页右侧
s95 bag	优	4	0	0.0	0.00	¥ 0.11	第一页右侧
s100v bag	优	6	0	0.0	0.00	¥ 0.11	第一页右侧
s90 camera bag	优	74	0	0.0	0.00	¥ 0.11	第一页右侧
s95 camera bag	优	60	0	0.0	0.00	¥ 0.11	第一页右侧
s100v camera...	优	61	0	0.0	0.00	¥ 0.11	第一页右侧
camera leathe...	优	68	1	0.0	0.00	¥ 0.11	第一页右侧

图 6-43　关键词推广评分

所以卖家要研究买家的搜索习惯，数据显示，购买相机包的买家通常使用的搜索词是材料、品牌等，而不是型号。

3. 存在作弊行为

什么是作弊？例如不免运费，却在标题或者图片设置免运费等与事实不符合的商品信息，会导致直通车无法匹配很合适的关键词，或者即使匹配了，也无法提升商品排名。

知识储备 4 联盟营销推广

联盟营销是一种“按效果付费”的网络营销方式，参与到联盟营销的卖家不需要预先支付任何费用，推广过程完全免费，只需为联盟网站带来的成交订单支付联盟佣金。卖家通过联盟营销渠道收到了订单，按照事先确定的交易比例支付佣金。佣金由卖家决定，每个顶级类目都有平台限额，从 3%～50%不等。如果有退款和订单有折扣则按比例削减佣金，但不需要付运费佣金。

（一）速卖通联盟营销展示规则

加入联盟推广后卖家的商品展示的位置包括站内和站外两个位置。

1. 站内——基于联盟阵地 best.aliexpress.com 展示商品

该阵地是站外渠道引流到速卖通后在站内的流量承接阵地。买家可以在该阵地上按照关键词、类目搜索商品，系统会基于买家历史浏览和采购行为展示和推荐商品。

2. 站外——卖家的商品有可能在全球性的网络、区域性的网盟、本地的媒体等合作渠道上展现

（1）全球性的网络包括 Google 等搜索引擎、Facebook 等社交网站、Youtube 等视频网站、华为三星等手机厂商。

（2）区域性的网盟类似某区域流量一级代理。卖家可基于速卖通辐射全球，拓展流量一级联盟来帮助自己拓展更多流量，如俄罗斯 Admited、欧洲的 Awin 等。

（3）在流量一级分销商下游就是本地的垂直媒体，包括以下几个渠道：

导购类的网站：如 Slickdeals、Groupon 等。

返现类的网站：返现类网站的让利程度不同。

测评或是内容类的网站：如小红书，用户可以把使用商品的一些经验转换成软文来引导交易。

比价类的网站：在此类网站上搜索某种商品时可以看到不同平台上的不同商家出售的这款商品的价格。

社群和网红渠道。

（二）速卖通联盟营销优势

1. 免费曝光，成交收费

联盟推广是按照 CPS 成交计费的推广方式，买家只有购买完商品才需要支付费用。不需要先充值，也不需要前期投入资金。

2. 费用可控，效果可见

可自主选择推广的商品和设置不同比例的佣金，预算灵活可控。推广后效果清晰可见，为店铺带来多少流量、流量转化成了多少订单，以及预计需要支付多少费用，都清晰可查。

3. 海量买家，精准覆盖

加入联盟的商家可获得在不同国家、不同 App、不同社交或导购网站等站外渠道的海量推广资源，提升店铺销量及市场占有率。

（三）速卖通联盟营销付费规则

（1）如果某个买家点击了联盟推广的商品的广告链接，在 15 天的追踪有效期内下单，会被判断为是联盟带来的订单，交易成功后会收取联盟佣金。联盟订单判断标准：点击商品站外推广链接+15 天追踪有效期内+下单。

（2）联盟佣金收取规则：商品成交金额（不含运费）×商品佣金比例（下单时的佣金比例），其中商品成交金额=商品最终交易价格−运费。

任务示范 4　开通联盟营销活动

一、加入联盟营销并设置佣金

选择"推广"→"联盟营销"可加入联盟计划。速卖通平台联盟计划界面如图 6-44 所示。

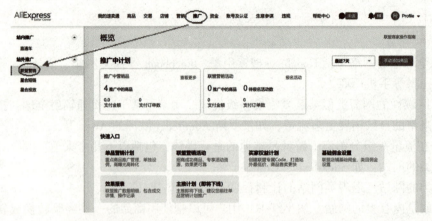

图 6-44　速卖通平台联盟计划界面

加入联盟计划后，就可以进行佣金设置了。每个类目要求的最低佣金比例不同，建议默认佣金可以按照最低要求设置，见表 6-1。

表 6-1　佣金比例

分级发布类目	最低佣金比例	最高佣金比例
Apparel & Accessories	5%	50%
Automobiles & Motorcycles	5%	
Beauty & Health	5%	
Computer & Office	3%	
Construction & Real Estate	5%	
Consumer Electronics	5%	
Customized Products	5%	
Electrical Equipment & Supplies	5%	
Electronic Components & Supplies	5%	
Food	3%	
Furniture	5%	
Hair & Accessories	5%	
Hardware	5%	
Home & Garden	3%	
Home Appliances	5%	

续表

分级发布类目	最低佣金比例	最高佣金比例
Industry & Business	3%	50%
Jewelry & Watch	5%	
Lights & Lighting	3%	
Luggage & Bags	5%	
Mother & Kids	3%	
Office & SchoolSupplies	5%	
Phones & Telecommunications	3%	
Security & Protection	5%	
Shoes	8%	
Special Category	5%	
Sports & Entertainment	5%	
Tools	5%	
Toys & Hobbies	5%	
Travel and Vacations	3%	
Weddings & Events	5%	

二、选择主推商品

速卖通平台添加主推商品界面如图6-45所示。主推商品设置上限为60个，应合理利用；主推商品的佣金比例可以单独调高，从而增加对联盟站长的吸引力；可以定期调整主推商品，把转化率低的去掉。

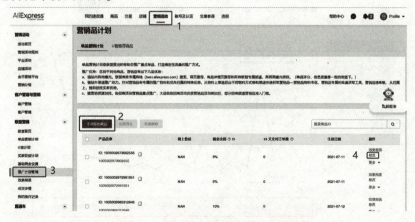

图6-45　速卖通平台添加主推商品界面

三、分析数据调整策略

联盟营销推广设置好之后，卖家需要养成每天看联盟流量报表的习惯，只有这样，才能做好联盟营销。通过流量报表，可以知道联盟营销近6个月内每天的流量状况，包含联盟 PV、联盟访客数、总访客数、联盟访客占比、联盟买家数和总买家数。速卖通平台流量报表界面如图 6-46 所示，从中可以看出，2022 年 3 月 20 日，联盟为店铺带来的访客数为 1 973 个，约占当天店铺总访客数的 1/3，这一点更加证明了联盟对店铺起到的巨大作用。

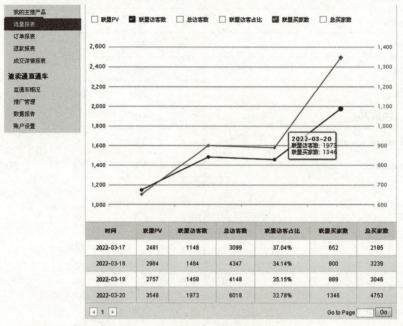

图 6-46　速卖通平台流量报表界面

订单报表主要包含联盟营销每天带来的支付订单数、支付金额、预计佣金、结算订单数、结算金额、实际佣金，如图 6-47 所示。注意，联盟带来的支付订单数不等于结算订单数，因此，联盟带来的订单销售额的佣金也不等于实际佣金，因为发生退款的订单数和订单金额不会被计算在内。

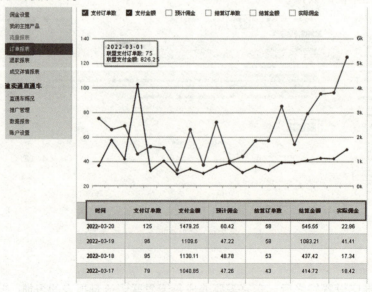

图 6-47　速卖通平台订单报表界面

通过成交详情报表，卖家可以清楚地看到某个时间段内联盟营销带来的每一笔订单和平台收取的佣金等情况。速卖通平台成交详情报表界面如图6-48所示。

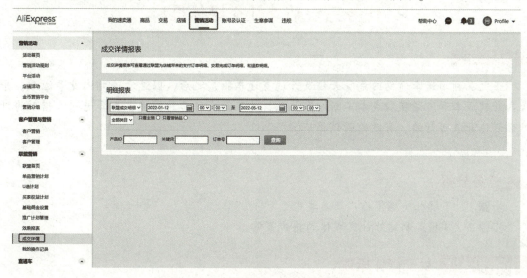

图 6-48　速卖通平台成交详情报表界面

> **思考**
>
> 速卖通联盟营销和速卖通直通车有什么区别？

（1）推广模式不同。速卖通联盟营销是一种"按效果付费"的推广模式。参与联盟营销的卖家只需要为联盟网站带来的成交订单支付速卖通联盟佣金。联盟营销带来的站外流量，只有成交才需付费。速卖通直通车是速卖通平台会员通过自主设置多维度关键词，来免费展示商品信息，通过大量曝光商品来吸引潜在买家，并按照点击次数付费的全新网络推广方式。

（2）付费模式不同。在付费模式上，速卖通联盟营销是按成交量进行付费，速卖通直通车是按点击量进行付费。

（3）展示位置不同。在展示位置上，速卖通联盟营销除现有的站内渠道展示外，在联盟商品的专门位置也会得到额外曝光，在站外也能得到更多的曝光。而速卖通直通车是在现有的站内渠道得到曝光。

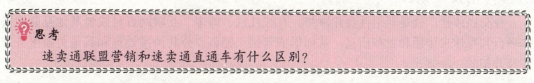　进入速卖通后台查看并设置联盟营销

速卖通联盟营销拓展阅读

任务总结

通过对速卖通直通车的学习，学生可以充分了解并能够初步运用直通车，还可以从数据分析和规则评判中选出最为合适的直通车方案。

速卖通店铺推广案例

任务三　站外社交媒体推广

📝 任务描述

王悦在利用速卖通站内免费营销及开通直通车推广之后，因速卖通站内竞争激烈，平台内营销成本和流量获取成本不断增高，王悦为了解决目前的困境，打算进一步借助海外社交媒体开展可行的、有效的营销推广。

📖 任务分析

步骤1　了解社交媒体推广及其类型
步骤2　掌握定制站外社交媒体的推广策略

知识储备1　社交媒体概述

一、社交媒体推广

社交媒体推广就是利用社会化网络、在线社区、博客、互联网百科或者其他互联网协作平台和媒体来传播和发布信息，从而形成营销、销售、公共关系处理和其他关系服务维护及开拓的一种方式。

二、站外主流社媒类型

常见的社交媒体营销平台主要包括 Facebook、Twitter、Tumblr、YouTube、Vine、Pinterest、TikTok 等。

（一）Facebook

Facebook 是一个全球流行的社交网站，成立于 2004 年，首席执行官为马克·扎克伯格。截至 2020 年 10 月，Facebook 每月活跃用户总数达 27.0 亿，用户集中活跃在移动端，仅 1.7% 来源于电脑端。庞大的用户体量意味着机会和挑战。

Facebook 海外营销受到了越来越多跨境电子商务从业者的关注，它已经成为社交媒体营销的主要场所，也成为跨境电子商务站外引流的主渠道。Social Media Examiner 提供的 2020 年的数据显示，59% 的营销人员选择 Facebook 作为自己最重要的营销推广平台。

（二）Twitter

Twitter 是一家美国社交网络及微博服务网站，成立于 2006 年，创始人为杰克·多西。它是全球最大的微博网站，拥有超过 5 亿的注册用户。Twitter 可以让用户更新不超过 140 个字符的消息（除中文、日文和韩语外，其他文字上限已提高至 280 个字符），这些消息被称作"推文"（Tweet），Twitter 被称为"互联网的短信服务"。

Twitter 在全世界非常流行，截至 2020 年，其日活跃用户达 1.87 亿。各大企业也利用 Twitter 进行产品促销和品牌营销。例如，在圣诞节购物期间，Dell 仅通过参加 Twitter 的打折活动就获得了几百万美元销售额；再如，著名垂直电子商务 Zappos 的创始人谢家华通过其 Twitter 的个人账号与粉丝互动，维护了 Zappos 良好的品牌形象。

（三）Tumblr

Tumblr 成立于 2007 年，是目前全球最大的轻博客网站，也是轻博客网站的始祖，是当前最受年轻人欢迎的社交网站之一。轻博客是一种介于传统博客和微博之间的媒体形态。Tumblr 沿用了传统博客的形式，并将其演变成一种允许用户发表文字、照片、引用、链接、聊天、音乐和视频的轻量级博客，其服务功能与国内新浪博客相似。

与微博相比，Tumblr 更注重内容的表达；与博客相比，Tumblr 更注重社交。因此，在 Tumblr 上进行品牌营销，要特别注意"内容的表达"。比如，为自己的品牌提炼一个故事，比直接在博文中介绍公司及产品产生的效果要好很多。有吸引力的博文内容很快就能通过 Tumblr 的社交属性传播开来，从而达到营销的目的。跨境电子商务网站拥有众多产品，如果能从如此多的产品中提炼出一个品牌故事，或许就能够达到产品品牌化的效果。

（四）YouTube

YouTube 是全球最大的视频网站，注册于 2005 年 2 月 15 日，由乍得·贺利、陈士骏、贾德·卡林姆三人创立。用户可在 YouTube 上下载、观看及分享影片或短片。

YouTube 每天都有成千上万的视频被用户上传、浏览和分享。相对于其他社交网站，YouTube 的视频更容易带来病毒式的推广效果。比如，鸟叔凭借"江南 Style"在短时间内就得到了全世界的关注。因此，YouTube 也是跨境电子商务不可或缺的营销平台。

（五）Vine

Vine 是 Twitter 旗下的一款短视频分享 App，其推出不到 8 个月，注册用户就超过了 4 000 万。用户可以通过它来发布时长不超过 6 秒的短视频，并可添加一些文字说明，然后上传到网络上并分享给其他人。

对于跨境电子商务，显然应该抓住这样的一个免费平台，即可以通过 Vine 对产品进行 360°全视角展示，或利用缩时拍摄展示同一类别的多款产品。另外，也可以利用 Vine 来发布一些有用信息并借此传播品牌。例如，销售领带的商家可以发布一个打领带教学视频，然后在视频中植入各种品牌。

（六）Pinterest

Pinterest 是全球最大的图片分享网站。Pinterest 采用的瀑布流的形式展现图片内容，即不用翻页，新的图片不断自动加载在页面底端，让用户不断欣赏新的图片。

Pinterest 网站拥有超过 300 亿张图片。这些图片非常适合跨境电子商务网站营销使用，因为电子商务很多时候就是依靠精美的产品图片来吸引消费者。卖家可以建立自己的品牌主页，上传自家产品图片，并与其他用户互动分享。后来，Pinterest 还推出了广告业务。品牌广告主可以利用图片的方式推广相关产品和服务，用户可以直接单击该图片进行购买。Pinterest 通过收集用户个人信息，建立偏好数据库，以帮助广告主进行精准营销。因此，除建立品牌主页外，跨境电子商务网站还可以购买 Pinterest 的广告进行营销推广。与

Pinterest 类似的网站还有 Snapchat、Instagram、Flickr 等。

（七）TikTok

TikTok 是字节跳动旗下短视频社交平台，是一个帮助用户表达自我、记录美好生活的平台，属于海外版抖音。TikTok 短视频已经成为中国产品在海外获得成功的代表，被视为中国移动产品出海的新模式。

TikTok 在全球拥有超过 5 亿的活跃用户，为广告商提供了巨大的机会。TikTok 不仅在人气上超过了 Twitter 和 Snapchat，平台上的广告也比其他平台少。用户可以编辑和分享带有内置滤镜、效果和音乐的 15 秒短视频。TikTok 具有很好的定位和独特的广告创建功能，如果使用得当，可以帮助商家获取大量客户。

（八）其他

社交媒体营销的范围很广，除以上渠道外，还有论坛营销、博客营销、问答社区营销等。这三类社区尤其适合有一定专业门槛的产品，比如电子类、硬件类等。主打 3C 电子产品的 DX，起家时依靠的正是其创始人高超的论坛营销能力。此外，如果面对俄罗斯市场时，卖家应选择 VK（俄罗斯最大的社交网站），因为在俄罗斯，VK 是人们首选的社交网站；而 Google 将社交和搜索紧密结合起来，也越来越受到营销者的青睐。

当然，对于国内跨境电子商务卖家而言，在以上社交媒体进行推广存在语言局限、粉丝数量有限、访问限制等问题，如果能合法合规地解决这些问题，也许会使它们成为较好的免费推广渠道。当然，这需要很长的时间，尤其是粉丝数量的累积，不是一蹴而就的。此外，除以上社交媒体外，跨境电子商务卖家还可以通过微博、博客、微信、在线论坛等社交平台来进行营销推广。

海外社交媒体推广对于出海运营的作用，相当于微信对于国内产品营销的地位和影响力。与邮件营销不同，运营社交媒体并不只是为了获取用户，其还有以下三种作用：

（1）品牌营销。海外社交媒体的官方账号就像微信公众号一样，是一个对外展示企业品牌，传递品牌信息的平台，是用户对企业品牌了解的一个重要平台。因此，盲目在社交媒体上推送产品的广告信息会让用户感到厌烦。

（2）用户沟通。海外市场相比国内市场的一个难点是如何了解用户的真实需求。在国内环境中可以通过各种方式去了解用户的需求和各种信息，其中社交媒体是一个重要的了解用户意见与需求的渠道。比如，现在需要了解用户对某几款产品的喜爱程度，从而决定选品和推广策略，可以通过社交媒体对用户进行调研，收集他们的意见。如果平台拥有一批质量较高的粉丝，那么能够较快地完成用户意见的收集。运营海外社交媒体应该能够起到与用户沟通的作用。

（3）网站、App 引流。无论是跨境电子商务还是互联网出海企业，都希望通过社交媒体引流。但是容易犯的错误就是开通社交媒体账号后就迫不及待地展示产品信息。这是错误的操作，只有先积累粉丝，才能达到通过社交媒体引流的目的。

任务示范 1　推广方式简介

一、图片推广

在节日营销中，商家会用其他人都在使用的相同创意和信息来吸引受众。以多媒体内容网站 A&E 母亲节在 Facebook 上做的广告为例，界面中没有常见的粉红色或紫色，只是一张 Norman 写给他妈妈的手写卡片的照片。如图 6-49 所示，在卡片中的末尾加上一句备注，上面写着：为了感谢母亲付出的爱，千万不要错过周一的剧集。

图 6-49　A&E 母亲节在 Facebook 上做的广告

图 6-49 中所说的周一的剧集是在 A&E 和 Facebook 历史上运行时间最长的原创剧本剧集，因此优势特别明显。

二、视频推广

1. 了解受众，制作针对性视频

想要让视频更加有效，需要了解用户的需求和偏好，因此需要确定用户一般通过什么渠道来播放视频，哪种语言最能传达信息等。只有足够了解用户后，才能在面对受众群体的问题和需求时制作出有针对性的视频。

2. 打造品牌，扩大产品的影响力

打造品牌可以扩大产品的影响力，无论是创建实时视频还是编辑网络研讨会，都需要与产品的品牌保持一致。长期打造品牌不仅会增加账号权重，还会增加用户对品牌的识别度，建议在制作的视频中添加品牌元素，比如在视频的开头和结尾作简短的品牌介绍，或者是在同一个角落中加品牌标志，加深用户对产品品牌的印象。

3. 明确视频主题，吸引点击量

现今视频大量生产，都在争夺潜在用户的注意力，因此在制作视频时，需要明确视频主题，快速准确地吸引到精准用户。最重要的就是用标题和描述表达清楚的主题，因为用户第一眼看见的就是标题，因此拥有优质的标题尤为重要，这样才能吸引用户点击视频。

4. 加入号召性用语，对用户进行有效转化

需要在视频的结尾加入希望用户遵循的特定号召性用语，比如，在评论中提出用户可以回答的问题；向用户建议另一个相关视频；将用户引导到你的网站；让用户订阅YouTube频道；让用户通过其他社交媒体渠道与你联系……

想要做好视频营销，不仅要掌握多种技巧，更重要的是去发现更新的营销思路与方法，选择适合自身企业的平台，立志成为行业发展引领者，而不是做追随者，这样才能利用视频营销为品牌赋能。

三、文案推广

（1）认识了解目标读者。每一篇海外推广文案，都要想好希望让哪些潜在受众看到，接着是有针对性地用目标读者熟悉的写作风格和语调来撰写文案，这样至少受众读起来会觉得舒服且有兴趣继续看下去。例如，某公司要推出一款新的不粘锅，目标人群是美国加州的家庭主妇，这时候就可以研究一下，美国加州的语言文化和当地的一些购物广告语言等，了解什么样的用语能够吸引到家庭主妇。

（2）与读者保持关联。很多公司的推广文案读起来就像是用各种高级词汇和语法堆积出来的官方通告，给读者一种疏远感，完全忽略了读者是否能够真正理解其中的具体内容。用与读者相关和容易理解的语言或许有更好的效果。

（3）直入重点。不要在文案的开头写一大段铺垫的话，要直接进入主题。因为受众随时都可以切换页面看其他内容。

（4）在文案中，通过表达自己的感受和真实想法，让读者觉得你是个有血有肉而且容易接近的人。减少了距离感，读者也就更愿意读完你的文章了。

（5）不要通篇文案都是产品的推销宣传。最佳的布局是20%的篇幅介绍产品，80%用来讲讲公司的背景、发展规划和公司的一些其他信息，让受众先了解到公司是做什么的，是否专业，可信度如何。

（6）适度运用幽默的语言。利用一些国外受众都能读懂的幽默语言，让国外受众读得开心是很好的策略，但要注意分寸，否则会有反效果。

任务实施1 任意挑选一个海外社交媒体平台，明确自己想推广的产品并撰写相关的推文（图片推文或者纯文字推文），以及视频方案并将其拍摄下来

知识储备2 站外社交媒体推广概述

一、确定站外社交媒体推广策略

社交媒体为品牌提供了一个与现有用户和潜在用户建立联系的独特机会。通过突出品牌个性并与受众互动，社交媒体可以成为赢得和留住用户的绝佳工具。

（一）制定推广目标

作为跨境卖家，在制定推广策略前，需要明确站外社交媒体推广的目标是什么。一般目的分为以下三种：①为新品引来基础流量；②为配合店铺促销活动打造热销款；③做品牌推广。

推广目标最好为一种，当有了明确的目标之后，就可以制定数据目标了，但要注意的是，核心指标与参考指标是不一样的，见表6-2。

表6-2 推广目标的核心指标与参考指标

推广目标	核心指标	参考指标
新品引流	点击量	展现量
打造爆款	点击量	投产比、转化率
品牌推广	展现量	点评率

（二）选择推广渠道

站外推广分为广告和内容营销两部分：Facebook 广告属于短期内冲量方法；Facebook、Instagram、Pinterest、Twitter 为图文营销，需要长期运营；YouTube、Tiktok 属于视频营销，有传播快、成本高的特点。

作为跨境电子商务卖家，在制定站外推广方案时，需要选择合适的站外推广渠道。例如，在做日常营销及品牌曝光时，要根据店铺实力选择推广渠道，当店铺营业额在 50 万~100 万美元范围内时，可以选择以图文营销为主，选择 1~2 个社交媒体平台，日常更新推广信息即可；当店铺营业额超过 100 万美元后，可以尝试使用多渠道品牌推广的方式，将图文及视频营销同时展开；而在配合店铺打造热销爆款时，可以选择使用站外推广品牌的方式。

（三）周期及预算

站外社交媒体推广都是阶段性的，所有站外布局都是为店铺服务的，因此在制定站外推广方案时，一定要考虑到产品线和推广周期，把握好推广节奏。

新品的推广营销周期一般为 3~7 天，打造热销爆款的周期通常为 10~20 天。当然，根据推广需求的不同，这个周期略有差异。另外，在做站外社交媒体付费推广时，还要考虑各项支出的费用预算，以便站外推广能够顺利进行。

二、利用社交媒体推广品牌

（一）确定品牌受众

品牌可以利用社交媒体与受众互动。首先要确定受众群体，如究竟是健康的新时代女性，还是新出生的婴儿？考虑这些重要问题可以帮助品牌制定出合适的社交媒体推广策略。

在市场营销领域，这一过程通常称为"角色开发"。拥有买家角色可以使公司从许多方面受益，在启动和维护品牌的社交媒体形象方面尤其有用。

不同的受众具有不同的社交媒体行为和偏好。如果要出售专为"Z世代"设计的产品，则品牌的社交媒体需要将重点放在一些年轻受众喜好的平台上。根据品牌的受众特征，通过查看社交媒体用户习惯等数据，确定品牌受众偏好的社交媒体平台。

跨境电子商务企业要根据自身产品目标用户画像，选择用户画像相近的社交媒体重点运营，包括年龄、性别、分布的国家等。

查看数据：营销机构和代理商收集有关社交媒体用户习惯以及他们如何与自己喜欢的品牌和业务进行交互的数据。

询问用户：对在线或面对面用户的简单调查可能会揭示企业制定最佳社交媒体策略所需的答案。

着眼于竞争对手：竞争对手是否尤其活跃在某一个平台上？花时间来分析竞争对手如何使用社交媒体营销。

(二) 创建可共享的内容

每个品牌都有自己的指标评估其社交媒体是否成功（例如点赞数、评论数、分享数等），但是大多数品牌的总体目标是创造出用户喜欢的优质内容。优质的内容取决于业务、用户和目标，一般创建优质的内容需要注意以下几方面。

1. 注意内容的时效性

当创建用户喜欢并乐意与朋友分享的内容时，时效性是关键。创建内容日历是一种很好的方式，可以预测时间并在竞争开始之前开发丰富的内容。

内容日历是按日期组织发布的时间表，便于跟踪截止日期，能够更好地管理内容及创建团队。社交媒体内容日历展现以下内容：计划在社交媒体上分享的内容、准备何时分享（在哪些天和哪些时间）、准备在哪些场合分享（即哪些社交网络）。

（1）从评估开始建立内容日历。

在考虑规划社交媒体内容之前，应该先对品牌之前的业务进行评估，了解目前所做的努力是否有助于实现目标以及评估可以改进的地方。以下是主要的评估内容：

①列出所有的社交媒体账户。分析一下哪些比较受欢迎，哪些无人问津。

②尽可能全面地填写个人资料。读者应该能够轻松找到有关品牌业务的重要信息，如营业时间等。

③确保品牌打造具有一致性。在每个账户上使用相同的颜色和徽标。如果可能，请使用相同的名称，以便于用户寻找。

④评估品牌的内容。经常发表什么内容？哪些帖子反响最好？哪些不是很受欢迎？

（2）选择内容发布时间和频率。

一直以来，社交媒体推广专家对发布频率争论不休，仍然没有找到所有人都能认可的发布频率。换言之，发帖的频率在很大程度上取决于不同的社交媒体平台。例如，有些社交媒体平台内容的平均寿命为18分钟，这就意味着必须每天发布好几次内容才能引起关注，刚开始可以尝试每天发布5条推文，在整个工作日内分散发布，然后慢慢增加；有些社交媒体内容更新慢，这意味着每周发布2~3次内容就够了，每天不要发布超过一次；有些社交媒体平台的一致性比频率更重要，具体多久发布一次内容并不重要，但如果团队从一开始就每天发布两次内容，那必须长期保持这种状态。

（3）设计品牌的内容组合。

可以使用1/3规则作为参考：1/3用于促进品牌业务；1/3是来自其他来源的相关内容；1/3是自己的原创内容以及与读者的互动。

随着时间的推移，将会了解到受众喜欢什么、不喜欢什么。调整内容的混合方式，让受众获得更多他们想要的内容。

（4）充实日历并计划发布内容。

在一周的时间内均匀分布发布的内容组合并计划发布。以下是计划发布内容的简要流程：

①在阅读器中整理出核心资源列表，包含了信誉优秀且始终发布良好内容的网站。

②为相关关键字设置搜索引擎提醒，可以直接在收件箱中获取内容摘要。

③制作推送内容表格，在此列表中加入其他来源的高质量内容，分享帖子时一定要注明原创者。

④可以使用相关应用程序来保存在网上浏览时遇到的有趣内容。

（5）跟踪进展、反复修改并重复。

每个月留出一些时间来回顾数据，大多数社交媒体网络都有可以参考的分析工具。而一些计划应用程序也有自己的数据分析仪表板。根据分析结果对内容组合和发布时间表进行优化。

（6）与关注者互动。

除使用电子表格来预先计划内容外，仍然需要用即时内容来补充更新。即时内容可以是最新热门新闻，整理即时内容以与网络共享。例如：某人发了一些有趣的推文，可以转发一些评论；关注者对一项更新发表了有趣的评论，可以用"谢谢"的互动或其他后续评论来回应。

2. 创建高品质的内容

（1）高品质的内容需要考虑用户。

要创建高品质的内容，品牌在创建相关媒体内容的时候，需要考虑当用户到访品牌的社交媒体主页时，是否可以找到真正对其有用的内容。品牌每次发布内容的时候，需要考虑能给受众提供什么价值；或者内容是否有趣？还应考虑用户会遇到哪些问题，这些内容是否解决受众的问题。例如，如何清洁新地毯？什么颜色能衬托刚涂过油漆的墙壁？可以为用户提供有关设计和购买新浴室家具的有用答案。使用买家角色和常见问题解答可以帮助创建对现有和潜在用户有用的内容。

（2）高品质的内容可以包括讲故事。

讲故事对品牌来说很重要，客户感兴趣公司如何描述自己、背后的人和客户。使用社交媒体来分享这些故事，具体可以包括以下故事：

①讲自己的故事：企业是怎么样起家的？品牌为什么专注于该行业？或者比如企业的高光时刻等。

②讲客户的故事：品牌的产品或业务如何帮助客户解决了困难、如何改变了客户的生活、如何建立起品牌与客户的联系等。

③讲独一无二的故事：品牌甚至可以创建一个虚拟的角色形象来讲故事，让客户在这个虚拟角色的指引下完成转化。

此外，需要仔细评估将要发布的内容，需要注意的是：品牌并不一定要一直原创内容，也可以分享行业有价值的信息或动态，但分享时最好能公布信息的来源。

3. 使内容视觉化

如今，视频、摄影和图形内容风靡一时，视觉化提供了简单的方法来展示内容。视觉内容相比纯文字，能提供更高的价值。想象某些网站上的图片、动画或视频如何抓人眼球，社交媒体也同理。图片是跨渠道营销人员的简单而有效的工具，也是一项最直观的形式，能够直接带给客户第一直觉；视频方式更容易展现内容，据统计，视频的转发率是图片的6倍，可以弥补图片的短板，更丰富、全面地展示产品。

相对而言，在视觉化内容中视频内容会更加突出。对于社交媒体平台而言，一般视频都是优先展示的内容。例如，品牌在 Instagram 发布的短视频经常能吸引大量关注。如果忽视视频内容带来的机会，就容易错过社交媒体营销增长的机会，因为视频在社交媒体的算法中的权重更高。发布视频要注意以下几个方面：

（1）优化视频：比如留意视频的标题，这可能会影响到内容最终的展示结果。

（2）描述视频：其实很多人看视频的时候会切到无声模式，这时候一则恰到好处的视频描述就非常有用。确保视频描述清楚、准确，可以传播想要传播的内容。

（3）找准受众：如果在社交媒体上发布广告视频，要注意人群选择，以提升投放效率。

（4）使用话题标签：在社交平台发布视频时，应确保使用了正确的标签。

（三）监控和衡量社交媒体活动

监控和衡量社交媒体活动是创建成功社交媒体推广活动的关键，它有助于跨境电子商务卖家发现最活跃的用户，并提高其品牌知名度，节省时间和成本。数据可以帮助确定社交媒体活动是否有效，并有助于对社交媒体活动进行调整及改进。

监控和衡量社交媒体活动具体可以关注以下社交媒体指标：

1. 活动指标

活动指标衡量的是社交媒体团队的产出，可以展示社交媒体团队正在做哪些事情，以及社交媒体团队的产出——包括发表博文、日程安排、优化内容、回答问题、解决问题等。这看起来很简单，但在尝试新方法时却非常重要。活动指标具体包括以下内容：

（1）平均响应时间：一个团队成员或品牌代表对品牌社交媒体受众的评论或询问做出回应平均所需的时间。

（2）内容制作速度：每段时间内制作的内容数量。根据所关注的内容类型，如果希望分类统计，指标包括每段时间内的博文、每段时间内的演示文稿、每段时间内的视频、每段时间内的电子书、每段时间内的信息图、每段时间内的其他内容制作量。

（3）发布速度：每段时间内在社交媒体的发帖数量。根据使用的社交网络不同，可以进行如下分类统计：每段时间的推文数；每段时间的 Facebook 帖子数；每段时间的 LinkedIn 更新数；每段时间的 Google+更新数；每段时间的 Pinterest 钉图数；每段时间的 Instagram 贴图数；每段时间的论坛帖子数；每段时间的其他社交媒体内容发布数。

（4）帖子主题构成：每段时间在每个社交媒体上发布的各种内容主题（如资源、优惠、博文等）的百分比。

（5）帖子类型构成：每段时间在每个社交媒体上发布的各种内容类型（如图像、链接、视频、文本、调查等）的百分比。

（6）响应率：在特定时间内针对用户的问题和评论做出响应的百分比。

（7）社交媒体营销预算：社交媒体团队在每段时间内投入的资金量。

2. 到达指标

到达指标衡量的是受众或潜在受众，这组指标关注的是受众和潜在受众的规模和增长速度，以及社交媒体团队发布的消息被受众获得的频率和效果。到达指标具体包括以下内容：

（1）受众增长率：某个品牌通过每个渠道增加或减少受众的速度。此指标用新增加的受众数量除以受众总数。

（2）平均位置：某个品牌的广告在搜索引擎结果页面中的平均位置（首页顶端的位置为1）。

（3）品牌认知：品牌在每段时间内被人提及的总次数。

（4）CPM：付费广告展示1 000次的成本。

（5）粉丝/关注者：每段时间内在各个社交网络中的粉丝总数。

（6）影响分值：衡量的是某个人或某个品牌在某个社交网络中的影响力。

（7）关键词频率：某个具体的关键词或短语在一个品牌的社交图谱中出现的次数。

（8）帖子到达：在一段时间内至少看过某段内容一次的人的数量。

（9）潜在展示：一段内容在某段时间内可以展示的次数，无论用户是否与之互动。

（10）潜在到达：某个品牌的潜在受众人数，包括受众的朋友等其他在某段时间内有机会看到某段内容的人。

（11）受众份额：某个品牌将到达的人数较之于对手的百分比。

（12）互动份额：某个品牌的互动指标与类似领域的其他企业的对比情况。

（13）声音份额：某个品牌在人们对话中的占比与同类企业的对比情况。

（14）情绪：提及某个品牌时，人们的积极、中性和消极情绪所占的百分比。

（15）视频观看量：视频内容在各社交媒体渠道中吸引的观看次数。

3. 互动指标

互动指标衡量的是人们与品牌的互动，以及对品牌的兴趣。这些数据关注的是人们在社交网络上与社交媒体内容互动的方式，以及分享和再次分享社交媒体内容的方式。互动指标具体包括以下内容：

（1）放大率：每个帖子的平均分享次数。根据使用的社交平台不同，可以分别对放大率进行统计。

（2）认可率：在每段时间内获得的受众认可次数，包括各大社交媒体上的点赞数。

（3）平均互动率：单位报告周期内通过一个社交渠道以任何方式与社交媒体内容互动的人占受众的百分比。

（4）评论率：每个帖子平均获得的评论数。

（5）对话率：每个社交网络帖子的对话次数，有些社交平台上指的是评论，有些指的是回复。

（6）互动占受众百分比：各大社交网络上的总互动次数除以受众总数。

（7）粉丝人均互动率：某个社交网络中的总互动次数除以该社交网络上的粉丝数。

（8）病毒传播率：指某段内容在各大社交网络上传播的速度。衡量这一指标的较好方法是某段内容的总分享次数。

4. 获取指标

获取指标衡量的是建立关系情况。在这个阶段，原本只是在社交网络上与品牌聊天的人或许会更进一步，有可能查看品牌的网站了解商品和服务。获取指标关注的就是受众在品牌网站的体验。获取指标具体包括以下内容：

（1）博客订阅数：订阅博客的人数。

（2）跳出率：只访问网站上的一个网页就返回到来源地，而没有继续查看网站内容的访客所占的百分比。

（3）点击次数：在某社交网络的一个帖子中点击链接的次数。

（4）点击率：受众在某社交网络的一个帖子中点击链接的比率。用帖子中的链接点击次数除以该帖子的展示次数。

（5）CPC：付费广告或社交网络的每次点击成本。

（6）电子邮件订阅数：订阅电子邮件列表的人数。

（7）潜在用户：某段时间内通过社交媒体获得的潜在销售合同数量。

（8）链接数：与某网站上的特定页面建立链接的页面数。

（9）微转化：在完成转化之前，某个品牌的用户经常采取的任何可以衡量的活动。

（10）页面浏览量：某网站在特定时间内的页面查看量或单击量。

（11）社交访问百分比：来自社交网络的推荐流量在某网站总流量中的百分比。

（12）关键词排名：品牌内容在一个具体的关键词或短语的搜索结果中的平均位置。

（13）会话：某个时间段内在某网站上发生的一组互动，每个会话可以包含多个屏幕或页面浏览量、时间或社交互动等。

（14）会话持续时间：所有互动的持续时间总和（按秒计算）除以会话次数。

（15）流量：社交网络在每段时间内为某网站输送的访问量和访客数。

（16）流量比率：三大主要流量来源的占比，包括直接访客（通过直接在浏览器中输入网址访问某网站的人）、搜索访客（通过搜索引擎访问某网站的人）和推荐访客（通过其他的博客或网站访问某网站的人）。

5. 转化指标

转化指标衡量的是活动、销售和结果情况。用品牌吸引访客的最终目标还是要放到转化指标上。定义的转化可能是一次销售、一次订阅、一次下载、一次注册或其他活动。转化指标具体包括以下内容：

（1）平均购买价值：用户每次购买的平均价值。

（2）用户平均收入：平均每个用户在某个品牌上的平均花费，用年收入除以一年的用户总量。

（3）转化量：每段时间内的转化次数（可以定义为希望用户在网站上采取的最终活动，如电子邮件订阅、下载、注册、安装工具等）。

（4）转化率：采取渴望的活动的用户所占的百分比，用每段时间内的转化量除以总流量。

（5）CPA（每次获取成本或每次活动成本）：某品牌为获取潜在用户支付的费用。

（6）每次转化成本：某品牌为获取转化支付的费用。

（7）新访客转化量：某品牌网站的新访客在每段时间内带来的转化次数。

（8）返回访客转化量：某品牌网站的返回访客在每段时间内带来的转化次数。

（9）RPC（每次点击收入）：付费广告平均每次点击带来的收入。

（10）社交媒体转化率：可以归因于社交媒体的转化量占总转化量的百分比，用社交媒体转化量除以总转化量。

（11）ROI（投资回报率）：社交媒体活动产生的收入除以所有已知的社交媒体花费

6. 保持和支持指标

保持和支持指标衡量的是满意的用户和品牌支持者。这类指标涵盖了消费者认识品牌过程的最后一个阶段。保持和支持指标具体包括以下内容：

（1）品牌布道者人数：可以被视作品牌布道者的用户数量，根据则是这些用户在社交媒体上对品牌的支持度。

（2）用户年度价值或终身价值：可以通过与某个用户的未来关系获得的净利润预期。

（3）用户保持率：在其他用户离开的背景下，继续与某企业保持关系的用户比例。

（4）用户评价数：每段时间内的正面或负面用户评价数。

（5）用户满意度：用于衡量某企业的产品或服务达到或超过用户预期的指标。

（6）用户满意率：通过一个分值来表示，100%代表完全满意。该指标通常附带在问卷中，要求用户给出自己的满意率。

（四）进行影响者营销

影响者营销（又称红人营销或网红营销）指的是聘请受欢迎的社交媒体名人在其追随者群体中推广品牌产品。当今社交媒体在跨境电子商务行业中发挥的作用越来越大，一个新的社交平台的出现，总是会带动一群新兴的影响者或红人，比如微博达人、Instagram红人等。

不少品牌选择借用各平台影响者或网络红人的影响力来做产品的营销。一般来说，跨境品牌想要打开海外知名度，可以选择和当地的网络红人合作，作为营销的最佳方式。借助海外的网络红人影响力来获取用户的消费习惯和相关信息，对于初入海外的品牌来说，是最直接的方式，当地网红对于消费者的心理把握会更加准确一些。具体如何选择可合作的网络影响者或网络红人（以下简称"网红"），需要注意以下几方面：

1. 确定主要社交媒体平台

对于跨境电子商务而言，主要社交媒体平台有Instagram、Facebook、YouTube、TikTok等。这些社交媒体的崛起也衍生出了更多的网红，而面对各类社交平台上大大小小的网红，品牌方会难以选择。其实，品牌方在选择各平台影响者或网红时，可以先了解网红所在平台和粉丝群体的属性，确保平台的受众群体与品牌的用户角色匹配，据此确立好要营销的社交平台，再对社交平台上活跃且有影响力的网红进行考核，确保网红的价值观和内容与品牌保持一致。

2. 选择合适的网红

社交平台上会有一些千万粉丝级别的大网红，但是太高的粉丝量却并不代表着高转化率，粉丝基础太庞大的网红未必能带货。而一些粉丝量级在几十万的中级网红，往往会频繁和粉丝产生互动，粉丝忠实度比大网红要好，这样的中级网红也会根据品牌的需要和粉丝的特征相结合来推广，更适合跨境卖家们合作。

3. 观察竞争对手

如果在寻找网红合作的过程中不知从何找起，也可以看看行业领头人或者竞争对手的关注列表和粉丝列表，看看合作的网红都是哪些类型的，再去社交平台上根据产品特性寻找与之相关的话题，最终搜索到适合品牌的网红并与之建立融洽的合作关系。

总之，跨境电子商务店铺若想要扩大品牌知名度，提高产品销量，就要认清形势，抓住社交平台流量红利，针对不同的市场目标，与不同量级的网红建立合作，才能达成最好的效果。

任务示范2 营销推广简介

一、Facebook 营销推广

Facebook 用户群体较复杂，女性较多，所以它的社区营销功能更加偏向生活用品。

Facebook 营销推广的优势在于：拥有庞大的用户群体；受众大多都集中在小组中，推广更为精准，也更加便利；小组群具有很高的黏性，品牌可以创立自己的小群组并长期维护。其推广的劣势在于：活跃用户相比于其他软件的活跃用户年龄更大，因为许多年轻人已经被更年轻的平台吸引；与其他平台相比，Facebook 账号被封的风险是最高的。

二、YouTube 营销推广

YouTube 属于视频平台，但不以娱乐为主，是做专业内容的社交媒体。YouTube 相对开放，专业性更强，用户比较广泛，黏性极强。

YouTube 营销推广的优势在于：内容优良，题材大而精，号召力强；有利于提高品牌的关键词排名；推广效果佳。其推广劣势在于：营销推广价格相对其他平台较高，点击和转化不能被全部监测，且需要设定最低 ROI（投资回报率）。

三、Twitter 营销推广

Twitter 是以文字配图片形式的社交媒体，主要用文字来阐述图片内容，而且每个帖子的内容中都可以放链接，垂直度高于 TikTok。

运营一开始需要转发各种相关内容，待账号稳定后再发自己的内容。每个帖子中都可以放链接，无店铺功能。

任务实施2 通过对上述内容的了解，撰写一份具有一定可行性的完整的站外媒体推广方案

> **思考**
> （1）站外社交媒体推广的渠道有哪些？各有什么特点？
> （2）跨境卖家做站外社交媒体推广的目的是什么？
> （3）通过社交媒体进行营销，可以通过哪些营销方式吸引用户主动参与？

任务总结

营销推广是跨境电子商务运营必不可少的环节，是店铺及产品推广的必要方式。营销推广的方式不仅包括站内推广方式，也包括站外推广方式。本项目完整地讲述了速卖通站内免费推广方式、站内收费推广方式、站外社交媒体推广方式，旨在让学生了解不同营销推广方式的特点，掌握不同营销推广方式的推广方法，学会有效使用各类营销方式，从而达到推广店铺及产品的目的。

项目小结

正确选择合适的推广方式可提高店铺的曝光,增加销量,从而增加店铺的知名度。站内和站外推广相结合的推广方式可以使店铺被更多用户了解,为销量奠定基础。制定有效的站内站外推广方案,可以有效吸收流量,促进店铺发展。

思政目标拓展任务

请同学们结合本项目的学习,基于专业知识和任务实操,总结从业者使用数字营销方式助力品牌出海应坚守的原则。

拓展阅读

十大最佳 Facebook 营销活动案例

企业在 Facebook 上进行市场营销活动的热度一直在不断地升温。越来越多的企业意识到帮助用户解决实际问题和提供服务给有需要的人群是非常有效的市场营销策略。此处介绍的十大最佳 Facebook 营销案例中有三个进行了公益活动,有的是给二十所学校各捐款五十万美元,有的是为"许愿基金会"募集善款等。虽然每个营销活动的最终目标各不相同,但是企业所想达到的最首要和最基本的目标往往都是增加其 Facebook 主页上的粉丝人数。他们发现这是效率倍增的杠杆营销,因为更新一个简单的 Facebook 状态就能与成千上万的粉丝进行交流。各个公司也意识到"慈善"并非用户关注页面并且变成粉丝的最主要因素,获取最新的优惠信息和赠品才是用户们的最终目的。

1. Kohl

Kohl(科尔百货公司)根据粉丝在 Facebook 上的投票数量将会给不同的学校捐赠出总数达一千万美元的善款。这是一个非常棒的推广活动,因为获得最多投票数的二十所学校会各自得到五十万美元的捐赠。科尔百货公司主页的粉丝数量因此猛增至一百万,而每一个获得捐赠的学校也得到了多达十万票的投票。科尔百货公司的这个以社交网络为中心的营销活动获得了巨大的成功。同时,该公司在利用社会化媒体策略增进企业的社会责任感的方面也做出了出色的工作。

2. Target

著名的 Target 百货公司将一百万美元捐赠对象的选择权交给了其在社交媒体上的粉丝。公司使用了一个新的应用程序"Super Love Sender"来实时告知该百货公司的粉丝,哪家慈善机构处于票数领先的地位。St. Jude 儿童研究医院成为这场慈善活动的最终赢家。总的来说,这个营销活动是十分成功的,因为它在 Target 百货公司的 Facebook 上引起了相当大的轰动。Target 活动页面如图 6-50 所示。

图 6-50　Target 活动页面

3. Ford Explorer（福特探险家）

从 2010 年开始，福特汽车公司在宣传推广的技巧上就做了转变。其不仅开始将社会化媒体融入营销活动，还不断用创新的理念突破传统营销的界限。该公司利用一个 Facebook 的活动揭开了 2011 福特探险家的详细信息和数据。这是汽车公司有史以来第一次使用一个网站而不是用车展来推出新款车型。为了让支持者达到一定的数量，福特公司甚至还随机抽选一位 Facebook 粉丝，向其赠送新款"探险家"。福特活动页面如图 6-51 所示。

图 6-51　福特活动页面

4. Jack in the Box

在著名的快餐连锁店 Jack in the Box 举办的十月富裕粉丝大抽奖活动中，每当 Facebook 主页增加一个新的粉丝，那个令人有点毛骨悚然的吉祥物"Jack"就会在一个虚拟的存钱罐里存入五美分，以两千美元为起存点。当一个月后，中奖的粉丝领取到资金时，存钱罐里的金额达到了一万一千五百美元。不用说，在社交网络上免费派钱是最有效也是最容易获得新粉丝的方法。这个营销活动不仅十分有创意，也成功地让该快餐连锁店的支持人数暴增。Jack in the Box 活动页面如图 6-52 所示。

图 6-52　Jack in the Box 活动页面

5. Bing

微软的 Facebook 主页为其搜索引擎 Bing 开展了一个让近五十万新粉丝获益的营销活动。Bing 给所有单击了"喜欢"按钮的新粉丝发放了 FarmVille 的货币。Bing 的营销活动为页面带来巨大的流量的同时也让粉丝人数迅速增长，但是其主页上的用户参与度却成了问题。对此，微软回应说，发布著名的 Zynga 公司的新游戏的相关内容会让微软的页面持续成为热点，也能不断地增加新的关注者。Bing 活动页面如图 6-53 所示。

图 6-53　Bing 活动的页面

6. Papa John's

Papa John's（比萨）利用 Facebook 这个平台宣传了他们的"Papa 特色比萨"竞赛。这个竞赛在吸引了大量目光的同时也给 Papa John's 带来了很多粉丝。这个竞赛让粉丝们充分利用了他们的味蕾和创意给公司发明新口味的比萨。获胜者还可以因此获得一部分利润。所以，这个竞赛活动让公司在 Facebook 主页上的人数大量增加也不足为奇了。Papa John's 活动页面如图 6-54 所示。

图 6-54 Papa John's 活动页面

7. 西南航空公司

如果列出一整张最佳营销活动的单子，但是不提到任何使用了 Facebook 最流行的应用"地点"的公司，似乎有些说不过去。西南航空公司与许愿基金会就利用这个功能与一个绝佳的慈善项目合作了。每当粉丝使用"地点"应用分享自己所在的地理位置时，航空公司就会给该基金会捐赠一美元。这次以慈善为中心的推广项目取得了巨大的成功，超过一百万的用户在这次活动中成了西南航空公司的粉丝。西南航空公司活动页面如图 6-55 所示。

图 6-55 西南航空公司活动页面

8. Kellogg's

著名的麦片公司 Kellogg's 与 Feeding America 公司合作建立了一个 Facebook 主页——Kellogg's 关爱，如图 6-56 所示。主页支持的人数迅速增长，其在页面上发布的内容也与用户有许多互动。这个主页的核心目标是通过更新状态消息和发布短片来告知年轻一代怎样才能获得更均衡的营养。Kellogg's 在社交网络上凭借非常人性化的角度加深了人们对某一特定问题的认识。

图 6-56　Kellogg's 关爱主页

9. Domino 的比萨

Domino 的比萨通过其广告活动已经完全重塑了品牌形象，其将宣传重心转移到了在社交网络上与用户互动。Domino 广告页面如图 6-57 所示。当 Domino 意识到其以前的比萨尝起来像纸板的时候，便在 Facebook 主页上增加了一个"Tab"模块。粉丝们可以在 Tab 里控诉对这个著名连锁店的所有抱怨和不满。先不说比萨的味道到底有没有进步，倾听粉丝的意见已经是一个非常有效的改善品牌形象的方式了。

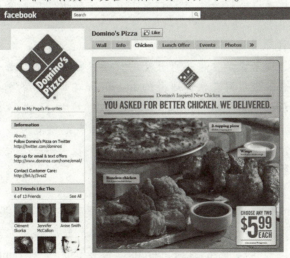

图 6-57　Domino 广告页面

10. Corona Light

Corona Light 在组织过的跨媒体营销活动中的一个重要目标是成为"美国最受欢迎的淡啤"。整个营销活动中最值得一提的就是该企业发动了 Facebook 粉丝将自己照片刊登在纽约时代广场的 Corona Light 的广告牌上。这次社交媒体上的互动营销进行得十分成功。粉丝们不仅积极参与了主页上的互动，也纷纷互相分享这个千载难逢的登上时代广场广告牌的机会。当时，Corona Light 的广告牌在纽约时代广场上放置了一个月。许多粉丝得到了这个机会，而他们也成为这次以 Facebook 为基点的广告推广活动的一部分。Corona Light 活动页面如图 6-58 所示。

图 6-58 Corona Light 活动页面

母亲节品牌营销案例

2021 年 5 月 9 日是母亲节，应该送给母亲卡片、化妆品、鲜花还是别的礼物？这不仅是消费者要思考的问题，更是跨境电子商务卖家们进行母亲节营销时需要思考的关键问题。以下是各品牌在跨境电子商务平台的母亲节营销活动中的精彩案例。

1. 社交媒体营销

（1）英国鲜花快递服务品牌 Interflora。

母亲节对鲜花零售商来说是忙得不可开交的日子，品牌商通常都会在这个节日来临前在营销创意上下足功夫。提供鲜花快递服务的 Interflora 在母亲节的前一个月就发布了相关的视频内容。作为 #Challenge The Florist 社交媒体推广手段的一部分，在该视频中，Interflora 让一位花匠按照特殊要求创作出一束充满春天气息的花束。虽然这并不是那种最让人印象深刻的视频，而是属于那种"幕后揭秘"式的视频——展示花匠的专业技能，但是它能够有效地增强客户对鲜花质量的信心。

（2）英国知名杂货礼品店 Paperchase。

客户可能会在 Paperchase 上购买母亲节卡片，但是可能不会购买该品牌的实体礼物。因此，Paperchase 的母亲节营销创意正是建立在卡片上，鼓励客户在购买母亲节礼物的同时，也亲自动手为妈妈制作一个礼物。Paperchase 与手工艺专家 Emily Dawes 合作，在社交媒体上发布了一个关于"卷纬工艺"的教程视频，教客户如何利用卡片制作出心形的创意作品。

（3）丹麦著名珠宝品牌 Pandora。

Pandora 是另一个利用母亲节在社交媒体上增加客户互动的品牌。Pandora 推出了一个名为"Pandora Mum Awards"的活动,要求客户使用标签#DOTreatMum 将图片上传到 Twitter 或 Instagram。另外,Pandora 还为客户提供了维珍体验日的双人套餐以及 50 英镑的礼品卡奖励,这是一个在关键营销时期获得客户数据的明智方法。

2. 举办特别活动或者开展合作

(1) 美国著名休闲服饰品牌 J. Crew。

J. Crew 邀请所有在邮件列表上的客户参加特定线下商店的茶话会,并承诺客户每次消费都会得到一份礼物,再加上其他(神秘的)惊喜。

J. Crew 要传递的主题很明确——提醒儿女多陪陪母亲,给她买一些 J. Crew 的衣服、鞋子或者饰品。

(2) 英国皮具品牌 Mulberry。

2017 年的母亲节,Mulberry 位于邦德街的专卖店与伦敦 McQueens 花店合作,为当天到 Mulberry 店里消费的客户定制鲜花。

这些小举动帮助这两个品牌赢得了客户的青睐,尤其是在母亲节这种日子。

3. 礼物指南

一些零售商为这一节日打造礼物指南,汇集了给母亲精心挑选的礼物。考虑到客户在购物时会有"看到就买"的购物心理,卖家可以考虑捆绑销售和交叉销售。注意要妥善操作,确保每个商品都可以附上链接或者都能被客户添加到购物车里。

(1) 英国高端家居服饰品牌 The White Company。

每年,一些品牌总会在它们网站的首页或者导航栏"标签"的下拉菜单中宣传自己的礼物指南。比如 The White Company 的整个登录页面充满了母亲节礼物的创意,如图 6-59 所示。

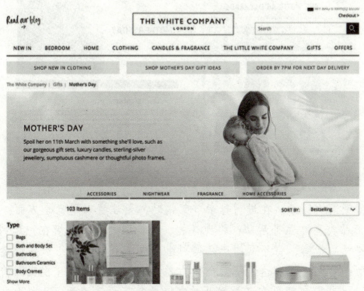

图 6-59 The White Company 页面

(2) 美国鞋履领导品牌 UGG Australia。

如图 6-60 所示,UGG Australia 网站上专门设置了一个"母亲节礼物"的板块。

图 6-60　UGG Australia 网站上的"母亲节礼物"板块

UGG Australia 在母亲节当天将倒计时器添加到网站上（为客户增添紧迫感），并提供免费的配送服务。

（3）日本服装品牌优衣库。

优衣库也因"母亲节指南"的营销而出名，它邀请消费者购买新品（优衣库）来送给母亲。

图 6-61 是优衣库曾经发送的一封推广礼物指南的邮件。只要单击了相关按钮，邮件接收者就能在"日常""工作"和"休闲"的产品类别中进行选择了。

图 6-61　优衣库发送的推广礼物指南的邮件

总结以上营销案例可知，在进行母亲节营销时，要注意以下三个方面：

（1）活动产品类型和互补活动：将现存的、同类型的产品捆绑在一起销售；推出产品独家版本；创建礼品指南，将不同的产品类别组合成一个礼包；组织并邀请用户参加线下商店的日常活动；给在店消费达到一定金额的客户送一些小礼品（视实际情况而定）。

（2）时机：一些零售商早在 2 月就开始宣传母亲节营销活动，而另一些零售商则选择在节日的前一周进行为期一天或仅限于周末的秒杀活动。

（3）频率：一些零售商会向去过他们网站的用户发送一次性邮件或者社交广告，而另一些零售商则定时发送。

习题演练

一、单选题

1. 下列关于限时限量活动的设置中,哪种操作是不建议进行的?(   )
   A. 结合满立减和优惠券等其他活动,效果更好
   B. 活动开始前可告知老客户
   C. 提价后再打折
   D. 设置时间不宜过长,一般以一周为宜

2. 下列关于限时限量的活动中哪个描述是不正确的?(   )
   A. 结合满立减和优惠券等其他活动,效果更好
   B. 活动在创建48小时后才能开始
   C. 活动开始时间为美国时间
   D. 结合买家需求,巧妙设置折扣及库存

3. 付费营销是指以下哪一种?(   )
   A. 平台活动   B. 首页营销   C. 自主营销   D. 联盟营销

4. 按点击关键词付费的推广方式是(   )。
   A. 直通车   B. 联盟营销   C. 限时打折   D. 关联营销

5. 效果最佳的营销工具是(   )。
   A. 限时限量折扣   B. 全店铺打折   C. 店铺code   D. 满立减

二、多选题

1. 限时限量活动可以实现哪些促销目的?(   )
   A. 打造爆款   B. 打造活动款   C. 清库存   D. 推新款

2. 设置全店铺打折有哪些作用?(   )
   A. 全店铺打折商品主图折扣标识
   B. 买家收藏夹和购物车折扣提醒
   C. 买家搜索页面可以得到额外曝光
   D. 快速提升店铺销量

3. 下列关于全店铺打折的描述中,哪些是正确的?(   )
   A. 活动开始时间为美国时间
   B. 可以用营销分组对店铺进行分组
   C. 不同的分组可以设置不同的折扣
   D. 一旦活动进入"等待展示",便不可再编辑

4. 如何在店铺满立减设置中定位客单价?(   )
   A. 计算满立减的时候包括了买家所购买产品的货值及运费总金额
   B. 随便定义
   C. 通过数据查询后再定义
   D. 不用管客单价,按照折扣计算就行

5. 关于满立减的设置时间下面说法正确的有(   )。
   A. 总时长为720个小时   B. 没有时间限制
   C. 可以跨月设置   D. 每个月可以进行3次活动

三、判断题

1. 限时限量折扣是速卖通唯一的营销工具。（ ）
2. 质量好、销量较高、转化率高的产品适合做全球速卖通直通车推广。（ ）
3. 与搜索引擎营销、社交媒体营销、联盟营销相比，竞价广告被认为是最有效的低成本、零风险的网络营销模式。（ ）
4. Facebook 是全球最大的网络社区。（ ）
5. 海外电子商务卖家店铺大部分的流量来自第三方交易平台。（ ）

四、简答题

1. 如何设置速卖通单品折扣活动？简述其过程。
2. 社交媒体推广的作用是什么？

五、实操题

根据表 6-3 中的提示制作一份跨境数字营销生态用户触点辨识图。

表 6-3　相关提示

购买前	购买中	购买后
产品评论	跨境电子商务平台	交易通知
…	…	…

学习总结

1. _____
2. _____
3. _____
4. _____
5. _____

项目七　至诚至信话客服

项目导入

王悦在运营速卖通店铺过程中,由于疏忽了客户关系的处理问题,工作出了纰漏,运营总监徐辉建议她先熟悉订单处理流程,再对客户进行有效管理。

学习目标

一、知识目标

1. 熟悉订单处理流程并掌握处理要点
2. 熟悉跨境客户开发方法
3. 熟悉跨境客户沟通技巧

二、技能目标

1. 能够妥善解决订单中的问题
2. 能进行跨境客户开发
3. 能维护老客户、拓展新客户

三、思政目标

1. 构建客户忠诚与客户满意关联思维
2. 培养能让客户满意的服务能力
3. 树立正确的客户信息管理观点

重点呈现

任务一 订单处理要点

任务描述

王悦在速卖通店铺中上传了一款公司新开发的墨镜的产品信息,由于平台对新店有流量扶持政策,该产品爆单了。王悦对订单处理步骤及平台规则不够熟悉,注意力更多放在了工厂产能和品控方面,未及时做好订单管理。由于订单过多,甚至在打运单号准备发货的过程中,出现了几个贴标错误。王悦应该怎么做才能提高订单处理效率?

任务分析

步骤1 掌握订单处理工作要点
步骤2 对订单进行分类处理

知识储备1 订单处理相关事项

(一)订单处理工作的重要性

跨境电子商务卖家进行订单处理基本通过线上操作完成,因为及时、妥善地进行订单处理是实现跨境业务交易成功的重要步骤,如果不能做好订单处理工作,就可能在产品质量没有问题的情况下,被买家给出"服务型"差评(如"订单发货时效慢""卖家长期无响应"等)。

订单背后的欺诈风险

因此,高效优质的订单处理能力直接关系客户体验及店铺的经济效益。作为一名合格的跨境电子商务卖家,应研究订单处理中常见的问题并做好应对准备,产品与服务双管齐下,打造优质店铺。

(二)订单处理基本流程

跨境电子商务的订单处理包括以下几个步骤:

1. 订单导出

将订单导出,可直接制作 Excel 表格或者导入第三方工具跨境电子商务 ERP 系统内处理。

2. 订单分类

(1)已下单未付款:此类订单需要运营人员继续跟进,及时与客户沟通,如客户有任何困扰，应及时帮忙解决。

（2）已下单审核不通过：此类订单指平台直接显示该客户有一定风险，是平台为商家提供的一项利益保障措施。

（3）已下单已付款：此类订单一般只需要进行正常发货与后期维护工作。

3. 订单审核

对已付款订单进行审核，主要是是否有货、价格是否正确、收货地址是否可送达、目的地营商环境是否正常等，待审核成功之后才能进行打单、配货、发货等操作。

4. 配发货

①自有仓：主要是对自有仓的订单进行配货及发货处理。
②第三方仓：主要是对第三方仓的订单进行出库操作。

5. 售后手工单

对于系统中没有自动导出的订单，需要统一先制作售后手工单，再根据售后手工单做相关售后业务处理。

6. 跟踪其他反馈

跟踪物流信息，关注客户是否确认收货、是否给予评价，并提供对应售后服务。

（三）订单处理工作要点

1. 及时做好订单处理中的各项工作

①查看订单，并联系客户。

收到订单后，可先联系客户并告知发货时间，以使客户感受到被重视与关注，对店铺产生好感，有利于促进订单成交。如果等客户催过之后再发货，则会给客户留下不良印象。

②及时填写发货所需的各项信息。

对于客户留言中提到的特殊需求，能满足要尽量满足，这是从事商业服务活动的重要环节。填写完成后，要检查并确认无误（如精准的体积和重量等各项与运费息息相关的参数）。其中，一些平台能够直接导入客户的各项信息，有一些平台则需要手动填写，需要手动填写的项目一定要进行进一步检查，以防因客户信息填写错误引起不便。

③核对关键信息。

在打包发货前要认真检查备好的货与客户购买的物品、数量、颜色、体积是否一致，如果不一致，马上进行修正。如果后期补发或者退换，会对跨境卖家造成不必要的损失。

2. 尽可能快地运送货物并且修改状态

做好前期工作之后，为更好保证物流时效，应以最快的速度，将产品交付给快递员或收货员。在交付产品后应尽快修改产品状态，建议在寄出的当天修改，这也有利于提高卖家在平台的考核分数。

3. 做好通知与回复客户的工作

客户关系包括信任、信赖、社区感、共同目标、尊重、依赖等内涵。客户关系的本质是建立客户与企业之间的情感联系，企业只有真正站在客户的角度，与客户建立在经济关系之上的情感关系，才能培养客户忠诚度。

4. 及时跟踪包裹物流信息

对于卖家而言，从产品生产发货直至买家收到货后的售后服务，都是非常重要的环节。物流的运送及配送速度、物流人员的服务态度甚至会影响客户对商品的第一印象。跨国的物流存在时效低和容易丢包或破损的情况，运营人员要及时跟客户沟通，并且尽可能地维护两方关系。

任务示范1 订单处理的基础步骤

本任务主要以速卖通后台为例来介绍订单处理的主要步骤。

（一）登录速卖通后台并进入管理订单页面

此页面包含所有订单、退款和纠纷、订单批量导出和待确认的出口通订单四个功能板块，如图 7-1 所示。

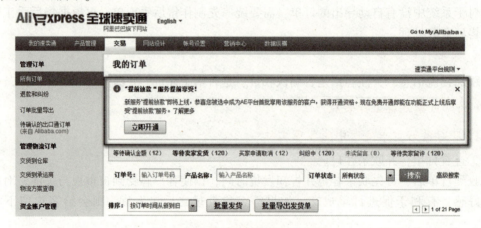

图 7-1 速卖通后台管理订单页面

（二）导出订单

可以按 Excel 表格形式批量导出订单，以便于管理（图 7-2），再筛选出已付款订单，进入下一步操作。

	A	B	C	D	E	F	G	H	I	J
1	SKU	商品ID	国家	国家缩写	ountry_En	客户	星级	颜色	尺寸	物流
2	10003684829055698	1000008129287	阿尔巴尼亚	AL	Albania	S***i	5	Beige	235	e邮宝
3	10009967312072815	32228636625	阿尔巴尼亚	AL	Albania	S***i	1	Black	215	中国邮政挂号小包
4	10011608460182128	1000008057875	阿尔巴尼亚	AL	Albania	X***i	5	Brown	200	中国邮政挂号小包
5	10002872258106078	10000004179070	阿尔及利亚	DZ	Algeria	A***t	4	Red	230	AliExpress 无忧物流-标准
6	40537012151463362	1000007614073	阿尔及利亚	DZ	Algeria	AliExpress Shoppe	5	Black	235	AliExpress 无忧物流-标准
7	10014025630524470	10000004740015	阿富汗	AF	Afghanistan	S***i	5	Red	230	e邮宝
8	10000231011866897	1853051965	阿根廷	AR	Argentina	A***r	4	Red	230	AliExpress 无忧物 China
9	10001706903926032	1704294008	阿根廷	AR	Argentina	AliExpress Shoppe	5	White 3	235	中国邮政挂号小包
10	10001847351752915	1000006703849	阿根廷	AR	Argentina	J***f	5	其它	220	中国邮政挂号小包
11	10002404397766203	1000002101649	阿根廷	AR	Argentina	G***g	5	Black	260	中国邮政挂号小包
12	10002999073723080	10000004339953	阿根廷	AR	Argentina	AliExpress Shoppe	4	Black	250	中国邮政挂号小包
13	10004860294994754	10000004179070	阿根廷	AR	Argentina	N***r	5	BlackWhite	205	AliExpress 无忧物流-标准
14	10007856597102099	1000008057875	阿根廷	AR	Argentina	G***a	4	Black	230	中国邮政挂号小包
15	10009777222902024	1901937085	阿根廷	AR	ArGentina	AliExpress Shoppe	5	Silver	210	AliExpress 无忧物流-标准
16	10010885192597336	1000007430641	阿根廷	AR	Argentina	C***l	5	Black	260	中国邮政挂号小包
17	10011148890946444	1000007384112	阿根廷	AR	Argentina	A***s	5	Blue	290	中国邮政挂号小包
18	10011656585727211	1000007384112	阿根廷	AR	Argentina	A***r	4	Air cushion	250	中国邮政挂号小包
19	10012799053959957	10000004179070	阿根廷	AR	Argentina	C***e	5	BlackWhite	260	AliExpress 无忧物流-标准
20	10013507287366897	1903995101	阿根廷	AR	Argentina	AliExpress Shoppe	5	Black 85mm thin	230	中国邮政挂号小包
21	10013741867384558	1000008129287	阿根廷	AR	Argentina	AliExpress Shoppe	5	Beige	245	中国邮政挂号小包

图 7-2 将订单批量导出

（三）备货

将信息录入仓储系统中，使订单进入仓库分拣及备货阶段。

（四）制单

打印面单或手工填写运单号。

（五）信息更新

完成发货后，进入速卖通后台，将订单的物流信息更新为"已发货"状态，再上传物流跟踪单号。

任务实施 1

完成一次订单处理，讨论对已下单未付款订单应如何处理。

知识储备 2　非正常订单可能存在的风险

本部分通过两个运营实例为大家解读非正常订单可能存在的风险。

（一）已下单未付款的订单

在速卖通经营女装的大卖家 Tom，初入速卖通时曾被买家钻过空子。某位客户下了一个订单购买 300 件长裙，但未付款。

Tom 多次发送站内信询问买家是否有何疑虑，并表示 300 件的订购数量可以为他提供一定的折扣，均未得到回复。

Tom 便先着手备货，采购完所有货物囤压至仓库后，给客户发送站内信表示随时可以发货，该买家却突然取消了订单。

Tom 发函询问缘由，该买家回复："你们的价格太高了，我选择了另一家。"

Tom 再次复信，表示可以为买家提供一定的折扣，希望客户再次考虑，买家回信将价格压得非常低。

此时，Tom 已经非常被动，也意识到该买家存在恶意压价行为，由于实在无法接受买家报价，Tom 便不再与客户继续沟通。

> **思考**
> 应该如何处理已下单而未付款的订单？

Tom 遇到的是恶意压价的客户，但不代表所有未付款的客户都是恶意的。速卖通支持买家在下单后 20 天内付款，所以常常会有买家确认购买下了订单，却未及时付款。这就需要运营人员及时与买家进行沟通，引导真正有购买意愿的买家完成付款环节，以便尽快为客户提供服务。

（二）有风险的订单

跨境卖家 Spencer 在收到一个大额订单（买家已经付款）后，便收到了平台方发出的风险提示：买家的信誉与个人行为存在风险，卖家可能收不到货款。Spencer 随即进入该买家的信用页面进行查询，发现该买家存在

有风险的订单

较高的退货率，也给了卖家较多的差评，更像是一个"吹毛求疵"或"恶意差评"的买家。平台显示其信用积分极低，抑或是一种被排外的买家，而要想完成这一笔交易也冒着巨大风险，甚至得不偿失。最终，Spencer选择跟买家协商退款，不再继续完成这笔有风险的大订单。

可以明确的一点是，并不是所有买家都值得卖家竭尽全力去服务及费尽心思去维护。个别买家不仅不能为卖家带来利润及价值，还会侵蚀、蚕食其他买家给卖家带来的利润。例如，拒绝沟通、恶意给差评的买家，不停骚扰客服却迟迟不下单的买家，对产品各种挑剔、中伤品牌与店铺的买家，拒绝付款以差评威胁卖家的买家。一旦这些买家出现破坏店铺与品牌形象的行为，卖家应率先向运营平台提出申诉，而不是受制于人，被迫消耗资源。事后可直接建立黑名单，将这些买家列入拒绝往来名单。

卖家在收到平台的风险提示订单后，需要自行判断，根据买家留下的过往痕迹来进行评测，最终决定是否完成交易。

任务示范2 非正常订单的处理方式

1. 针对已下单未付款的客户

客服应及时与客户沟通，了解客户未付款的原因。可以先发邮件问询客户是否对产品、服务或订单本身有顾虑。如果客户对付款方式、产品价格等有其他想法，客服可以进一步阐述产品的特点、优点，并主动向客户说明如果即时付款，可以为其安排优先发货或给予其他优惠。

未回复的代价

2. 针对已下单审核不通过的客户

（1）客服应对客户信息进行审核，就其购买记录、偏好和留下的相关信用记录等对其展开调查。

（2）初步判断此客户是"有效客户"后，再按照常规订单流程进行处理。

任务实施2 试分析以下两种订单的处理方法

（一）无法过海关的眼线笔

某卖家在跨境电子商务平台上售卖一款眼线笔（眼线笔属于需要进行严格审核的产品）。该卖家的前期销售较为顺利，但在一次售往德国的抽检中，包裹被海关扣押，物流公司表示无法继续运送该产品了。而此时，卖家后台仍持续收到眼线笔订单，请问该卖家应如何处理这些订单？

（二）物流成本过高的头盔

一位售卖摩托车头盔的跨境卖家，收到一笔订购10个头盔的订单。但运营人员在上传产品时未正确设置物流费用，导致虽然卖出10个头盔，仍只收取了1个头盔的物流费用。由于头盔的物流成本较高，而此时客户尚未付款。请问卖家应如何处理该笔订单？

任务总结

本任务要求学生了解订单处理工作的重要性，掌握订单处理基本流程，能够对下单已付款、下单已付款但平台提示风险、下单未付款等类型的订单进行区分处理。

任务二　跨境电子商务客户管理

任务描述

运营总监徐辉正在指导王悦，告诉她一名成熟的运营人员除了要完成订单处理工作外，还应学会客户管理的方法。王悦准备先从了解跨境电子商务客户的特点入手，掌握客户开发的方法并进行客户信息的收集与管理。

任务分析

步骤1　了解跨境电子商务客户的特点
步骤2　掌握跨境电子商务客户开发的方法
步骤3　进行跨境电子商务客户信息收集与管理

知识储备1　跨境电子商务客户特点

（一）跨境电子商务客户消费行为特点

1. 网购渗透水平提升

现在，海外消费者线下消费购物需求加速向线上转移，2020年，全球电子商务销售额激增27.6%，消费者的平均在线购物时长增长47%。

2. 线上消费习惯逐步养成

跨境电子商务维持高速增长。eMarketer提供的数据显示，2021年，全球电子商务销售额达4.9万亿美元，保持稳步上升趋势。可见，消费者的线上消费习惯已逐渐养成，线上化趋势不可逆转，这将支持跨境电子商务持续发展。

（二）跨境电子商务客户消费需求特点

1. 追求个性化的需求

①什么是"个性化"。

狭义上的个性化是指产品整体或其中某一方面较之竞品具有该类产品的共性，还具有其他产品没有的功能与特性，因明显的优势而领先于竞争对手。

比如售卖白色T恤时，可以由客户来选择印制的图案或文字等。

广义上的个性化不仅包括产品式样、功能、外观、品质、包装、设计的个性化，还会延伸至产品个性化销售和产品个性化服务理念方面。

比如可以通过算法，向客户进行个性化营销，提供页面信息个性化呈现、个性化购物日历提醒、个性化折扣手段推荐等服务，满足客户个性化需求。

②跨境电子商务"个性化"的作用。

目前，企业和品牌可以借助可用的工具和知识，利用更丰富的行为数据和意图数据，创建满足个人需求和痛点的消息。

企业可以通过个性化营销活动吸引客户，打造客户专属的购物体验。Epsilon Group 的调查结果显示，当品牌提供个性化体验时，80%的受访者表示更愿意购买，品牌参与度有望提升3~4倍。其中，某受访者表示，全渠道个性化使其网络研讨会和活动注册量增加1倍。

企业可通过个性化推荐、个性化服务提升客户认可度及信任度。在线上竞争如此激烈的情况下，除客户评价非常重要外，良好的教育内容也是先决条件。企业需要投资建立教育团队，以提供使用方法、指导和 KOL（关键意见领袖）内容，尤其是视频形式。另外，企业还需要根据客户的特定需求、意图和渠道将此类内容分发给客户。

③企业应如何做到"个性化"。

"个性化"是一种建立在满足客户个性化要求基础上的概念，体现的是每位客户的个性而不是企业的个性。总之，对于同一行业的竞争对手来说，产品的核心价值是基本相同的，在满足客户基本需要的情况下，为客户提供独特的产品是差异化战略追求的目标，而实现这一目标的根本在于不断创新。

在传统市场中，消费者只能购买企业提供的现有产品，享受企业的标准化服务。当消费者有差异化需求时，只能选择与自己的理想产品最接近的产品将就一下。而在个性化营销中，消费者选购产品完全以"自我"为中心，当现有产品不能满足需求时，则可向企业提出具体要求，企业也能满足这一要求，让消费者买到自己的理想产品。

2. 分享的需求

在自媒体时代，越来越多的买家喜欢"晒单"，即分享好物。在国内的社交媒体（如小红书、抖音、微信朋友圈、微博等），以及国外的社交媒体（如 TikTok、Facebook、YouTube、Instagram、Pinterest、Twitter 等）上，都可以看到热衷分享的人。这部分消费者喜欢分享（包括购买到的好产品、吃过的美食、观赏到的美景等），也希望通过分享获得别人的关注。他们分享的内容有购买到好产品后的使用心得，有对部分同类产品的测评，也有对购物计划的征询意见等。

不少消费者喜爱通过社交媒体上的分享文章选择欲购买的商品。跨境电子商务卖家可利用客户的分享心理，实施一些激励措施，鼓励客户进行分享，以扩大品牌知名度，提升客户黏性。

3. 参与品牌成长的需求

客户会对优质的产品或服务给予肯定，让其他潜在消费者能够参考和借鉴，他们也需要渠道对产品及服务存在的问题或不足给出客观的评价。从国内电子商务平台上可以看到，不少买家在评价时提出了一些意见或者使用时存在的问题，而运营人员可以在评价里回复，无论是表达歉意、指导产品正确用法还是接受客户提出的改进建议，都可以让客户对品牌有更好的观感，让客户产生参与了品牌建设与成长的荣誉感，有助于品牌形象的构建和客户满意度的提升。

客户的消费行为已经不再局限于产品自带的功能，他们还会追求良好的品牌体验。参与品牌成长，能够让客户对企业的产品和服务有更深入的了解，从而使其对产生更强的品牌认同感，这样有利于企业和客户的共同成长。

任务示范 1 举例说明跨境电子商务卖家如何满足买家"个性化"需求

（一）定制款水杯

某家杯具商铺2022年6月在YouTube发布了一款定制型变色水杯的视频，拥有410万播放量、36万点赞数和5 000多条评论。另一款情侣个性定制款"荧光折纸灯箱"的爆款产品视频也收获了630万播放量、130万点赞数和6 000多条评论。在这两个视频下，寻求购买链接的用户非常多，为产品迅速积累了一大批忠实粉丝，也为品牌官网及第三方店铺进行了不错的引流。随后，官网突然飙升的自然流量及订单的用户评价都表明了其曝光转化率非常高。

（二）母亲节的礼品包装

个性化包装的定制节日礼品也备受消费者喜爱。在TikTok上，"#person alizedgifts"标签的播放量达到惊人的4.45亿次，其中播放量最大的是一则与母亲节礼物有关的视频。这则视频发布于2022年4月19日，视频内容主要是推荐一款能定制妈妈头像，并通过添加特定信息描述与妈妈之间的"定制型温馨故事本"。视频虽然仅有短短的十几秒，但这种"独特"的母亲节礼物却引起了用户们的强烈共鸣。该视频发布后播放量迅速攀升至1 480多万，短时间内获得37万点赞数及2 000多条评论。这种将产品带入与众不同的概念进行宣传的方式，能迅速激起消费者的猎奇感和购买欲，最后再通过个性化需求定制来实现销售转化。

任务实施 1 到某跨境电子商务平台买家页面搜寻5款满足买家"个性化"需求产品，并做好分享

知识储备 2 跨境电子商务客户开发

（一）跨境电子商务客户开发概述

1. 什么是跨境电子商务客户开发

跨境电子商务客户开发是指跨境专业工作人员在对国外电子商务市场和客户情况调研之后，对其中有进一步发展意向的客户进行分类和重点沟通的过程。

跨境电子商务客户开发的受众和作用对象主要指线上购物的终端消费者，即C端客户。有一部分跨境电子商务卖家是从传统外贸商家转型而来，这部分卖家在外贸领域有固定的老客户资源，但这些客户资源未必能直接套转到跨境电子商务。同样，传统外贸商的客户开发有一套自成体系的攻略，也不是所有方法都适用于C端客户。

2. 跨境电子商务客户开发的重要性

客户开发工作是商业活动的重要环节，通常先由业务人员进行市场调研，从而了解客户情况，对有意向并且有购买实力的客户进行分类管理，以完成客户开发计划。

客户开发的前提是确定目标市场、研究目标客户，从而制定客户开发策略。业务人员的首要任务是开发准客户，通过多种方法寻找准客户并对准客户进行资格鉴定，使企业的营销活动有明确的目标与方向，使潜在客户成为现实客户。

在跨境电子商务领域，客户开发即"引流"，跨境卖家只有吸引足够的客户进入店铺，才有机会达成交易。

（二）跨境电子商务客户开发方法

1. 信息匹配法

运营人员可以从客户的询盘中得到基础信息。而往往发送询盘的客户，本身就对产品有一些兴趣。客户发送询盘的过程中，会使用不同的语言，或者在使用不同语言的时候会有不同的习惯，运营人员可以从这些初步拥有的信息中，感受到客户的文化习惯、语言特征，从而更好地为客户服务。

2. 海浪淘金法

国外的许多互联网用户仍习惯使用电子邮件，因此一些网站或社交媒体平台上可以看到用户公开展示的电子邮箱信息。运营人员也可通过站内信以及电子邮件的形式，与客户建立联系。比如发一封开发信，这是一种成本较低的客户开发方式。当收到客户的回复时，客服需要使用一系列客户沟通技巧来回复客户，以促进客户下单，或者与客户建立良好的关系。

3. 竞品分析法

竞品分析可以帮助运营人员更好地锁定目标客户群体，从而少走很多弯路。运营人员通过观察和分析竞品，能够了解动态变化和市场格局，从而找到细分机会；同时还能获取灵感、吸收经验，以策划优质活动，还可以为产品提供参考依据，有助于制定更好的战略规划、营销布局等。

4. 借助平台法

很多跨境电子商务平台本身就有很大的流量，尤其是一些付费的跨境平台，如阿里巴巴国际站和亚马逊等，已经为卖家打造了庞大的公域流量池，卖家可借助平台公域流量开发客户。当然，流量大的付费平台，竞争肯定也会很激烈。要在这种大型付费的跨境平台上竞争，卖家要拥有强大的实力。

初入跨境电子商务门槛的新手卖家，面临订单量小、权重较低、价格战严重等问题，为降低成本，可以考虑多开拓免费的平台，同样有机会获得流量和询盘。

5. 站外引流法

仅仅依靠跨境平台的公域流量，具有一定的不可抗力因素。优秀的运营人员需要能够结合站内站外流量，截获更多流量，赢得更多的出单量，以打造一个优质和高流量曝光的店铺为主要目标。

例如，利用国外的社交媒体如（TikTok、Facebook、YouTube、Instagram、Pinterest、Twitter 等）发布一些与产品相关的视频，与对产品有兴趣的客户交流。另外，还可以寻找该社交媒体平台中相对流量较大的关键词，将它们添加到自己发布的视频名称里，以便更好地引流。

社媒之桥的有利构造者

6. 提升信任感

提升信任感依靠的是专业与情绪。

（1）专业是指运营人员具有与自己所销售产品相匹配的产品知识如产品安装、使用及

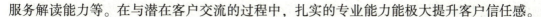

服务解读能力等。在与潜在客户交流的过程中，扎实的专业能力能极大提升客户信任感。

（2）情绪是指交流过程双方的态度、体验及行为反应。首先要调动自身情绪，做到热情服务与耐心解答。然后就是引导客户情绪，与客户交流过程中尽量营造舒适氛围。比如在介绍产品的过程中，应当不疾不徐、从容不迫。消费心理学认为，如果卖家以一种迫切的语气推销自己的产品，客户购买的欲望和心理价位都会下降。如果卖家用从容、专业的语气介绍产品，客户更容易客观地评价产品，从而产生信任感。

7. 充分解决客户需求

应在产品标题和详情页上尽可能全面地呈现产品特色及想让客户知道的信息，展示的参数可以有品牌、型号、颜色、适用人群、品类以及产品的 SKU 等。但不少客户仍习惯向商家咨询，或者需要落实个性化需求，因此运营人员应充分了解客户的延伸要求或是产品参数认知上的困扰，第一时间给予回复，满足客户需求，从而获得客户的关注与认可。

任务示范 2　开发信的工作要点介绍

1. 开发信内容要点

（1）标题应一目了然。
（2）正文应简短、生动。
（3）附真实图片。
（4）推畅销款、新款为主。

2. 开发信小技巧

（1）坚持发送。

每天坚持发送 500 封以上，将 500 封信分成 50 次或 25 次，以 10 个或 20 个客户为一组群发（时间可分别在 9：00、15：30、20：30），可以定时发送也可以不定时发送。

（2）标题吸睛。

邮件标题应具备客户关心的内容，可使用一些关键词如新款、新到货、促销、礼物、运输快等词语。

3. 复信处理要点

开发信得到客户回复后，应及时处理。

（1）核实客户真实度：收到客户回复后应查询其真实性，了解其背景。
（2）邮件内容尽量以回答客户的问题为主，不要急于引导客户下单。

任务实施 2　撰写一封开发信

知识储备 3　客户信息收集与管理

（一）客户信息收集的必要性

1. 客户信息是企业的无形资产

随着同质化竞争的日趋激烈，跨境电子商务卖家使出浑身解数吸引新客户、维护老客户。客户信息已经成为非常宝贵的无形资产，运营人员可以通过客户信息数据库掌握用画像，通过数据变化了解企业各决策执行节点客户新增、流失、消亡和再生的情况，是企业需要保密并维护的信息资源。

2. 跨境电子商务客户信息是企业生产和营销的导向

客户信息能够在一定程度上体现客户的消费特征。跨境电子商务卖家可根据客户信息制定有针对性的营销策略，并根据客户信息反馈的市场需求和对产品的特性要求为其寻找货源。也就是说，跨境电子商务客户信息数据可以指导企业的选品工作及营销活动。

3. 跨境电子商务客户信息能提高沟通效率

运营人员可以根据客户信息进行客户分级，针对不同客户采取不同的服务方案，对优质客户投入更多精力了解其需求，解决客户痛点，满足客户需求，提升服务效率。

4. 客户信息管理能提升客户满意度

客户信息管理能为企业提供现有客户与潜在客户的购物习惯、需求特征及消费能力等信息，企业可以有针对性地向客户推荐产品或服务，构建良好的客户关系，提升客户满意度。

（二）信息收集渠道与收集方法

1. 通过店铺后台收集

以速卖通平台为例，运营人员可以从店铺后台导出订单客户信息，这种方法适用于已下单客户。订单一次性导出时段只支持3个月，如果需要3个月之前的数据，就需要分批导出。订单导出后，运营人员可对客户信息进行整理，如筛选客户ID、买家邮箱、订单金额、产品信息、收货地址、国家等。如果想对特定客户做二次营销，就需要通过其之前的购买记录或评价内容等挖掘更多信息。

速卖通后台数据纵横模块中的实时营销界面还可以收集访客的信息，包括访客ID、会员等级、访客类型、访客行为、首访时间、浏览量、添加收藏次数、添加购物车次数、下单次数、下单金额等。

运营人员可以通过上述信息对客户进行分级分类管理与维护。

2. 通过搜索引擎收集

以Google为例，介绍客户信息收集方法。

（1）在Google首页输入关键词。

在Google首页输入与自己产品相关的关键词，在搜索结果中会出现与产品匹配的公司网站等信息，打开网站后，可以看到公司的联系方式。

（2）用"关键词+公司后缀"搜索。

各国的公司网站名称后缀不同，如中国的后缀是Co. Ltd.，美国的是INC、LLC，法国、西班牙常用S. A. R. L.。运营人员可将产品名称或产品所属品类名称和要搜索的国家的公司名称后缀输入Google的搜索框中，那里便会出现与产品匹配的公司网站信息。

（3）使用Google地图搜索。

国外的很多公司会在Google地图上标出自己公司的地理位置，所以用地图搜索也可以找到一些相关客户的信息。通过这种方式，可以查看客户的公司所在地是市中心还是郊区，是工厂还是高层写字楼，从而判断客户是属于生产型还是贸易型企业。

(三) 跨境电子商务客户信息管理步骤

1. 信息处理

在完成信息收集工作后，就进入了信息处理阶段，这一阶段，运营人员的主要任务是使用信息处理手段和处理工具对收集到的客户信息进行筛选、比较、分析。同时，还需要把客户信息管理数据进行整合，从而对其进行完善。通过分析其消费金额、消费频度、喜好标签、消费决定因素、关心问题之间的内在联系，掌握其行为模式及消费偏好，从数据中挖掘有效的信息进行有针对性的主动服务，让客户享受更优质的服务。

2. 对客户进行分类

（1）根据客户消费行为分类。

收集到的信息数据可以反映一些客户的消费行为特点，比如有人对折扣、包邮、满赠等优惠活动极为敏感；有人对收货时效极为在意；有人偏好知名品牌高价产品等。运营人员可以针对不同类型的客户，提供相应的服务，比如选择高价产品和更快捷投递方式的客户重点提供高品质产品和更高效的服务体验；对于优惠敏感的客户，运营人员应及时通过站内信方式向对方提供店铺各种促销推广活动的信息，便于其及时关注到店铺活动。

（2）根据客户对店铺贡献度分类。

每位客户给企业带来的收益是不同的，所以我们是否应对所有的客户提供一模一样的标准化服务？"二八法则"在经济与社会生活中无处不在。例如一家速卖通宠物服饰店铺，其79%的销量来自26%的客户，即少量的客户会带来大量的利润，剩余部分的客户则仅能为店铺带来薄利甚至负利。

在跨境店铺运营过程中，面对浏览平台的海量客户，一视同仁的结果是与真正优质的客户擦肩而过，运营人员可以分析出客户对店铺的贡献度大小，将客户划分为关键客户、普通客户、小客户等，根据不同级别的客户特性，充分利用现有资源，有针对性地维护客户。

3. 客户关系维护

无论用哪种方式进行客户分类，最终目的都是让跨境电子商务卖家进行有效的客户管理。

（1）整合资源、重点服务关键客户。

关键客户维护成功与否，对整个店铺的经营业绩起到决定性的作用。关键客户服务团队应对归于"客户金字塔"顶端的客户进行准确的信息收集，利用客户数据库分析每位关键客户的交易历史，包括采购次数、累计采购金额、最近一次采购时间、国籍等信息；再根据客服在沟通过程中对客户的了解情况填写相关备注，包括购买需求、购买习惯、购买频率、购买类型等，从而了解关键客户的需求和采购情况，及时与关键客户就市场趋势、合理库存量进行商讨，收集准确的关键客户信息，协调技术、生产、销售、物流等部门根据关键客户的要求设计不同的产品和服务方案。另外，关键客户服务团队还应关注关键客户的动态，强化对关键客户的跟踪管理，对出现流失趋势的关键客户更要进行深入分析与沟通。

（2）甄别培养普通客户。

每位客户都有第一次进入店铺、第一次与客服沟通、第一次下单、第一次留评的行为。这些客户在最初都属于普通客户群体，运营人员需要做的是甄选出有潜力升级为关键客户的普通客户，通过引导、创造、增加普通客户的需求，鼓励普通客户购买更高价值的产品或服务，并以此来提升普通客户创造的价值，提高其对店铺的贡献度。例如，在发送给普通客户的邮件中，可以适当展示店铺为 VIP 客户提供的更全面的服务和更大的优惠力度，激发普通客户向关键客户成长的愿望。

(3) 挖掘可提升层级的小客户。

卖家应该帮助有升级潜力的小客户成长，给予其一定的优惠力度，将其培养成普通客户甚至关键客户。小客户的成长必然带来店铺利润的提升。尤其是通过平台大促、广告引流及直播间实时下单的新客户，虽然目前他们还属于小客户，但其中必然有具备升级潜力的群体，由于部分买家尚未对产品、品牌及店铺培养起信任感，需要店铺一开始就给其留下精产品、重服务的好印象。卖家只有在最开始就重视客户满意度，才有可能让有购买力的小客户对产品及品牌产生信任，进而回购产品，增加购买频次和使用量，最后慢慢提升客户层级。

总之，针对不同级别的客户采取不同的管理与维护策略，既能使关键客户为了享受尊贵的待遇与优质的服务尽力保持其在客户金字塔中的地位，也能刺激并引导着普通客户向成为关键客户的方向努力，促使有提升潜力的小客户向普通客户乃至关键客户级别发展。

任务示范3 客户信息收集的内容要点

（一）跨境 C 端客户的信息

跨境 C 端客户的信息应当包括以下几方面内容：
(1) 基本信息。
姓名、性别、血型、身高、体重、出生日期、家庭住址、手机号码、电子邮箱地址等。
(2) 消费情况。
消费金额、消费频率、消费能力、消费偏好、最近一次的消费时间等。
(3) 受教育情况。
最高学历、所修专业等。
(4) 家庭情况。
已婚或未婚、是否有子女、亲子关系等。
(5) 生活情况。
爱好的运动、爱吃的美食、日常休闲方式、度假习惯等。

（二）跨境 B 端客户的信息

跨境 B 端客户的信息内容应当由以下几方面组成：
(1) 基本信息。
名称、地址、联系电话、创立时间、组织方式、业务种类、资产等。
(2) 其他特征。
规模、服务区域、经营观念、经营方向、经营特点、形象、声誉等。
(3) 业务状况。
销售能力、销售业绩、发展潜力与优势、存在的问题、未来对策等。

（4）交易状况。

订单记录、交易条件、信用状况及出现过的信用问题、与客户的关系及合作态度、对企业及竞争对手的产品服务评价、客户建议与意见等。

（5）负责人信息。

所有者、经营管理者、法人代表及其姓名、年龄、学历、性格、兴趣、爱好、家庭情况、能力、素质等。

任务实施3 使用搜索引擎收集客户信息

任务总结

本任务要求学生了解跨境电子商务客户开发工作的重要性，掌握跨境客户开发方法，能够收集客户信息并进行有效管理。

任务三 跨境电子商务客户沟通及纠纷解决

任务描述

王悦在运营店铺的过程中，发现与客户进行及时的沟通交流非常必要，无论是售前回复客户咨询还是售后解答客户问题或者处理交易纠纷，都离不开有效沟通。那么运营人员需要具备哪些沟通能力，掌握哪些沟通技巧呢？

任务分析

步骤1 掌握沟通形式与注意事宜
步骤2 掌握沟通技巧
步骤3 正确处理交易纠纷

知识储备1 沟通的形式和方法

（一）什么是有效沟通

有效沟通是指跨境电子商务运营人员成功地把某一信息传递给沟通对象，使沟通对象能够做出预期回应的整个过程。

（二）跨境电子商务客户沟通形式

1. 无声的沟通

无声的沟通存在于产品标题、详情页、主图以及各类介绍之中，买家进入产品页面后可以第一时间通过图片文字来了解卖家提供的产品与基础服务。这一环节可以加深买家对产品及品牌的第一印象，所以卖家需要尽可能完整、真实、正确地呈现产品信息。

2. 交互的问答

这一沟通行为一般先由买家发出，无论是公司主页、店铺首页、产品页面的信息，都不可能面面俱到，买家对产品、品牌及服务的部分疑问仍需要向客服咨询。收到咨询邮件后，运营人员应及时、详细、正确地进行解答，增进客户对产品的认知、对服务的认可、对品牌的信任，以激发客户的购买意愿。

3. 主动的交流

主动的交流一般由运营人员发出，分为三种情况，分别是向新老客户推荐产品或活动、与发送过推荐信息的客户做进一步沟通。通过前一阶段的客户信息收集工作，运营人员可以向潜在客户推荐产品，以爆款、畅销款为主；在了解过老客户需求的情况下，定期推荐匹配客户需求的新品或者店铺的优惠活动信息；向新老客户发送推荐后，隔一段时间还需要继续跟进，比如咨询客户是否对推荐的产品或服务感兴趣，是否有什么疑问需要解答，以专业、真诚的服务提升客户满意度。

丧失主动权的卖家

（三）跨境电子商务客户沟通的特点

1. 沟通主体分属不同关境

跨境电子商务客户沟通的主体分属不同的关境，可能具有不同的语言、文化习俗、思维方式、行为特征等，上述因素会成为沟通的主要障碍。因此，运营人员需要掌握并尊重全球不同的国家、民族和地区跨境电子商务客户的风俗和习惯、购买需求、消费心理、购买行为等，才能更好地进行客户关系管理，最终促进销售业绩的增长。

2. 沟通主要借助互联网完成

跨境电子商务客户沟通的整个流程主要借助互联网完成，因此，选择合适的沟通工具可以让沟通效率得以提高。

3. 跨境沟通贯穿于跨境业务的各个环节

跨境沟通贯穿于跨境业务的售前信息咨询环节、售中业务洽谈环节和售后服务环节。

在售前信息咨询环节，当订单生成前，客户对产品信息的咨询、价格的沟通、支付方式、物流及客户的咨询都应及时且耐心、细致、全面地回复。可以适当跟踪客户拍下未付款的订单，弄清楚原因，并协助客户完成订单。

在售中业务洽谈环节，当订单生成后，从感谢客户下单到备货细节的确认，从物流每个节点的跟踪到关联产品的推介等，都是沟通的重点内容，每一个细节处理是否得当都是业务能否成功的关键。

在售后服务环节，应做好后期的交流与沟通，跟踪服务，并对客户反馈及客户评价进行及时回复。必要时进行适当的关系维系和沟通联络。

售前的信息咨询、售中的业务洽谈和售后服务共同形成了一个良性的业务闭环，螺旋向上发展。无论是前期的咨询，还是后期的业务洽谈及其他服务，一切客户能够到达的端口和接触点都应纳入沟通的全通道内。

（四）沟通注意事宜

1. 不说夸大不实之词

不要为了引导客户下单，过分夸大产品的功效与使用价值，客户如因不实介绍而下单，收货后就会对产品感到失望，进而认定商家未做到诚信经营，轻则退货，重则投诉，都会给卖家带来麻烦。

2. 杜绝敏感话题

与客户交流时仅从产品和服务角度出发,应避免谈论政治、宗教等涉及意识形态且与交易行为无关联的话题,以免因立场不同而产生误解。

3. 避谈隐私问题

只就客户公开的信息与需求进行讨论,不得通过任何技术手段获得客户的未公开信息,再借此向其推荐产品。例如,有些运营人员会在向女客户推荐男装的时候,建议对方给配偶或者男友购买一件,如果客户处于单身状态,这样的说法就比较冒犯,所以最好的办法是尽量避免谈论与隐私相关的话题。

4. 禁用攻击性话语

当客户投诉,或者提到自己正在做两家店铺的产品对比时,运营人员应避免使用攻击性的话语跟客户交谈或贬低竞争对手,以免引起客户的反感。

5. 少问质疑性问题

部分运营人员会在交流中担心客户不理解而频繁地使用诸如"你懂吗""你知道吗""你明白我的意思吗""这么简单的问题,你了解吗"等质疑性语句,但这些问话会让客户觉得不被尊重,从而加深双方的矛盾。

任务示范1 跨境业务的沟通工具

(一)站内信与订单留言

由于存在时差,跨境客户在下单前,一般不喜欢过多寒暄,因此通常会直接使用平台内的沟通工具,如站内信和订单留言等。例如速卖通平台上的客户就习惯通过站内信和订单留言两个渠道向卖家咨询产品信息和确认订单。而平台也鼓励买卖双方通过这两个渠道进行沟通,因为买卖双方关于订单的沟通都由订单留言或站内信完成,一方面,这样可以避免双方由于沟通方式过多造成重要信息缺失;另一方面,当发生纠纷时,订单留言和站内信沟通记录可以保证订单沟通信息的完整性,其截图也可以作为纠纷判责的重要证据。

(二)电子邮件

很多国外客户仍习惯于使用电子邮件,运营人员可通过电子邮箱发送营销信息、节日祝福、通知邮件及推广信等。然而,如果涉及订单纠纷问题,建议买卖双方利用订单留言与站内信沟通,因为平台是不认可邮件沟通记录的。对客户发推广邮件也需要注意频率和技巧,否则很容易被拉入黑名单。

(三)互联网实时沟通软件

除平台沟通工具和邮件外,选择合适的即时性沟通工具也可以让沟通效率得以提高,但它应针对不同目标市场客户群的使用习惯来进行。国外主流的基于互联网的即时性沟通软件有以下几种:

1. Skype

Skype 是一款很流行也很方便的充值聊天工具，除支持网上聊天外，也支持语音、视频。它可以绑定使用者的电话，以方便其与朋友间的联系。如果想给远在异国的客户和朋友打电话，不妨试试 Skype。

2. Viber

Viber 的使用与微信相似，较为高效快捷。安装软件，用手机号成功注册账号后，并同步到通信录，就可以与远在国外的使用同类软件的朋友畅聊了。使用 Viber 不需要付费，有网络就可以了。

3. WhatsApp

WhatsApp 的使用方式与以上两种工具区别不大，下载软件后将对方的号码保存到自己的通信录中，同步之后，就可以开始对话了。

4. Facebook

Facebook 是一个要求用真实身份注册的社交网站，目前注册用户超过 10 亿。

5. Twitter

Twitter 是非常实用的 SNS 网站之一，有推送博文、私信等功能。

6. QQ 和微信

QQ 和微信是国内比较常用的社交软件，很多国外客户也在使用，它们的功能比较强大，非常实用。

任务实施 1 描述一下运营人员与客户的沟通形式、沟通工具及沟通内容

知识储备 2 跨境电子商务客户沟通技巧

运营人员应根据与客户交流的时间节点，运用不同的沟通技巧以促进订单达成并利于进行下一步的操作。主要的沟通技巧可根据订单完成度分为三个阶段，一是付款阶段，二是付款完成后发货前的阶段，三是收货后的阶段。本部分按照售前咨询、售中跟进、售后处理和后续关怀与营销四个阶段来介绍沟通技巧。

（一）售前咨询

买家往往会在这一阶段询问卖家关于产品参数、物流运送形式以及付款方式等多种问题。而卖家最需要做的事就是打消买家的疑虑，促进买家下单付款完成交易。卖家应当注意使用语言的策略，注意一定要促成交易，不能强迫交易。

1. 创建常用回复

要求运营人员深入了解业务知识、操作流程、回复技巧等，并建立一个完整、全面的常用话术文档，这样可以在日常邮件回复中提高客服的回复效率，节省邮件的编辑时间。

2. 催付提醒

及时给下单后还未付款的买家发催付邮件，一般情况买家收到温馨提醒的邮件一定会尽快付款，催付邮件的措辞非常重要，不能让买家产生被人强迫付款的感觉。

（二）售中跟进

这个阶段买家已经付款，卖家一般是备货发货，及时与客户沟通，说明发货时间与核实查收等注意事项。但有时卖家也有可能会遇到发货问题，如缺货或货物未能及时发出等。出现问题后，卖家需要与客户进行进一步的解释和交流，并说明具体情况。

1. 已发货通知

发货后第一时间给客户发一封提醒邮件，告知客户物流渠道和物流跟踪号，最好能说明预计到达时间，让客户感受到客服无比贴心的服务。

2. 未发货通知

因特殊情况延迟发货的订单，客服应及时主动联系客户，做道歉并说明情况。如果客户催发货，应尽全力安抚情绪，态度要好，这样多数客户是可以理解的。

（三）售后处理

这一阶段，运营人员需要做的就是在订单已经发出的过程中，时刻关注物流情况。如果物流有延迟，或者出现丢包破损等问题要及时与客户和物流商联系。必须要做好追踪查询的两项基本责任，避免与客户断联。

1. 给买家好评

买家确认收货后，客服应积极地给买家进行评价，以及引导买家留下好评，这对店铺评分及缩短资金回款周期都有利。

2. 建立黑名单

店铺有时会遇到一些不良买家的恶意诈骗威胁，或者故意给差评，严重时还会造成经济损失。客服在处理差评时，必须筛选出这些骗子买家，建立一个黑名单库，做好记录和防范。

3. 纠纷处理

买家收到货物后不满意，是退货还是退款，就要考验客服的应变能力和危机处理能力了。客服要知道客户的问题所在，在给他们解决问题的同时还要权衡利弊。

（四）后续关怀与营销

企业收集客户信息、分析客户信息的最终目的是帮助企业拓展新客户、维护老客户，进而提升销售额和市场份额，在激烈的市场竞争中占一席之地。即使订单完成后，跨境电子商务卖家仍可以通过邮件、Facebook、短信、电话、电子邮件营销等方式对客户进行后续关怀和精准营销，包括生日与节假日关怀、售后关怀、购买提醒、精准的促销活动推送等，从而建立长久的客户关系。

1. 电话回访

电话回访是客户感受度最好的营销方式之一，也是平均成本最高的一种方式，其准确率和转化率也非常高。这种方式的使用率比较低，适合与老客户沟通时使用，会让他们感觉自己受到了重视。但在跨境电子商务中，由于存在时差，客户接电话可能不太方便，而且由于双方语言的差异，口头沟通未必顺畅，一般较少采用电话回访的形式。

2. 短信营销

短信营销的成本较低，且准确度较高。一般短信的到达概率及客户查看的可能性在营销方法中也是偏高的，但整体转化率偏低，具体的转化率需看活动力度。短信营销需要注意控制字数，所有信息尽量在一条短信内写完，如果分成两条发送，成本就会翻倍。另外，发送短信的频率不要过高，否则会被视为骚扰短信。

3. 电子邮件营销

在电子邮件营销中，企业可以通过 EDM 软件向目标客户发送邮件，建立与目标客户的沟通渠道，向其直接传达相关信息。EDM 软件有多种用途，如可以发送电子广告、产品信息、销售信息、市场调查、市场推广活动信息等。此种营销方式成本较低，客户可以直接点击页面，因此，客户查看的概率比较高，活动转化率也比较高。在跨境电子商务平台，客服可以通过客户信息管理工具的信息通道给不同等级、不同标签和条件的客户发送站内信息和优惠券。

4. SNS 营销

SNS 即社会化网络服务，专指旨在帮助人们建立社会化网络关系的互联网应用服务，包含 Facebook、Twitter、YouTube、Pinterest、Google+ 等社交平台。作为一种新兴的营销方式，SNS 营销可以满足企业不同的营销策略，有效降低企业的营销成本，可以实现精准营销，维护的客户多、互动性强，是很多企业用来传播企业文化、进行推广营销的重要工具。互联网上的 SNS 社区越来越多，最具影响力的有 Facebook 等。现在，越来越多的企业都在 Facebook 上注册信息，并建立官方微博，与客户互动，这样可以传播企业文化，还可以进行客户信息管理与营销。

任务示范 2 出现以下情境应如何与客户沟通？

（一）忘记付款的买家

客户拍下产品后一直没有付款，客服应如何处理？

客服的工作目标是提醒买家付款，建议在邮件中提到两方面内容。首先，可以概述产品的优势，从而强化客户对产品的信心。例如，在邮件中描述产品时可以使用 "high quality"，并且是 "with competitive price"，也可以说产品 "most popular" 或者 "cheap surprise in eye price"。其次，建议提及 "instant payment" 表达将优先安排发货。

参考模板：

Dear ×××,

Thanks for your order.

The item you selected is a high quality on a wish competitive price. You would like it.

Instant payment can ensure earlier arrangement to avoid short of stock. Thank you and awaiting your payment.

Best regards,

××

（二）问询产品缺货

客户咨询连衣裙有没有玫瑰金色"Hi, do you have the dress in rose gold color?"，但店里正好没有客户需要的颜色，请问客服应该如何回复？

如果客服直接回复"对不起，没有您需要的颜色"，则极有可能就此失去这个客户。因此，客服在阐明无货的事实后，可向客户提供店里有现货且与客户喜爱的颜色较为相近的商品。

参考模板：

Dear ×××,

Thanks for your inquiry.

Sorry to tell you that rose gold color of the dress is not available at the moment. There are golden and champagne colors, which are similar and very popular in your market. Could you please consider about one of them? Hope to hear from you!

Best regards,

××

任务实施 2　以下情境应如何进行客户沟通？请撰写站内信

（1）买家已付款，但由于不可抗力原因无法发货。

（2）客户通过站内信咨询："The down coat is cheap, is it really 80% goose down content?"（"这件羽绒服很便宜，它是用80%的鹅毛填充的吗？"）

知识储备 3　正确处理交易纠纷

学习如何处理交易纠纷前，应先了解跨境电子商务平台的评论机制。评论机制是买家对卖家整个订单活动的评分标准，评分内容涵盖整个订单活动，包括订单响应、物流支付与结算等多种全套操作。评分及评价内容对跨境卖家影响非常之大，"好评"能吸引客户下单，"差评"也能让客户望而却步。所以如果出现纠纷，卖家需要积极主动地去协调解决，尽量避免出现差评。

（一）跨境电子商务交易纠纷类型及处理方法

1. 物流纠纷

物流纠纷通常在订单执行过程中出现，有以下几种情况：

（1）买家投诉超出执行期订单仍无物流信息。

客服应查询是否发货，如果已发货是否未及时更新物流信息。如果发货时遗漏了，应即时发货并及时更新信息，再向客户去信致歉；如果缺货未发，就应向客户去信说明，征求客户意见，询问客户愿意等待后期发货还是取消订单。如果客户选择等待，可向其提供一定比例的优惠或赠送小礼品。

（2）物流信息异常。

物流信息异常通常有以下几种情况：显示货物在途中2~3周一直没出国，可能是大促期间，物流受影响；货物未出国显示被退回，卖家需要联系代理商，确认是否产品是自身原因导致无法过安检，比如带锂电池；显示货物被海关扣留，需要查询买家所在国通关政策；货物目的国显示退回或者妥投不成功，需要与客户沟通确定收货地址。

2. 质量纠纷

质量纠纷通常出现在客户收到产品之后，有以下几种情况：

（1）客户提出产品与描述不符。

客户如果提出产品的外观、颜色等与描述不符，卖家首先应自查，是否为了引导客户下单，过于美化图片或者夸大了产品功效。如果产品确实存在这些问题，应先向客户致歉，询问客户是否需要退货，并给予其一些补偿。之后，客服应立刻修改产品链接中的相关内容。

（2）电子产品无法正常使用。

向客户发送正确的产品使用演示视频，并请客户提供收到的电子产品无法正常使用的视频，如确是质量问题，可征求客户意见（是退货还是换货）。但仍需向客户说明产品出现问题的概率非常低，非常遗憾给客户带来了不好的购物体验，如果客户要求退货，卖家应自行承担运费，若客户仍希望获得产品，卖家在补发产品的同时，可以考虑给予其一些赠品或礼券。

（3）货物数量不足。

请客户提供图片后，直接补发。

质量问题的纠纷更多是货不对版引起，卖家应主动拒绝盗版、提高产品质量，降低纠纷率与退货率，提升店铺的服务水平。

3. 恶意纠纷

如果客户不愿意接受调解，直接给予差评；或者是在店铺多次购买，但多次恶评；或者以要打差评进行敲诈勒索，就属于恶意纠纷。

遇到恶意纠纷时，卖家不能轻易妥协，可以提交证明材料向平台举报。

（二）跨境电子商务交易纠纷处理原则

1. 发挥主观能动性

在订单履行过程中，卖家需要主动与买家联系，不管是付款前后还是发货和物流配送收货以及最终的评价等阶段，卖家都应及时将各种信息与买家对接。只有将主动权掌握在自己手里，才可以在发生纠纷后做出最优的反应，从而在客户关系的维护上占据优势。同时，卖家还应关注客户的用户体验，让客户感受到被重视，使客户收获更好的服务体验感，提高客户满意度。为提高沟通效率，建议选择客户可能在线的时间。

2. 用平和的态度解决纠纷

收到纠纷时，不要急于找买家解释、对峙，而应针对买家提出的问题分析其产生的根源，再寻找解决问题的方法。

3. 引导客户摆脱负面情绪

不愉快的网购体验会带给客户负面情绪，仅退货和退款并不能让负面情绪消失，极有可能会让客户对店铺失去信任。客服需要通过自己的专业知识、语言能力及对客户心理的了解，借助线上软件和各种社交媒体与客户沟通，再帮助其解决问题，使客户摆脱负面情绪，再次对店铺产生信任。

4. 后期补偿

解决当前的纠纷问题后，客服应该适当地对客户做出补偿，包括免费发货、退换货，以及给客户发放折扣券和提供一系列优质服务等，从而优化客户的购物体验。

任务示范3 如何有效应对纠纷

（一）每日查看，及时响应

速卖通纠纷的响应时间是5天，若超过5天不回应，就是响应超时，平台会直接给客户退款。因此，客服需要密切关注，一旦出现纠纷，卖家要及时响应、积极解决。

（二）理智处理

物流纠纷直接决定卖家服务评级系统（DSR）评分，产品质量纠纷直接决定货不对板纠纷提起率，所以出现纠纷时，卖家一定要理智处理，以保护店铺评级为主要目标。

（三）将损失降到最低

退货会给卖家增加很大成本，客服有义务将损失降到最低，所以应尽量以合法合规的方式争取以适当的补偿让客户撤销纠纷并接收货物。

任务实施3 详述解决"客户认为产品是假货"的方法

任务总结

本任务要求学生掌握沟通的主要形式和技巧，熟悉跨境电子商务纠纷类型及处理方法，并能够处理简单的纠纷。

项目小结

相对稳定的客户群体和良好的客户关系能够帮助卖家排除一些不确定的干扰因素。卖家可以集中精力和资源为稳定的忠诚客户群体提供更完美的服务。卖家熟悉忠诚客户的品质要求与服务需求后，可以高效而熟练地为他们提供服务，更容易提升客户满意度，并且降低经营风险。同时，拥有忠诚客户越多的店铺，利润增长速度就越快，店铺回款速度越快，生产销售速度也就快，店铺规模也能随之扩充，员工待遇得以提升，而且也能让员工对企业的满意度和忠诚度进一步提升，也更能激发员工士气。员工干劲十足，工作效率更高，可以为客户提供更令人满意的产品与服务，有利于跨境贸易企业稳定忠诚客户资源，强化客户忠诚度。而忠诚客户群体的不断增加，将为企业带来更多的经营收益。

因此，做好客户信息管理，与客户进行有效沟通，正确处理纠纷，有助于跨境电子商务企业发展进入良性循环。

思政目标拓展任务

请学生通过本项目的学习,结合任务实操,总结客户服务工作应遵循哪些原则,以及应该避免出现哪些违法违规行为。

拓展阅读

客户即上帝

小米 App 是一个为电子商务提供服务的平台,核心内容即为抓住客户心理,满足客户需求。这是将消费者心理学运用到极致的平台,并符合了客户的口味,实现了客户即上帝的理念。据了解,小米定期进行内测,会在众多论坛抽取活跃度较高的用户,向他们分发较为崭新的版本,共同进行内测,随时修改发现的问题,借助外力将复杂的测试简单化。与此同时,小米手机还通过社交软件进行各类营销,对极具忠诚度的客户进行单点突破,实现口碑营销,并为这一类客户定制专属服务,也避免了一些"烧钱的吃力不讨好式"营销。这既减少了预算,又增加了客户黏性,小米的微信公众号已经拥有数百万粉丝,属于企业账号中的超级大号,且开发了微信操作后台。通过微信联系粉丝,极大地提高了品牌的吸引力和忠诚度。通过官网吸引较多有效客户进入微信,从而便于客户管理,增加粉丝黏性,增加客户对产品的忠诚度,而官方数据显示,通过官网辐射吸引粉丝的效果非常好,最多的一天可以涨粉数万,这是一种新型的客户维持方式。

习题演练

一、单选题

1. 以下不属于不同状态订单(按照已下单为例)分类的是(   )。
   A. 已下单未付款　　　　　　B. 已下单已付款
   C. 已下单审核不通过　　　　D. 已收货

2. 订单过多的时候,应该怎样处理?(   )
   A. 整理订单分类　　　　　　B. 单个订单处理
   C. 不去处理　　　　　　　　D. 到截止时间左右再去处理

3. 针对已下单而未付款的客户,应该如何处理?(   )
   A. 直接开始备货　　　　　　B. 先联系客户,再做打算
   C. 不采取下一步处理　　　　D. 让客户取消订单

4. 跨境电子商务客户沟通不是(   )沟通。
   A. 无声的　　　　　　　　　B. 交互的
   C. 直接的　　　　　　　　　D. 有目的的

5. 跨境电子商务客户沟通技巧中未提及哪一种情况下的沟通？（　　）
A. 未下单　　　　　　　　　B. 已下单未付款
C. 已付款　　　　　　　　　D. 已收货

二、多选题
1. 跨境电子商务客户开发的方式包括哪些？（　　）
A. 信息匹配法　　　　　　　B. 海浪淘金法
C. 竞品分析法　　　　　　　D. 以老带新法
2. 哪些调研方式属于有效的客户调研？（　　）
A. 有效化客户调研　　　　　B. 有利化客户调研
C. 结构化客户调研　　　　　D. 策略化客户调研
3. 客户体验感差的处理方法包括（　　）。
A. 不去过多处理　　　　　　B. 先了解情况
C. 做出补偿工作　　　　　　D. 体现诚恳态度

三、判断题
1. 处理订单是跨境电子商务运营人员工作中必不可少的一部分。（　　）
2. 处理订单只是对单个订单进行处理。（　　）
3. 跨境客户管理只是单纯的客户开发工作。（　　）
4. 跨境沟通技巧可以分为售前沟通技巧和售后沟通技巧。（　　）
5. 跨境客服沟通工作的响应时间是 24 小时。（　　）

四、简答题
1. 当个人卖家面对初期爆单现象时，应如何处理订单？
2. 跨境客户开发的渠道和方法有哪些？
3. 跨境客户沟通技巧大致可以分为哪两种？请说说这个工作的基本特点。

五、实操题
请判断以下站内客户沟通模板应该用于什么场景。

1.

Dear Customer,

Thanks for your order.

The item you selected is a high quality on a with competitive price. You would like it.

Instant payment can ensure earlier arrangement to avoid short of stock. Thank you and awaiting your payment.

2.

Dear Valuable Customer,

Thank you for choosing our product.

Your item will be arranged within 24-48 hours to get courier no. And it would take another two days to be online for tracking.

We would check the product quality and try our best to make sure you receive it in a satisfactory condition.

Thanks for your purchase again and we will update courier no. to you soon.

3.

   Dear Customer,

   Thanks for your order. However, the product you selected has been out of stock. Would you consider whether the following similar ones are also ok for you:
   http://www.aliexpress.com/store/product/******1.html
   http://www.aliexpress.com/store/product/******2.html

   If you don't need any other item, please apply for cancel the order. And please choose the reason of "buyer Ordered Wrong Product". In such case, your payment will be returned in 7 business days.

   Sorry for the trouble and thanks so much for your understanding.

4.

   Dear Valuable Customer,

   Thanks for your order. The product has been arranged with care. You may trace it on the following website after two days:
   http://www.17track.net/index_en.shtml

   Kindly be noticed that international shipping would take longer time (7-21 business days for China post, 3-7 for EMS). We sincerely hope it can arrive fast. And you can be satisfied with our products and services.

   As well, we would appreciate very much if you may leave us five-star appraisal and contact us first for any question, which is very important for us.

   We treasure your business very much and look forward to serving you again in the near future.

5.

   Dear Customer,

   We are glad you have received the goods.

   Being a seller on Aliexpress, feedback from customers are of vital importance to us. 5-star appraisal and positive feedback will help us improve our products and services.

   If you have any other concern or are not so satisfied in any regard, please have no hesitation to contact us firstly. We will try our best to solve your problem.

   Many thanks for your time on this.

学习总结

1. _____
2. _____
3. _____
4. _____
5. _____

参考文献

[1] 肖旭. 跨境电商实务[M]. 3版. 北京：中国人民大学出版社，2020.
[2] 嵇美华，杨楚婷. 跨境电子商务实务[M]. 北京：人民邮电出版社，2019.
[3] 来立冬. 跨境电子商务[M]. 北京：电子工业出版社，2018.
[4] 罗俊. 跨境客户关系管理[M]. 2版. 北京：电子工业出版社，2022.
[5] 速卖通大学. 跨境电商：阿里巴巴速卖通宝典[M]. 北京：电子工业出版社，2015.